ZENSHO

全商

# 財務会計検定試験テキスト

〈監修〉 一橋大学名誉教授 新田忠誓
中央大学商学部教授 吉田智也
〈編集〉ネットスクール株式会社 桑原知之

実教出版

JN073271

# はしがき

## －全商「財務会計検定試験」を受験する皆様へ－

本書は、全国商業高等学校協会(いわゆる全商)が主催する「**財務会計検定試験**」のテキストである。本検定試験は、会計実務検定試験：財務会計を前身としており、平成21年に第1回試験が行われてから、令和4年に名称変更を行い、現在までに15回の試験を実施している。(なお、過去の試験問題等は全商のウェブサイトから入手可能である。)

商業・会計教育は、常に時代を意識した実践的なものであるべきである。これについて、現状の高校教育をみたとき、この要請に十分に応えているだろうか。

現在、全商は簿記検定試験の級として3級から1級を用意している。これは、高等学校の教育課程(学習指導要領や検定済教科書)に沿ったものであり、商業教育課程の習熟度を測るうえで必須のものとなっており、高い評価を得ている。

しかしながら、昨今の会計の国際化ないし企業の金融化は、1級を超える会計技能・知識を必要としてきている。典型的には、**現在の制度会計は連結中心**であり、連結財務諸表についての知識は必須のものとなっているし、主要財務諸表としてのキャッシュ・フロー計算書についての知識も欠かせない。しかし、全商1級は、これら財務諸表の拡大に、教育時間等の問題もあり対応できていない。加えて、リース会計や金融商品会計など新しい会計処理についての知識も、商業高等学校の卒業生が企業に就職したときに、即座に必要となる知識であり、企業会計人として欠かせない素養になっている。

本書および本検定試験は、これら時代の要請に対応するものである。これにより、商業高等学校における教育が、真に実践的・社会的に適応するものになるであろう。

ところで、これまでの高校教育の実態として**日商簿記1級や全経簿記上級**の取得を目標に掲げてきたことは、周知の事実である。ここでは、財務諸表として、連結財務諸表やキャッシュ・フロー計算書は前提となっている。これらの高度な会計知識・技能を学習する教科科目として「財務会計Ⅱ」が存在する。しかし、残念ながらその学習内容だけでは日商簿記1級や全経簿記上級の試験範囲をカバーすることはできていない。そのような状況に対して、本書および本検定試験は、「**財務会計Ⅱ」の内容も踏まえ、全商1級と日商簿記1級や全経簿記上級の橋渡し**も意図している。いわば、準1級ともいうべきものである。したがって、内容とレベルにおいてもこれを意図している。例えば、【第3章　商品売買の会計】及び【第19章　収益認識と売上の計上】においては、**新しい収益認識基準に対応した商品等の販売**のうち基本的な論点を掲載し、【第4章　固定資産の会計】においても、リースや減損会計、資産除去債務等のうち基本的な論点を掲載している。

本書の利用者・本検定試験の受験者が、新しい会計社会に生きる真の会計人に育っていかれることを願う次第である。

令和6年2月

新田　忠誓
吉田　智也

# 目　次

## 第 13 章　企業結合の会計



## 第 14 章　連結財務諸表その 1



## 第 15 章　連結財務諸表その 2



## 第 16 章　連結財務諸表その 3



## 第 17 章　キャッシュ・フロー計算書



## 第 18 章　監査と職業会計人



## 第 19 章　収益認識と売上の計上



## 索引

**コラム**　過去は変えられる

私が簿記の１級(日商)に合格できたのは、５回目の受験のときでした。　そう、実に４回２年間にわたって落ち続けました。

しかし、この２年の間に、１級の範囲を隅から隅まで学んだおかげで、簿記の講師の募集に躊躇なく応募でき、高い合格率を出すことができ、それがいまの自分を作るきっかけになりました。

試験に落ち続けた間は、確かにつらかった。

でも、そのつらさがあったからこそ、いまがある。

過去の「つらかったこと」は、いまがんばることで乗り越えれば、それは「よかったこと」に変わる。必ず変えられる。

この国の教育で、みなさんは最も若い年齢で簿記に出合った人たちです。これを自らのチャンスとし、いま、この知識をしっかりと身につけましょう。

簿記は、みなさんの人生を変える可能性のある特別な知識です。

この知識を深めていけば、未来の税理士や公認会計士といった職業会計人へと道はつながっていますし、一定の知識を得て停めても、社会人として生きていく中で有効かつ不可解な知識を得たことに間違いはありません。こんな特別な知識です。

変えていきましょう！いまの努力で、過去も未来も・・・。

## 財務会計検定試験規則

第１条　公益財団法人全国商業高等学校協会は、財務会計に関する能力を検定する。

第２条　検定は筆記試験によって行う。

第３条　検定試験は全国一斉に同一問題で実施する。

第４条　検定試験は年１回実施する。

第５条　検定試験の出題範囲は別に定める。

第６条　検定試験は100点満点とし、検定に合格するためには、70点以上の成績を得なければならない。

第７条　検定に合格した者には、合格証書を授与する。

第８条　前条による合格証書は次の様式とする。

様　　式

| |
|---|
| 第　　号<br>合　格　証　書<br><br>氏　　　名<br>年　月　日生<br><br>本協会主催文部科学省後援第　　回<br>財務会計検定試験に合格したことを証します。<br><br>年　月　日<br><br>公益財団法人全国商業高等学校協会<br>理事長　　　氏　　　　名 ㊞ |

第９条　検定試験受験志願者は所定の受験票に受験料を添えて本協会に提出しなければならない。

第10条　試験委員は高等学校その他の関係職員がこれに当たる。

## 財務会計検定試験規則施行細則

第１条　受験票は本協会で交付する。受験票は試験当日持参しなければならない。

第２条　試験規則第４条による試験日は、毎年12月の第２日曜日とする。

第３条　試験時間は90分とする。

第４条　受験料は　1,800円とする。（消費税を含む）

第5条　試験会場では試験委員の指示に従わなければならない。

第6条　合格発表は試験施行後１か月以内に行う。 その日時は試験当日までに発表する。

# 財務会計検定試験範囲表

（平成29年7月　一部訂正）

| 大分類 | 中分類 | 小分類 |
|---|---|---|
| Ⅰ．財務会計の総論 | 1．財務会計の基本概念<br>2．資産負債アプローチと収益費用アプローチ<br>3．会計基準の国際的統合 | <br>包括利益，純利益，包括利益計算書<br>国際会計基準 |
| Ⅱ．資産会計 | 1．資産の評価基準<br>2．資産の評価方法<br><br>3．減損の会計処理 | 割引現在価値<br>償却原価法，定額法，利息法<br>デリバティブ，圧縮記帳，ソフトウェア<br>キャッシュ・フロー見積法，財務内容評価法 |
| Ⅲ．負債会計 | 1．負債の意味と評価<br>2．社債<br><br>3．退職給付引当金 | 返品調整引当金など<br>償却原価法，定額法，利息法<br>分割（抽せん）償還，繰上償還<br>退職給付債務の計算 |
| Ⅳ．純資産会計 | 1．純資産の意味と分類<br>2．新株予約権<br>3．分配可能額の計算<br>4．株主資本等変動計算書の作成 | <br>ストック・オプション，株式報酬費用 |
| Ⅴ．リース会計 | 1．リース取引の意味と分類<br>2．ファイナンス・リース取引の会計処理<br>3．オペレーティング・リース取引の会計処理 | <br>リース債務，リース資産 |
| Ⅵ．税効果会計 | 1．利益と課税所得<br>2．税効果会計の意味<br>3．一時差異と繰延税金資産・負債 | 益金・損金<br>法人税等調整額<br>将来減算一時差異，将来加算一時差異 |
| Ⅶ．外貨換算会計 | 1．外貨建取引の意義<br>2．為替換算，為替差損益<br>3．外貨建取引の会計処理 | <br><br>外貨項目の換算，為替予約 |
| Ⅷ．キャッシュ・フロー会計 | 1．キャッシュ・フロー計算書の意義と必要性<br>2．キャッシュ・フロー計算書の表示区分・方法<br>3．キャッシュ・フロー計算書の作成 | <br>直接法，間接法 |
| Ⅸ．企業結合会計 | 1．企業結合会計の意味<br>2．合併会計 | 株式交換，株式移転，パーチェス法<br>企業評価額，合併比率（交換比率）<br>のれん，負ののれん発生益 |
| Ⅹ．連結会計（連結財務諸表） | 1．支配獲得までの連結<br><br><br>2．支配獲得後の連結<br><br><br><br><br><br><br>3．持分法 | 全面時価評価法<br>非支配株主持分<br>税効果会計<br>のれん，負ののれん<br>会社間の取引の消去<br>未実現利益の消去<br>配当金の処理（剰余金の処分）<br>非支配株主持分への按分<br>包括利益<br>持分法による投資損益<br>投資差額（のれん） |
| ⅩⅠ．監査 | 1．二つの法律と監査のしくみ<br>2．財務諸表監査の目的とリスク・アプローチ<br>3．監査のプロセスと監査手続き | 会社法，金融商品取引法，法人税法<br>二重責任の原則，監査リスク |

# 第0章　財務諸表の全体像

この本で学んでいく「財務会計」の全体像を、貸借対照表とのつながりで概観しておく。

**第1章　財務諸表の開示**
貸借対照表、損益計算書、株主資本等変動計算書など財務諸表の全体像をとらえる。

**第2章　資産会計総論**

**第3章　商品売買の会計**
商品の期末評価を中心に学習する。また、委託販売や試用販売などの特殊商品売買を取り上げる。

**第5章　金融資産の会計**
貸倒引当金の設定や、有価証券・デリバティブなどを学習する。

**第4章　固定資産の会計**
減価償却やリース会計について学習する。

**第6章　無形固定資産の会計**
ソフトウェア等の無形固定資産と研究開発費の会計処理について学習する。

**第13章　企業結合の会計**
合併、株式交換、株式移転などについて学習する。

**第14章～第16章　連結財務諸表**
資本連結を中心に連結会社間取引、持分法などを学習する。

**第7章　繰延資産の会計**
資産の中でも特殊な性質を持った繰延資産について学習する。

貸借対照表

全商物産株式会社　　x1年3月31日

| （資産の部） | | |
|---|---|---|
| Ⅰ流動資産 | | |
| 1．現金預金 | | 410,000 |
| 2．受取手形及び売掛金 | 1,000,000 | |
| 貸倒引当金 | 10,000 | 990,000 |
| 3．有価証券 | | 420,000 |
| 4．商品 | | 330,000 |
| 5．前払費用 | | 21,000 |
| 6．前渡金 | | 92,000 |
| 7．未収収益 | | 19,000 |
| 8．金利スワップ | | 48,000 |
| 9．為替予約 | | 32,000 |
| 10．短期貸付金 | 400,000 | |
| 貸倒引当金 | 12,000 | 388,000 |
| 流動資産合計 | | 2,750,000 |
| Ⅱ固定資産 | | |
| 1．有形固定資産 | | |
| (1)建物 | 3,100,000 | |
| 減価償却累計額 | 864,000 | 2,236,000 |
| (2)備品 | 1,400,000 | |
| 減価償却累計額 | 751,000 | 649,000 |
| (3)土地 | | 1,800,000 |
| 有形固定資産合計 | | 4,685,000 |
| 2．無形固定資産 | | |
| (1)ソフトウェア | | 270,000 |
| (2)のれん | | 120,000 |
| 無形固定資産合計 | | 390,000 |
| 3．投資その他の資産 | | |
| (1)投資有価証券 | | 310,000 |
| (2)関係会社株式 | | 760,000 |
| (3)長期貸付金 | 205,000 | |
| 貸倒引当金 | 8,000 | 197,000 |
| (4)繰延税金資産 | | 124,000 |
| (5)投資不動産 | 1,000,000 | |
| 減価償却累計額 | 400,000 | 600,000 |
| (6)長期前払費用 | | 34,000 |
| (7)破産更生債権等 | 200,000 | |
| 貸倒引当金 | 100,000 | 100,000 |
| 投資その他の資産合計 | | 2,125,000 |
| 固定資産合計 | | 7,200,000 |
| Ⅲ繰延資産 | | |
| 1．株式交付費 | | 30,000 |
| 2．社債発行費 | | 20,000 |
| 繰延資産合計 | | 50,000 |
| 資産合計 | | 10,000,000 |

（単位：千円）

（負債の部）

| | | | |
|---|---|---|---|
| Ⅰ流動負債 | | | |
| 1．支払手形及び買掛金 | | 741,000 | |
| 2．賞与引当金 | | 21,000 | |
| 3．役員賞与引当金 | | 8,000 | |
| 4．修繕引当金 | | 30,000 | |
| 5．製品保証引当金 | | 76,000 | |
| 6．未払法人税等 | | 464,000 | |
| 7．リース債務 | | 100,000 | |
| 8．未払費用 | | 25,000 | |
| 9．前受収益 | | 15,000 | |
| 10．未払消費税 | | 10,000 | |
| 11．一年内償還社債 | | 200,000 | |
| 12．営業外支払手形 | | 140,000 | |
| 流動負債合計 | | 1,830,000 | |
| Ⅱ固定負債 | | | |
| 1．社債 | | 1,800,000 | |
| 2．長期借入金 | | 1,000,000 | |
| 3．退職給付引当金 | | 320,000 | |
| 4．リース債務 | | 450,000 | |
| 5．繰延税金負債 | | 60,000 | |
| 6．資産除去債務 | | 40,000 | |
| 固定負債合計 | | 3,670,000 | |
| 負債合計 | | 5,500,000 | |

（純資産の部）

| | | |
|---|---|---|
| Ⅰ株主資本 | | |
| 1．資本金 | | 2,000,000 |
| 2．資本剰余金 | | |
| (1)資本準備金 | | 40,000 |
| (2)その他資本剰余金 | | 260,000 |
| 3．利益剰余金 | | |
| (1)利益準備金 | | 110,000 |
| (2)その他利益剰余金 | | |
| 別途積立金 | 340,000 | |
| 繰越利益剰余金 | 1,692,000 | 2,032,000 |
| 4．自己株式 | | △50,000 |
| 株主資本合計 | | 4,392,000 |
| Ⅱ評価・換算差額等 | | |
| 1．その他有価証券評価差額金 | | 70,000 |
| 評価・換算差額等合計 | | 70,000 |
| Ⅲ株式引受権 | | 18,000 |
| Ⅳ新株予約権 | | 20,000 |
| 純資産合計 | | 4,500,000 |
| 負債・純資産合計 | | 10,000,000 |

**第17章**
**キャッシュ・フロー計算書**
活動別のキャッシュ・フローをいかにとらえていくかを学習する。

**第９章　負債の会計**
社債や引当金について学習する。

**第８章　税効果の会計**
税効果会計の適用による繰延税金資産や繰延税金負債の計上について学習する。

**その他**

**第11章　外貨建の会計**
外貨建の取引をいかに換算するかを学習する。

**第12章　本支店の会計**
本支店間の取引、特に内部利益の取扱いに注意して学習する。

**第18章**
**監査と職業会計人**
財務諸表の信頼性を確保するための制度について学習する。

**第10章　純資産の会計**
純資産について学習する。また、自己株式や新株予約権も取り上げる。

**第19章**
**収益認識と売上の計上**
いつ、何をもって収益とするのかについて学習する。

# 第1章 財務諸表の開示

財務諸表には個別財務諸表と連結財務諸表(第14～16章で学習する)があり、財務諸表によって企業の状況を利害関係者に知らしめることを、開示またはディスクロージャー(disclosure)という。ここでは主に個別財務諸表としての貸借対照表、損益計算書、株主資本等変動計算書、注記表と四半期財務諸表の概要および開示について学び、これから学習する内容を概観する。

財務諸表等規則
(令和3年9月24日
内閣府令第61号)
財務諸表等規則ガイドライン
(令和5年6月
金融庁企画市場局)
企業会計原則
(改正昭和57年4月20日
企業会計審議会)

## 1 財務諸表の種類

会計のもっとも大きな目的は財務諸表を作成して、利害関係者に対して公表することである。本書では、これから**貸借対照表**、**損益計算書**、**株主資本等変動計算書**(かぶぬししほんとうへんどうけいさんしょ)、**キャッシュ・フロー計算書**❶の作成方法について学んでいく❷。

❶キャッシュ・フロー計算書の作成および開示については、第17章で学習するので、そちらも参照すること。

❷これとは別に、連結会計における財務諸表も学んでいくが、それについてはひな型も含めて第14章で詳しく触れるため、ここでは扱わない。

## 2 貸借対照表

### 1 貸借対照表とは

貸借対照表とは、企業の株主や債権者等の利害関係者に対して、企業の一定時点の財政状態を明らかにするものであり、貸借対照表日(決算日)における資産、負債および純資産の状況を表示する。

### 2 勘定式と報告式

貸借対照表の表示方法については、**勘定式**と**報告式**の2つがある。財務諸表等規則では報告式が規定されている(様式第五号)が、企業会計原則と会社法施行規則や会社計算規則には明文規定は設けられていない。

### 3 区分

貸借対照表は、大きく**資産の部**、**負債の部**および**純資産の部**の3つに分けられる。資産の部は、さらに**流動資産**、**固定資産**および**繰延資産**に分けられ、固定資産は、さらに**有形固定資産**と**無形固定資産**および**投資その他の資産**に区分される。また、負債の部は**流動負債**と**固定**

**負債**に、純資産の部は**株主資本**、**評価・換算差額等**、**株式引受権**および**新株予約権**に分けられる。

## 4 配列

資産および負債の区分項目の配列方法には、**流動性配列法**と**固定性配列法**があり、一般に流動性配列法が採用されている。

流動性配列法は、**流動性の高いもの**❸**から順に記載する方法である**。資産の部は流動資産、固定資産、繰延資産の順に、負債の部は流動負債、固定負債の順に表示し、内訳の項目についても、より流動性の高い項目から順に表示する方法である❹。

固定性配列法は、固定性の高いものから順に記載する方法である。この方法は電力会社やガス会社等の固定資産の割合の高い企業❺に適用されることのある方法で、資産の部は固定資産、流動資産、繰延資産の順に❻、負債の部は固定負債、流動負債の順に表示する。

❸早期に現金化または現金払いが行われるものをいう。

❹第0章参照。

❺いわゆる設備産業といわれる業界の会社。

❻繰延資産は固定性配列法でも一番下となる。

## 5 分類

資産および負債の項目の流動・固定の分類基準として、**営業循環基準**(operating cycle rule)と**1年基準**(one year rule)がある。

営業循環基準とは、**主要な営業活動の循環の過程の中に入るものを流動項目とし、それ以外を固定項目とする基準**である。

1年基準とは、**決算日の翌日から1年以内に回収または弁済の期限が到来するもの**❼**を流動項目とし、1年を超えて到来するものを固定項目とする基準**である。

現行制度では、まず営業循環基準によって流動項目を抜き出し、それ以外を1年基準によってさらに流動項目と固定項目に分類する。

❼たとえば12月31日が決算日とすると、その翌日である1月1日から1年以内、つまり次の12月31日までに回収または支払の期限が到来するものが流動項目になる。

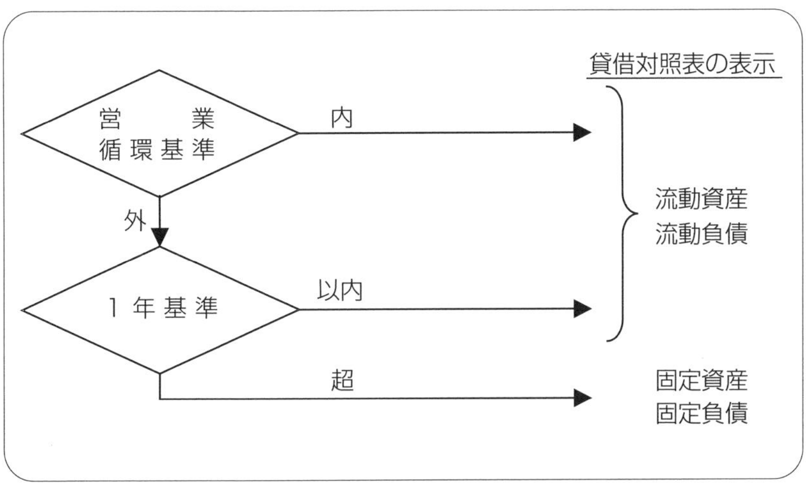

# 3 損益計算書

## 1 損益計算書とは

損益計算書とは、企業の株主や債権者等の利害関係者に対して、企業の一会計期間の経営成績を明らかにするものである。期間中に企業が獲得した利益の発生原因を示す収益と、利益獲得のために要した費用とを示し、差額として当期純損益を表示する。

## 2 当期業績主義と包括主義

損益計算書の作成にあたって、記載される項目の範囲を一会計期間に関連する経常的な収益項目と費用項目のみとし、経常損益を求める考え方を**当期業績主義**という❽。また、一会計期間に把握されたすべての収益項目と費用項目を記載し、純損益を求める考え方を**包括主義**という❾。

❽損益計算書の経常利益（損失）が該当する。

❾損益計算書の当期純利益（損失）が該当する。

## 3 勘定式と報告式

損益計算書の表示方法には、貸借対照表と同様に**勘定式**と**報告式**があり、財務諸表等規則では報告式が規定されている❿（様式第六号）。

❿企業会計原則と会社計算規則には明文規定は設けられていない。

## 4 区分

営業収益である売上高から営業費用である売上原価、販売費および一般管理費を差し引いて**営業損益**を求め、これに営業外収益と営業外費用を加減して**経常損益**を計算する。さらに特別利益と特別損失を加減して**税引前当期純損益**を示して、最後に、法人税等関連項目を加減して**当期純損益**を計算する。

## 5 総額主義の原則

項目の表示にあたっては、明瞭性の原則と重要性の原則の適用を受け、費用と収益の項目は総額で表示することが原則である。したがって、費用の項目と収益の項目を直接相殺することによって、その全部または一部を損益計算書から除外してはならない⓫。

⓫ただし、売上高と売上値引や戻り、仕入高と仕入値引や戻し、為替差損益については相殺して純額を表示する。

### 6 費用収益対応の原則

費用および収益は、その発生した源泉に従って明瞭に分類し、各収益項目とそれに関連する各費用項目とを対応させて表示することが求められている[12]。

[12] 損益計算書上の売上高と売上原価や営業外収益と営業外費用が対応する。

## 4 株主資本等変動計算書

### 1 株主資本等変動計算書とは

株主資本等変動計算書[13]とは、貸借対照表の純資産の部に表示される**株主資本等の各項目が、一会計期間にどのような原因で変動したか**を示すものである。これは、当期首時点における貸借対照表の純資産の部の金額に対して、当期中の変動額を加減することによって当期末貸借対照表の純資産の部の金額を示す形式で作成される。

[13] 詳しくは第 10 章で扱う。

### 2 表示様式

株主資本等変動計算書の表示様式については、純資産の各項目を横に並べる様式と縦に並べる様式がある。「株主資本等変動計算書に関する会計基準の適用指針」では横書きを原則としているが、「財務諸表等規則」では縦に並べることとなっている[14]。

[14] 会社計算規則では特に定められていないが、実務上は横に並べる様式が多い。

### 3 区分

株主資本等変動計算書の作成に際しては、**株主資本**、**評価・換算差額等**、**株式引受権**および**新株予約権**に分類し、適切な項目に区分して、当該項目を示す名称を付した科目で記載する。この当該区分および科目は、貸借対照表における純資産の部の表示と一致していなければならない。

### 4 表示方法

株主資本等変動計算書は、主として株主資本の変動について詳しく示し、株主資本の各項目については個別の変動事由ごとに**総額**で金額を表示する。株主資本以外の評価・換算差額等および新株予約権については変動額を**純額**で一括表示する。

## 5 ひな型

それぞれの取引については第10章(純資産の会計)で学習するが、ひな型を示すと以下の形になる。これは原則的な方法である横書きの形式である。

### 株主資本等変動計算書

×1年4月1日から×2年3月31日まで

全商物産株式会社　　　　(単位：千円)

| | 株主資本 | | | | | | | | | | 評価・換算差額等 | | | | | |
|---|---|---|---|---|---|---|---|---|---|---|---|---|---|---|---|---|
| | | 資本剰余金 | | | 利益剰余金 | | | | | | | | | | | |
| | | | | | | その他利益剰余金 | | | | | | | | | | |
| | 資本金 | 資本準備金 | その他資本剰余金 | 資本剰余金合計 | 利益準備金 | 別途積立金 | 繰越利益剰余金 | 利益剰余金合計 | 自己株式 | 株主資本合計 | その他有価証券評価差額金 | 繰延ヘッジ損益 | 評価・換算差額等合計 | 株式引受権 | 新株予約権 | 純資産合計 |
| 当期首残高 | 10,000 | 1,500 | 80 | 1,580 | 700 | 300 | 1,600 | 2,600 | △100 | 14,080 | 800 | 120 | 920 | 400 | 600 | 16,000 |
| 当期変動額 | | | | | | | | | | | | | | | | |
| 新株の発行 | 1,000 | 200 | 200 | 400 | | | | | | 1,400 | | | | | | 1,400 |
| 剰余金の配当 | | | | | 60 | 200 | △860 | △600 | | △600 | | | | | | △600 |
| 当期純利益 | | | | | | | 1,300 | 1,300 | | 1,300 | | | | | | 1,300 |
| 自己株式の取得 | | | | | | | | | △150 | △150 | | | | | | △150 |
| 自己株式の処分 | | | △50 | △50 | | | | | 150 | 100 | | | | | | 100 |
| 株主資本以外の項目の当期変動額(純額) | | | | | | | | | | | 100 | | 100 | | 300 | 400 |
| 当期変動額合計 | 1,000 | 200 | 150 | 350 | 60 | 200 | 440 | 700 | 0 | 2,050 | 100 | - | 100 | - | 300 | 2,450 |
| 当期末残高 | 11,000 | 1,700 | 230 | 1,930 | 760 | 500 | 2,040 | 3,300 | △100 | 16,130 | 900 | 120 | 1,020 | 400 | 900 | 18,450 |

# 5 利益の算定方法

## 1 財務諸表の構成要素と利益の算定方法

損益計算書の構成要素として収益と費用があり、貸借対照表の構成要素として資産、負債、純資産がある。利益の算定方法には(1)**収益費用アプローチ**と(2)**資産負債アプローチ**があり、その相違点は、損益計算書と貸借対照表のどちらに重点を置いて利益を計算するかである。

(1) **収益費用アプローチ**　(2) **資産負債アプローチ**

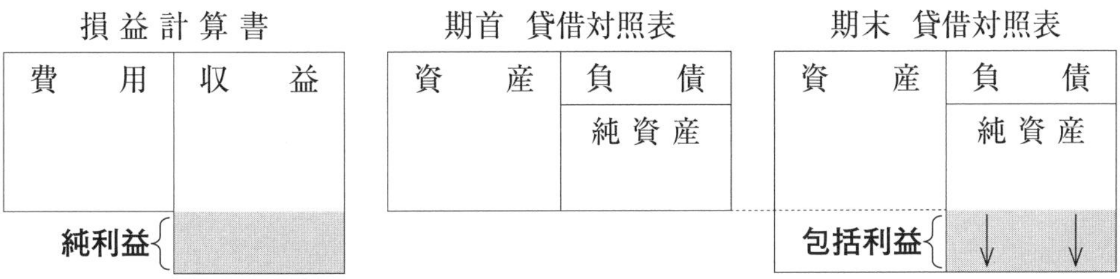


**(1)収益費用アプローチ**

**収益費用アプローチ**とは、収益と費用との差額として**利益を計算する**方法をいう⑮。

**収　益　－　費　用　＝　利　益　←　純利益（当期純利益）**

⑮収益－費用で利益を計算するという、これまで行ってきた方法である。

**(2)資産負債アプローチ**

資産負債アプローチとは、期末純資産と期首純資産との差額として利益を計算する方法をいう⑯。

**期末純資産　－　期首純資産　＝　利　益　←　包括利益**
**（純資産＝資産－負債）**

⑯期首に100万円の純資産を持っていて、期末に120万円持っていれば当期に20万円の利益が上がったという考え方。

**(3)収益費用アプローチと資産負債アプローチの比較**

| | 収益費用アプローチ | 資産負債アプローチ |
|---|---|---|
| **会計目的** | 企業活動の効率性の把握 | 企業価値の把握 |
| **中心概念** | 収益と費用 | 資産と負債 |
| **利益の計算方法** | 期間利益＝期間収益－期間費用 | 期間利益＝期末純資産－期首純資産 |
| **主要課題** | 利益の計算 | 純資産額（企業価値）の計算 |
| **貸借対照表** | 未解消項目を収容する場 | 企業価値を表示し、純資産額を計算 |
| **損益計算書** | 収益と費用の差額として利益を計算・表示 | 利益の構成要素である収益・費用の内容を示すもの |

⑰その他有価証券評価差額金のように、保有資産を時価評価したことによる純資産の増減（その他の包括利益）が含まれる。

⑱包括利益とは当期の純資産の変動額のうち、株主等との直接的な取引によらない部分と定義されている。

### (4)当期純利益と包括利益の関係

当期の収益と費用の差額で計算される当期純利益は、当期における企業活動の成果を表すものであるが、期末純資産と期首純資産との差額として計算される**包括利益には、純粋に企業活動の成果とはいえないものも含まれる**ことになる⑰。

したがって当期純利益と包括利益の関係は次のようになる。

**包括利益⑱ ＝ 当期純利益 ＋ その他の包括利益**

# 6 会計基準の国際的統合

## 1 日本の会計基準

### (1)日本の会計基準

⑲企業会計基準委員会はASBJ（Accounting Standards Board of Japan）とも呼ばれている。

日本の会計基準は現在、**企業会計審議会**が公表した「**企業会計原則**」等と**企業会計基準委員会**⑲が公表する「**企業会計基準**」などから構成されており、「**一般に公正妥当と認められる企業会計の基準（または慣行）**」として尊重され、重要な役割を担っている。

### (2)会計に関係する法律

⑳証券取引所で株式の売買がされている企業をいう。

日本の会計に関係する法律には、**すべての会社を規制の対象とする会社法**をはじめ、**上場企業⑳などを規制の対象**として、有価証券報告書の作成と公表を義務づける**金融商品取引法**、企業の**課税所得を計算する法人税法**の３つがある。

## 2 国際会計基準

㉑IFRSは、International Financial Reporting Standardsの略語です。アイファースと呼ぶこともある。
日本では、IASとIFRS合わせて、国際会計基準と呼んでいる。

2001年に国際会計基準審議会が**国際財務報告基準（IFRS（イファース）㉑）**を設定し、欧米でも**自国基準に取り入れて実質的にIFRSと同等の国内基準を有している国**や、**IFRSそのものを国内における財務諸表の作成基準として利用している国**が多くある。

## 3 日本の会計基準と国際会計基準の特徴

日本の会計基準と国際会計基準の特徴を比較すると次のようになる。

| | 日本の会計基準 | 国際会計基準 |
|---|---|---|
| **ルールの規定方法** | 細則主義（具体的に詳細に規定） | 原則主義(大きな原則のみを規定) |
| **利益の算定方法** | 従来、収益費用アプローチ[22] | 資産負債アプローチ |
| **資産負債の金額** | 取得原価で評価 | 公正価値（時価）で評価 |

㉒会計基準の改正により、資産負債アプローチの考え方を徐々に取り入れている。

# 7 四半期財務諸表

四半期財務諸表等規則
（最終改正令和3年9月24日
内閣府令第61号）
同ガイドライン
（最終改正令和3年9月
金融庁企画市場局）

## 1 四半期財務諸表とは

四半期財務諸表とは、会計期間を３か月ごとに区切った四半期会計期間ごとに作成する財務諸表のことであり[23]、**四半期貸借対照表、四半期損益計算書および四半期キャッシュ・フロー計算書**がある。

㉓平成19年度より、東京証券取引所などの上場企業では四半期ごとに財務諸表を開示することとなった。

## 2 実績主義と予測主義

四半期財務諸表を作成するための考え方に、**実績主義**と**予測主義**がある。

実績主義は、四半期会計期間を独立した会計年度とみなし、原則として年度決算の財務諸表と同じ会計処理基準を適用して作成する。つまり、**四半期会計期間での財政状態や経営成績に関する実績の情報を提供するもの**とする考え方である。

予測主義は、四半期会計期間を事業年度の一構成部分とみなし、部分的には年度決算の財務諸表と異なる会計処理基準を適用して作成する。つまり、**当該事業年度の業績予測ができるような情報を提供するもの**とする考え方である。

「四半期財務諸表に関する基準」では**実績主義の考え方を採用**しており、四半期財務諸表は、原則として年度決算に適用される会計処理の原則および手続きに準拠して作成することが求められている。

# 第2章 資産会計総論

**資産とは？ というとみなさんは、現金、有価証券から土地、繰延資産に至るまで、さまざまな項目が浮かぶことでしょう。**
**では、これら資産に共通していることはいったい何でしょうか？「換金できること」では繰延資産の説明がつきません。**
**資産とは何か、そして資産がどのように分類されるのかについて見ていく。**

財務諸表等規則
（令和3年9月24日 内閣府令第61号）
財務諸表等規則ガイドライン
（令和5年6月 金融庁企画市場局）
企業会計原則
（改正昭和57年4月20日 企業会計審議会）

## 1 資産とは

資産とは、企業資本の一定時点における運用形態を示すものですが、その本質は**収益獲得能力**(しゅうえきかくとくのうりょく)❶にある。ただし、金額で合理的に測定できるもののみが、会計上、資産となる❷。

❶運用することによって収益を得る力。サービスポテンシャルともいいう。
❷人（従業員）も収益獲得能力をもつが、会計上は資産として扱わない。

**資　産：収益獲得能力のあるもの**

## 2 資産の分類方法

資産の分類方法には、貸借対照表の表示の観点からの**流動・固定分類**❸と、金額の算定❹の観点からの**貨幣・非貨幣分類**の２つがあるが、ここでは、貨幣・非貨幣分類について見ていく。

❸第１章の営業循環基準と一年基準を用いるもの。
❹金額を決めることを会計上「評価」という。

## 3 貨幣・非貨幣分類

資産を**貨幣性資産**と非貨幣性資産❺に分け、非貨幣性資産をさらに**費用性資産**とその他の非貨幣性資産とに分類する。

❺貨幣性資産でないもの、という意味でしかない。

### 1 貨幣性資産

貨幣性資産とは、**最終的に現金化する資産**をいい、具体的には現金および預金と金銭債権❻が該当する。

❻金銭債権とは、売掛金や貸付金などの一般に金銭によって弁済を受けることができる債権をいう。

### 2 費用性資産

費用性資産とは、**最終的に費用化する資産**❼をいう。

❼売上原価や減価償却費となって費用化する資産をいう。

- 資　産
  - **貨幣性資産**（現金預金、受取手形、売掛金、貸付金など）
  - 非貨幣性資産
    - **費用性資産**（商品、前払金[8]、建物、繰延資産など）
    - その他の非貨幣性資産[9]（土地、建設仮勘定など）

[8] 前払金は商品・製品などの物品請求権であり、費用性資産に該当する。貨幣性資産ではないことに注意。

[9] 費用とならない非貨幣性資産をいう。

# 4 資産の評価

資産の評価とは、貸借対照表に資産として記載する金額を決定することをいう[10]。

[10] 資産は、過去の取引または事象の結果として、報告主体（財務諸表を作成した会社）が支配している経済的資源（キャッシュを獲得する源泉）をいう。（概念フレームワーク）

## 1 貨幣性資産の評価

貨幣性資産のうち、**現金・預金**については**収入額**で、また**金銭債権**は**回収可能見込額**で評価する[11]。

[11] 金銭債権の評価については、第５章で詳しく学習する。

## 2 費用性資産の評価

費用性資産は、**取得に要した支出額**すなわち**取得原価**で評価する。この考え方を**取得原価主義**といい、この考え方にもとづいて付随費用も取得原価に含めて処理する。

なお、費用性資産の取得原価は、減価償却などを通じて各会計期間に費用として配分される。

**【設例2-1】**　次の資産の貸借対照表価額を示しなさい。

(1)　売掛金　100,000円
　　ただし、この売掛金に対する貸倒引当金が2,000円設定されている。

(2)　備品代金　100,000円
　　ただし、送料1,000円と据付費2,000円を別途支払っている。

〈解答・解説〉

(1)　*98,000*円[12]

(2)　*103,000*円[13]

[12] 回収可能見込額

[13] なお、減価償却を行った場合には減価償却累計額控除後の額となる。

# 5 割引現在価値

## 1 時はカネなり

資産の評価にあたって時間の経過を認識するのが、現代の会計の基本的な考え方となる。将来の金額を現在の金額に置き換えることを**割引計算**といい、**計算された金額を割引現在価値**という。

たとえば、利子率10%で、現在の1,000円は1年後の1,100円、2年後の1,210円と同じ価値をもつ。つまり1年後の1,100円の割引現在価値は、1,000円となる。

| 現　在 | | 1年後 | | 2年後 |
|---|---|---|---|---|
| 1,000円 | ×(1+0.1) → | 1,100円 | ×(1+0.1) → | 1,210円 |
| 1,000円 | ← ÷(1+0.1)<br>$\times\frac{1}{(1+0.1)}$ | 1,100円 | ← ÷(1+0.1)<br>$\times\frac{1}{(1+0.1)}$ | 1,210円 |

**【設例2-2】**

3年後に10,000円となる資産の割引現在価値を求めなさい。なお、利子率は10%である。計算の結果、端数が生じた場合は円位未満を四捨五入すること。

〈解答・解説〉

7,513円⑭

⑭ 10,000円÷(1+0.1)÷(1+0.1)÷(1+0.1)≒7,513円
3年後に受け取る10,000円は、金利10%のもとでは、現時点で7,513円の価値しかないことを意味している。

## 2 現価係数(げんかけいすう)でヒトっとび

割引現在価値を求めるにあたり、利子率にもとづいてあらかじめ計算された「係数」を用いることがある。これを**現価係数**⑮という。

⑮ 現在の価値を計算するための係数という意味。

| 現　在 | | 1年後 | 2年後 |
|---|---|---|---|
| 1,000円 | ← $\times\frac{1}{(1+0.1)}$<br>×0.9091←10%、1年の現価係数 | 1,100円 | |
| 1,000円 | ← $\times\frac{1}{(1+0.1)^2}$<br>×0.8264←10%、2年の現価係数 | | 1,210円 |

**【設例2-3】**

現価係数表を用いて３年後に10,000円となる資産の割引現在価値を求めなさい。なお、利子率は10%である。

年金現価係数表

| 年＼利子率 | ９% | 10% | 11% |
|---|---|---|---|
| １年 | 0.9174 | 0.9091 | 0.9009 |
| ２年 | 0.8417 | 0.8264 | 0.8116 |
| ３年 | 0.7722 | 0.7513 | 0.7312 |

〈解答・解説〉

7,513円[16]

[16] 10,000円×0.7513 ＝7,513円

## 3 年金現価係数（ねんきんげんかけいすう）でラクラク

ある期間、一定金額を受け取り続ける場合に現価係数を累計した係数を用いて割引現在価値を求めることがある。これを**年金現価係数**[17]という。

[17]「年金」という言葉には、毎年一定額という意味がある。したがって、年金現価係数は、毎年一定額の現在の価値を計算するための係数という意味になる。

**【設例2-4】**

年金現価係数表を用いて１年後から３年間にわたり、毎年10,000円ずつ受け取ることができる資産の割引現在価値を求めなさい。なお、利子率は10%である。

年金現価係数表

| 年＼利子率 | ９% | 10% | 11% |
|---|---|---|---|
| １年 | 0.9174 | 0.9091 | 0.9009 |
| ２年 | 1.7591 | 1.7355[18] | 1.7125 |
| ３年 | 2.5313 | 2.4868[19] | 2.4437 |

[18] 例2-3の現価係数表、10%の１年目と２年目を合計したもの。0.9091＋0.8264 ＝1.7355

[19] 例2-3の現価係数表、10%の１年目から３年目までを合計したもの。0.9091＋0.8264＋0.7513＝2.4868

〈解答・解説〉

24,868円[20]

[20] 10,000円×2.4868 ＝24,868円

# 第3章 商品売買の会計

**企業は、商品売買を行うにあたり、商品の特徴などに合致した販売方法を選択する。また、期末商品の評価も商品に合った方法がある。**
**ここでは、商品売買の形態を中心として、棚卸資産の会計処理について見ていく。**

棚卸資産の評価に関する会計基準
(改正平成20年9月26日
企業会計基準委員会)

## 1 期末商品の評価

期末商品棚卸高は商品ごとに『**単価×数量**』によって計算されるが、その処理は次の4つの処理に関係する。

[1] 売上原価の算定
[2] 数量の減少による**棚卸減耗損**の算定
[3] 収益性(正味売却価額)の下落❶による**商品評価損**の算定
[4] 貸借対照表における商品の金額(＝**繰越商品勘定の次期繰越額**)の算定

❶正味売却価額が下落し、原価を下回る金額でしか売れない場合に計上する。

### 1 売上原価の算定

**【設例3-1-1】**
期末現在、帳簿棚卸数量は100個、原価は@1,200円であった。

売上原価を算定するための期末商品棚卸高は帳簿棚卸高である。

(1)計算式

**期末商品棚卸高 ＝ 帳簿上の単位原価 × 帳簿上の数量**

期末商品帳簿棚卸高：@1,200円×100個＝120,000円

(2)処理

仕入勘定で売上原価を算定する場合は、次のようになる。

| | | | |
|---|---|---|---|
| (借)仕　　入 | ×× | (貸)繰越商品 | ×× |
| (借)繰越商品 | 120,000❷ | (貸)仕　　入 | 120,000 |

❷いったんは期末帳簿棚卸高を繰越商品勘定に記入する。

期末商品棚卸高を帳簿上の棚卸高で処理することにより、仕入勘定の差額で計算される売上原価は純粋な(棚卸減耗および商品評価損の金額を含まない)売上原価として計算することができる❸。

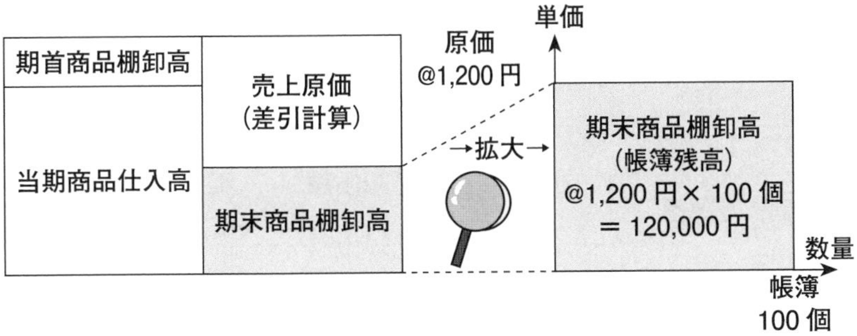


❸当期に10個仕入れ、帳簿上7個販売し、3個在庫となっていたが、実際に倉庫には2個しかなかった場合、売上原価の7個の算出には仕入の10個から帳簿残高の3個を差し引かなくてはならない(2個を差し引いたのでは、8個売り上げたことになってしまう)。

## 2 棚卸減耗(たなおろしげんもう)

**棚卸減耗**とは**帳簿上の数量と実地棚卸を行って算定した数量との差異**をいう。棚卸減耗が生じた場合は、**棚卸減耗損**❹**(費用)として処理**しなければならない。

❹棚卸減耗費とすることもある。

**【設例3-1-2】**
**【設例3-1-1】**の商品についての棚卸しの結果、実地棚卸数量は90個であった。

(1)計算式

**棚卸減耗損 ＝ 帳簿上の単位原価 ×(帳簿数量－実地数量)**

棚卸減耗：@1,200円×(100個－90個)＝12,000円

(2)処理

棚卸減耗損は、期末の帳簿棚卸高を示している繰越商品勘定から減額する。なお、この棚卸減耗損は正常な範囲のものであれば損益計算書上、売上原価の内訳科目❺または販売費及び一般管理費の1つとして表示❻される。

| | | | |
|---|---|---|---|
| (借)棚 卸 減 耗 損 | 12,000 | (貸)繰 越 商 品 | 12,000 |

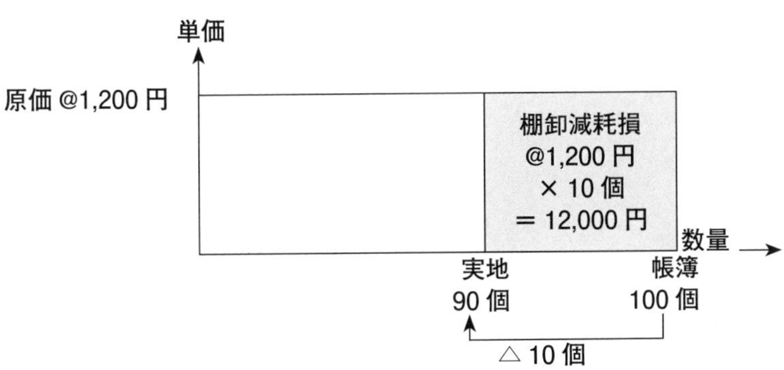


❺「売上原価の内訳科目とする」は、売上原価に含めるという意味。

❻正常な範囲の棚卸減耗損を、売上を上げるためには不可避的なものとするなら売上原価の内訳科目とし、不可避的ではなく企業努力でコントロールできるものととらえるなら販売費の1つとなると考えられる。なお、正常な範囲を超えた場合には営業外費用または特別損失とする。

## 3 商品評価損

**商品**は**原則**として、**仕入れた時の金額**(原価)で評価するが、原価と**正味売却価額**(しょうみばいきゃくかがく)❼とを比較し、**正味売却価額が原価よりも下がっている場合**には**正味売却価額で評価**し、原価と正味売却価額との**差額(評価差額)**は、当期の費用(**商品評価損**)とする。

| | | 評価額 |
|---|---|---|
| 商品の評価 | 原価＜正味売却価額・・・ | 原価❽ |
| | 原価＞正味売却価額・・・ | 正味売却価額 |

**【設例3-1-3】**

期末商品の原価 @1,200円に対して、正味売却価額は @1,100円であった。

**⑴計算式**

**商品評価損 ＝(原価 － 正味売却価額)× 実地数量❾**

商品評価損：(@1,200円－@1,100円)× 90個＝9,000円

**⑵処理**

商品評価損の金額は、期末の帳簿棚卸高を示している繰越商品勘定から減額する。また、商品評価損は原則として売上原価の内訳科目とする❿。

| (借)商品評価損 | 9,000 | (貸)繰越商品 | 9,000 |
|---|---|---|---|

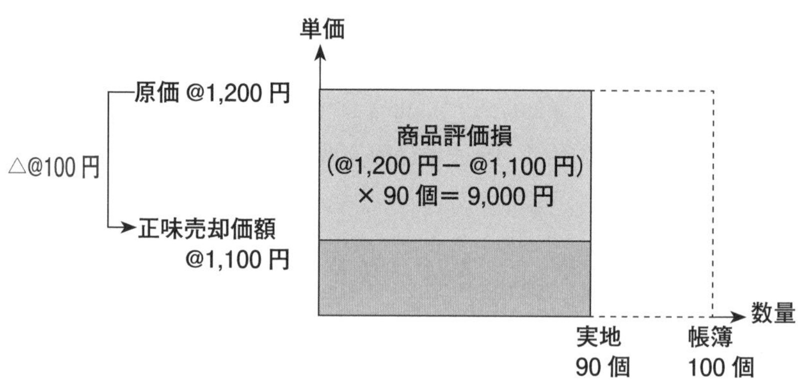


❼正味売却価額は、時価からアフターコスト(販売にかかる直接費用)を差し引いたもの。

❽正味売却価額が原価よりも高い場合は、原価のままで評価するため、特に処理は行わない。したがって、「商品評価益」が出ることはない。

❾失われた商品の価値の下落を認識しても意味がないため、減耗した商品の評価を行うことはない。

❿売り上げを上げるためには、一定の在庫を持たざるを得ないので、その正味売却価額の下落は、売上を上げるために、不可避的なものと考えられる。したがって原則として売上原価に含めることになる。なお、臨時かつ多額の場合は、特別損失とすることもある。

## 4 貸借対照表の商品の金額

期末商品(帳簿)棚卸高については上記の処理が順次行われ、残った部分(＝@1,100円×90個)が貸借対照表上の商品および繰越商品勘定の次期繰越の金額となる[11]。

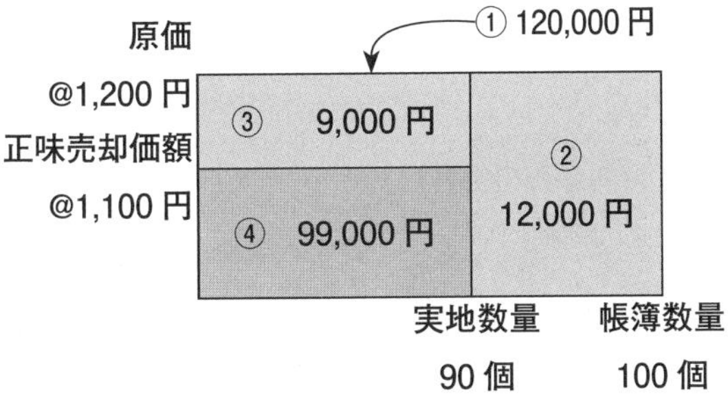


①帳簿上の棚卸高……… 120,000円
②棚卸減耗損……… (－) 12,000円
③商品評価損……… (－) 9,000円
④B／S上の商品……… 99,000円

[11]貸借対照表は「今あなたはなにを、いくら、持っていますか？」という問いかけに対する答えでもある。
今、あなたが持っている商品は、正味売却価額@1,100円のものを90個ですね。それが貸借対照表に商品として示される。

### ▶ないものは評価しない◀

商品の評価損を計算する際に「正味売却価額がいくら下がったのか」はすぐにわかるのですが、迷ってしまうのが「帳簿数量を掛けるのか実地数量を掛けるのか」の問題です。

そこで思い出してほしいのが「ないものは評価しない」という、ごく当たり前の感覚です。

棚卸減耗でなくなってしまった10個について「あれが残っていればいくらだったのに…」などと考えても意味はないですものね。もうなくなってしまったものなのですから。

ですから、商品評価損を計算する際に掛けるのは、絶対に実際に残っている商品の数、実地数量になるのです。

# 2 未着品売買

## 1 未着品売買とは

注文した商品について、その**商品の到着を待たず、商品の引取証（貨物代表証券⓬）をもって他に転売する売買形態を未着品売買**という。

⓬貨物代表証券は運送会社が発行する貨物の預り証であり、運送会社はこれを所有する人に貨物を引き渡す。
具体的には、船荷証券などがあり、貨物代表証券はそのまま第三者に売却することができる。

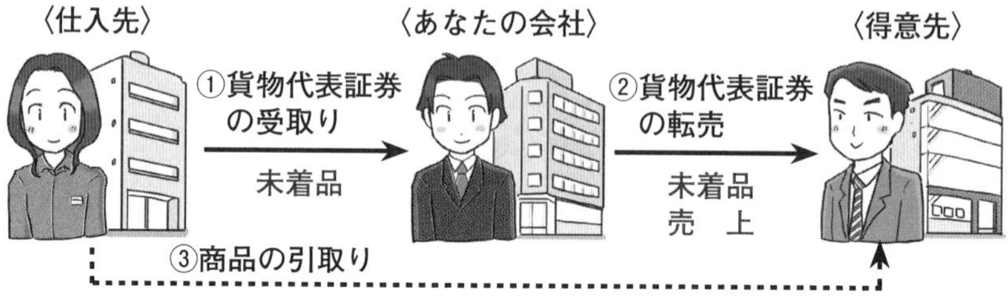


## 2 未着品売買の処理

未着品売買の処理では、(1)貨物代表証券を受け取ったとき、(2)貨物代表証券をそのまま転売したとき、また、貨物代表証券を転売せずに、(3)自分で商品を引き取ったとき、の3つの取引がある。

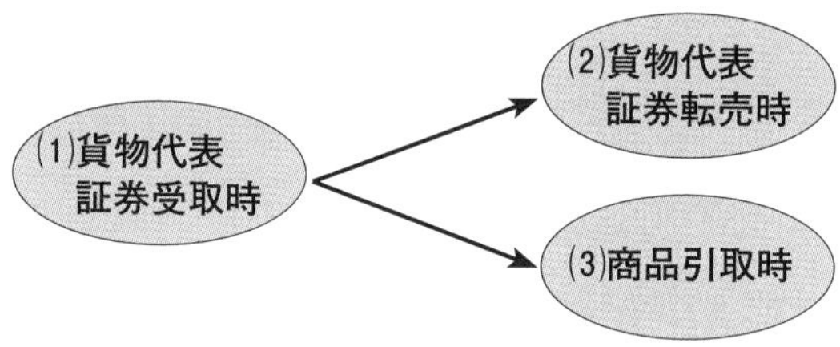


### (1)貨物代表証券受取時

**【設例3-2-1】**

仕入先カナダ商店より商品Aの貨物代表証券100,000円、および商品Bの貨物代表証券200,000円を受け取り、代金は掛けとした。

貨物代表証券⓭を受け取ったときには、**未着品勘定（資産）で処理**する。

⓭貨物代表証券は商品を受取ることのできる権利を示しており、貨物代表証券の保有者が未着品の保有者となる。

| | | | |
|---|---|---|---|
| (借)未　着　品 | 300,000 | (貸)買　掛　金 | 300,000 |

### (2)貨物代表証券転売時

**【設例3-2-2】**

得意先シリウス商店に、先に受け取った商品Aの貨物代表証券(原価：100,000円)を150,000円で転売した。また、未着品の売上原価を仕入勘定に振り替えた。

| | | | | | |
|---|---|---|---|---|---|
| ①(借) | 売掛金[14] | 150,000 | (貸) | 未着品売上 | 150,000 |
| ②(借) | 仕入 | 100,000 | (貸) | 未着品 | 100,000 |

①貨物代表証券の転売をもって売上とし、**一般の商品売上と区別するために、未着品売上勘定(収益)を用いる**[15]。

②未着品販売では、商品を**販売のつど、その売上原価を仕入勘定に振り替えておく処理**が行われている[16]。

[14]回収することにおいて通常の売掛金と同じなので売掛金とする。

[15]通常、一般販売と利益率が異なるため区別する。

[16]この処理を「その都度法」という。

### (3)商品引取時

**【設例3-2-3】**

本日、商品Bが到着したので、貨物代表証券200,000円と交換に商品を引き取った。なお、そのさいに引取費用2,000円を現金で支払った。

貨物代表証券の金額を、未着品勘定から**仕入勘定に振り替える**[17]。また、そのときに要した**引取費用等の付随費用は、仕入勘定に加算する**。

| | | | | | |
|---|---|---|---|---|---|
| (借) | 仕入 | 202,000 | (貸) | 未着品 | 200,000 |
| | | | | 現金 | 2,000 |

[17]商品Bに係る(1)の仕訳と(3)の仕訳を合計してみてください。

(1) (未着品) 200,000
　　(買掛金) 200,000
+(3) (仕　入) 202,000
　　(未着品) 200,000
　　(現　金) 2,000
= (仕　入) 202,000
　　(買掛金) 200,000
　　(現　金) 2,000

つまり未着品を引き取ると、通常の仕入を行った場合と同じことになる。

#### ▶輸送中のものは誰のもの？◀

たとえば、みなさんがフランスにいて、船で日本に商品を送ったとしましょう。

みなさんは船会社と契約をして、商品を船に積み込みます。そうして**貨物代表証券（船荷証券）**を受け取ります。この時点では船にある商品はみなさんのものです。

次にみなさんは、貨物代表証券を日本の買い手に販売します。この段階で船にある商品は買い手のものになります。

つまり、**貨物代表証券の持ち主が、輸送中の荷物の所有者**なのです。

ですから、**買い手側は、貨物代表証券を受け取った段階で未着品として処理し、また転売したときには未着品が減るとともに、未着品売上を計上する**ということになります。

# 3 委託販売・受託販売

## 1 委託販売とは

委託販売とは、自社の商品の販売を他社に代行してもらう販売形態である⑱。このとき、販売を依頼する側を**委託者**、依頼を受ける側を**受託者**という。

⑱商品を積送することから積送品販売といわれることもある。

## 2 委託販売の収益認識

委託販売では、受託者が商品を販売したときに収益を認識する。

## 3 委託販売の会計処理

委託販売にかかる商品の会計処理は、**手許商品区分法**（てもとしょうひんくぶんほう）により行う。手許商品区分法には、商品販売時の商品原価の処理によって①**その都度法**（つどほう）と②**期末一括法**がある。

| | 商品を発送したとき | 販売したとき |
|---|---|---|
| 会計処理 | 手許商品区分法 | ①その都度法 |
| | | ②期末一括法 |

### (1)商品を発送したとき

商品を発送したときは、発送した商品の原価を仕入勘定から積送品勘定に振り替える。

**【設例3-3-1】** 次の仕訳を示しなさい。
委託販売にあたり、商品2,000円を発送した。

| | | | |
|---|---|---|---|
| (借)積　送　品 | 2,000⑲ | (貸)仕　　入 | 2,000 |

⑲このとき発送費用などの付随費用が発生すれば、積送品原価に含めて処理する。

(2)**受託者が販売したとき**

受託者が販売したとき、その都度法では、売上を計上するとともに、**販売した積送品の原価を積送品勘定から仕入勘定に振り替える**。

期末一括法では、**売上のみを計上する**(仕入勘定への振り替えは期末に一括して行うためである)。

**【設例3-3-2】** 次の仕訳を示しなさい。

販売を委託した**【設例3-3-1】**の商品が受託者によって3,000円で販売され、10%の手数料が差し引かれ、残額は当座預金口座に振り込まれた。

①**その都度法**

| | | | |
|---|---|---|---|
| (借)当座預金 | 2,700 | (貸)積送品売上 | 2,700[20] |
| (借)仕入 | 2,000 | (貸)積送品 | 2,000 |

[20]通常、手数料などを差し引いて計上するが、差し引かずに計上する場合には次の処理になる。
(借)当座預金 2,700
積送諸掛 300
(貸)積送品売上 3,000

②**期末一括法**

| | | | |
|---|---|---|---|
| (借)当座預金 | 2,700 | (貸)積送品売上 | 2,700 |

(3)**決算時**

その都度法では期中に売上原価を仕入に加える仕訳が行われているため、決算時に処理は行わないが、期末一括法では、当期に販売した積送品の原価を積送品勘定から仕入勘定に振り替える。

**【設例3-3-3】** 次の仕訳を示しなさい。

決算を迎えた。

①**その都度法**

期中に仕訳済

②**期末一括法**

| | | | |
|---|---|---|---|
| (借)仕入 | 2,000 | (貸)積送品 | 2,000 |

## 4 受託販売とは

受託販売とは、他人から委託された商品を販売する販売形態である[21]。そのため、商品を販売した場合においても、受託者は売上という収益を認識することはない。

[21]委託販売とは逆の立場である。

## 5 受託販売の会計処理

受託者は、**委託者との間に生じる債権債務**について、すべて**受託販売勘定**で処理する[22]。

[22] 受託者側では、受け取った商品の移動（保管や販売等）についての処理は行わない。

**(1)商品引取時**

引き取った時点では、委託者との間に債権債務は生じていないので処理は行わない。

**【設例3-4-1】** 次の仕訳を示しなさい。
委託者から商品2,000円を引き取った。

仕　訳　な　し[23]

[23] 自社の商品でないため、仕入勘定で処理することはない。

**(2)商品販売時**

販売によって受け取った現金は、最終的に販売手数料等を差し引き、委託者に返還する必要がある。したがって、委託者に対する債務として受託販売を計上する。

**【設例3-4-2】** 次の仕訳を示しなさい。
委託された商品を3,000円で販売し、代金は現金で受け取った。

| | | | |
|---|---|---|---|
| (借)現　　　金 | 3,000 | (貸)受　託　販　売[24] | 3,000 |

[24] 自社の商品でないため、売上勘定で処理することはない。

**(3)売上計算書送付時**

委託者に売上計算書を送付した時点で手数料収益を計上する。

**【設例3-4-3】** 次の仕訳を示しなさい。
売上計算書（売上高3,000円、販売手数料500円）を委託者に送付した。

| | | | |
|---|---|---|---|
| (借)受　託　販　売[25] | 500 | (貸)受 取 手 数 料 | 500 |

[25] 手数料分の債務が減少する。

**(4)代金決済時**

代金を決済することで、委託者との間の債権・債務は解消される。

**【設例3-4-4】** 次の仕訳を示しなさい。
受託販売における債務を現金で決済した。

| | | | |
|---|---|---|---|
| (借)受　託　販　売 | 2,500 | (貸)現　　　金 | 2,500 |

# 4 試用販売

## 1 試用販売とは

試用販売とは、得意先に商品を発送(試送(しそう))し、一定期間、試しに使ってもらい、後日の買い取りの意思表示[26]により売上を計上する販売形態である。

[26]法律行為としての「意思表示」であり「意志表示」ではない。

## 2 試用販売の収益認識

試用販売では、買い取りの意思表示を受けたときに収益を認識する。

## 3 試用販売の会計処理

試用販売にかかる商品の会計処理には、**手許商品区分法**と**対照勘定法**があるが、ここでは対照勘定のみをみていく[27]。

[27]手許区分法を用いた場合、委託販売の処理と同様となり、次の勘定科目名が異なるのみである。
積送品
⇒ 試用品
積送品売上
⇒ 試用品売上

## 4 対照勘定法

**対照勘定(たいしょうかんじょう)**とは同時に発生して同時に消滅する一組の勘定であり、試用販売では発送した商品が先方にあることを忘れないようにするための備忘記録(びぼうきろく)として用いられる。対照勘定法では、発送したさいに対照勘定で記帳し[28]、当社の商品が先方にあることを示しておく。後に、買い取りの意思表示を受けたり、返品されたときに対照勘定を取り消す。

[28]対照勘定は売価で記帳する。

**【設例3-5】** 次の仕訳を示しなさい。
①試用販売にあたり、商品2,000円(売価3,000円)を得意先に発送した。
②得意先から商品500円(売価750円)が返送された。
③試送品(売価1,800円)について買い取りの意思表示を受けた。
④決算を迎えた。未販売の試用品が300円(原価)ある。

| | | | | |
|---|---|---|---|---|
| ① | (借)試用販売契約 | 3,000 | (貸)試用仮売上[29] | 3,000 |
| ② | (借)試用仮売上 | 750 | (貸)試用販売契約 | 750 |
| ③ | (借)売掛金 | 1,800 | (貸)試用品売上 | 1,800 |
| | (借)試用仮売上 | 1,800 | (貸)試用販売契約 | 1,800 |
| ④ | (借)繰越商品 | 300 | (貸)仕入 | 300[30] |

[29]対照勘定は帳簿上のメモのようなもので、財務諸表に記載されることはない。そのため、勘定科目はわかりやすければどのようなものでもよく、本書で示したもの以外が用いられることもある。

[30]まだ販売していない試用品の原価を仕入勘定から繰越商品勘定に振り替える。

収益認識に関する会計基準
(2020年3月31日
企業会計基準委員会)

# 5 建設業会計

## 1 建設業会計とは

ダムやビルなど建築物の工事のように、顧客の注文に応じて長期間にわたって製造を請け負う契約を**工事契約**(こうじけいやく)といい、このときに行う会計処理を建設業会計という。

建設業会計における収益は、工事の進捗度を合理的に見積もることができる場合には、**毎期、工事の進捗に応じて計上する**。なお、工事進捗度を見積工事原価総額に対して既に発生した工事原価の割合によって計算する方法を**原価比例法**(げんかひれいほう)という㉛。

㉛本書では、工事進捗度を計算する方法として代表的な「原価比例法」を前提として解説していく。

## 2 工事の進捗に応じて収益を認識する方法(原価比例法)

原価比例法では次の算式によって当期の収益を認識する。また、原価比例法による場合、当期の原価計上額は当期の実際工事原価の発生額とする。

**(1)見積総工事原価に修正がない場合**

**①工事の完成・引き渡しの期以外**

$$\text{工事収益} = \text{請負価額}^{㉜} \times \underbrace{\frac{\text{当期の実際工事原価}}{\text{完成までの見積総工事原価}}}_{\text{工事進捗度}}$$

㉜請負金額が、この工事の収益の合計となる。

**②工事の完成・引き渡しの期**

工事収益＝請負価額－前期までの工事収益計上額の合計

**【設例3-6】** 原価比例法により各期の工事収益を計算しなさい。
請負価額 18,000円　見積総工事原価 12,000円
実際工事原価 第1期 2,000円 第2期 6,000円 第3期 4,000円
工事の完成・引き渡しは第3期末に行われた。

〈解答・解説〉

| | 第1期 | 第2期 | 第3期 |
|---|---|---|---|
| 工事収益 | 3,000円 | 9,000円 | 6,000円 |

第1期 ：$18{,}000\text{円} \times \frac{2{,}000\text{円}}{12{,}000\text{円}} = 3{,}000\text{円}$

第2期 ：$18{,}000\text{円} \times \frac{6{,}000\text{円}}{12{,}000\text{円}} = 9{,}000\text{円}$

第3期㉝：18,000円－(3,000円＋9,000円)＝6,000円

㉝最後の期は差額で計算する。

(2)見積総工事原価に修正がある場合

$$\text{工事収益} = \text{請負価額} \times \underbrace{\frac{\text{実際工事原価累計額}}{\text{実際発生原価累計額} + \text{次期以降発生原価見積額}}}_{\text{工事進捗度}} - \text{過年度工事収益累計額}$$

㉞過年度工事収益がないため、1年目は修正がない場合と同じになる。

**【設例3-7】** 原価比例法により各期の工事収益を計算しなさい。
請負価額 18,000円　見積総工事原価 12,000円
実際工事原価 第1期 2,000円 第2期 6,000円 第3期 2,000円
原料費の下落により、第2期に見積総工事原価が12,000円から10,000円に修正された。
工事の完成・引き渡しは第3期末に行われた。

〈解答・解説〉

| | 第1期 | 第2期 | 第3期 |
|---|---|---|---|
| 工事収益 | 3,000円 | 11,400円 | 3,600円 |

第1期：$18{,}000\text{円} \times \dfrac{2{,}000\text{円}}{12{,}000\text{円}} = 3{,}000\text{円}$

第2期：$18{,}000\text{円} \times \dfrac{2{,}000\text{円} + 6{,}000\text{円}}{10{,}000\text{円}} = 14{,}400\text{円}$㉟

$14{,}400\text{円} - 3{,}000\text{円} = 11{,}400\text{円}$㊱

第3期：$18{,}000\text{円} - (3{,}000\text{円} + 11{,}400\text{円}) = 3{,}600\text{円}$

㉟第1期、第2期の工事収益の合計額を表す。
㊱収益の合計額から第1期の収益を差し引いて第2期の収益となる。

## 3 建設業会計で用いる勘定科目

建設業では、商品売買や通常の製造業と異なり、特有の勘定科目を用いる。

| 商品売買業・製造業 | 建設業 |
|---|---|
| 売上高 | 完成工事高㊲ |
| 売上原価 | 完成工事原価 |
| 仕掛品 | 未成工事支出金 |
| 売掛金 | 完成工事未収入金㊳ |
| 買掛金 | 工事未払金 |
| 前受金 | 契約負債 |

㊲工事収益とすることもある。

㊳工事物件の引渡し前の企業の対価に対する権利は契約資産として処理し、顧客に請求する際の債権は完成工事未収入金として処理する。

## 4 建設業会計の処理

建設業会計では、工事の進捗に応じて収益を計上するので、工事が未完成であっても各期に工事収益を認識する。また、それに対応する工事原価も計上するため、その額を未成工事支出金勘定から完成工事原価勘定に振り替える。

**【設例3-8】** 以下の仕訳を原価比例法により示しなさい。

①第１期に工事契約（請負価額10,000円　見積総工事原価8,000円）を締結し、手付金として500円を小切手で受け取り、直ちに当座預金とした。

②材料費3,000円、労務費1,000円、経費500円が発生した。これらにかかる支払いはされていない。なお、材料は第１期にすべて投入した。

③第１期の決算を迎えた。

④第２期となり、当該工事に労務費1,500円、経費1,000円が発生し、現金で支払った。

⑤第２期中に当該工事が完成し、依頼主に引き渡し、工事代金を請求した。

〈解答・解説〉

| | 借方 | 金額 | 貸方 | 金額 |
|---|---|---|---|---|
| ① | （借）当座預金 | 500 | （貸）契約負債 | 500 |
| ② | （借）材料費 | 3,000 | （貸）工事未払金 | 4,500 |
| | 労務費 | 1,000 | | |
| | 経費 | 500 | | |
| ③ | （借）未成工事支出金 | 4,500 | （貸）材料費 | 3,000 |
| | | | 労務費 | 1,000 |
| | | | 経費 | 500 |
| | （借）完成工事原価[39] | 4,500 | （貸）未成工事支出金 | 4,500 |
| | （借）契約負債 | 500 | （貸）完成工事高 | 5,625 *1 |
| | 契約資産 | 5,125 | | |
| ④ | （借）労務費 | 1,500 | （貸）現金 | 2,500 |
| | 経費 | 1,000 | | |
| ⑤ | （借）未成工事支出金 | 2,500 | （貸）労務費 | 1,500 |
| | | | 経費 | 1,000 |
| | （借）完成工事原価 | 2,500 | （貸）未成工事支出金 | 2,500 |
| | （借）完成工事未収入金 | 9,500 | （貸）完成工事高 | 4,375 *2 |
| | | | 契約資産 | 5,125 |

＊1　第１期の完成工事高：$10{,}000\text{円} \times \dfrac{4{,}500\text{円}}{8{,}000\text{円}} = 5{,}625\text{円}$

＊2　第２期の完成工事高：10,000円－5,625円＝4,375円

[39] このように収益計上のつど、売上原価を計上する処理方法を売上原価対立法といい、建設業でなくても（商業でも）月次損益計算を採用している場合に用いられることがある。

**コラム　簿記を学ぶことの意味**

みなさんは「簿記の勉強をして何になるのだろう」って、思われたことはありませんか？

私自身、そういう疑問をもったこともありますし、事実、教室で講師をしている頃の一番困った質問でした。

確かにこの勉強を進めていくと、意思決定会計や連結会計、キャッシュ・フロー会計と、実務的に必要でかつ有用な知識がいっぱい入ってきます。

しかし、簿記の有用性はそれだけではなく、もっと初歩的なところにもあります。それは「仕訳」です。

仕訳というものは、様々な状況を定型化していく作業です。そうしてそれは、簿記でいう取引だけでなく、日常のすべての事象で行えるものなのです。なんせ、仕訳は企業の日記なのですから。

たとえば、みなさんが「転んで怪我して血が出て痛かった」としましょう。

これでも仕訳できます。

| | | | | | |
|---|---|---|---|---|---|
| (借)痛 | い(費用) | ××× | (貸)血 | 液(資産) | ××× |

血液というのは自分にとって必要不可欠な資産です。それを失って、痛いという費用になる。血液がいっぱい出れば痛みも大きい、少なければ痛みも少ないということを示しています。

この仕訳が自由に使えるようになれば、すべての状況を定型化して、それを使って足し算も引き算もできます。つまり、いまみなさんが置かれている状況に“これがあったら”も“これさえなければ”も、そしてその後の状況も、すべてを想定していくことができるのです。

これが、その人の大きな武器になるものです。

この武器を、みなさんも是非、手に入れてください。

# 第4章 固定資産の会計

企業は多くの固定資産を利用して、経営活動を行っている。金額も大きいため、その計算を正確に行うことは企業にとっても、また財務諸表を利用する利害関係者にとっても非常に重要なことである。
近年、固定資産を購入するのではなくリース、つまり借りてきたり、または余った固定資産を別の用途に用いたりと、固定資産を取り巻く環境は変化している。
ここでは、固定資産についてこれまでに学習した定額法による減価償却や取得・売却に関するもの以外のさまざまな会計処理について見ていく。

企業会計原則　注解20
（最終改正昭和57年4月20
企業会計審議会）

## 1 減価償却

建物・車両❶・備品等の有形固定資産は、営業に長期的に使用されるため次第に老朽化し、購入したときの価値が徐々に減ってくため価値の減少を認識する減価償却❷が必要になる。

減価償却費の計算方法として、**定額法の他に、定率法、生産高比例法**がある。

【定額法❸の減価償却費の計算式】

$$減価償却費 = \frac{取得原価 - 残存価額❹}{耐用年数❺}$$

### 1 定率法による減価償却費の計算

定率法とは、固定資産の**未償却残高**（＝取得原価－減価償却累計額）に、一定の**償却率（定率）**❻を**掛けて減価償却費を計算する方法**をいう。

この方法では最初の年度の減価償却費がもっとも大きく、後は次第に少なくなっていくことになる。したがって、コンピュータのようにすぐに資産価値が下がってしまう資産には定率法が合理的である。

【定率法の減価償却費の計算式】

減価償却費 ＝ （取得原価－（期首の）減価償却累計額）× 償却率
（未償却残高：取得原価－（期首の）減価償却累計額）

❶正確には車両運搬具といい、リヤカーなど自動車以外の車も含まれる。

❷“費用として計上する”ことを『償却』という。

❸建物など毎期の価値の減少が、一定であると考えることができる資産には定額法が合理的である。

❹耐用年数が経過した後の処分価額（スクラップとしての価額）を残存価額という。

❺固定資産の使用可能な年数を耐用年数という。

❻定率法の償却率（定率）の求め方に200％定率法があり、算式は以下のとおりである。
償却率＝$\frac{1}{耐用年数}$×200％

**【設例4-1-1】**

決算日（×5年3月31日）において、×5年2月1日に120,000円で購入したコンピュータについて減価償却を行った。なお、償却方法は定率法（200%償却法）、耐用年数は10年、残存価額は0[7]とする。間接法により記帳すること。

| | | | |
|---|---|---|---|
| （借）減価償却費 | 4,000 | （貸）備品減価償却累計額 | 4,000 |

償却率：$\frac{1}{10年} \times 200\% = 20\%$

計算式：$120{,}000円 \times 20\% \times \frac{2カ月}{12カ月} = 4{,}000円$

[7] 残存価額を0として、耐用年数を超えて使い続けてた場合、帳簿上存在しない（0円）固定資産が実在することになってしまうことから、帳簿上、最後の1円だけは残して償却を終える。この1円のことを備忘価額という。

**【設例4-1-2】**

翌決算日（×6年3月31日）においても、上記コンピュータについて減価償却を行った。

| | | | |
|---|---|---|---|
| （借）減価償却費 | 23,200 | （貸）備品減価償却累計額 | 23,200 |

計算式：$(120{,}000円 - 4{,}000円) \times 20\% = 23{,}200円$

## 2 生産高比例法（せいさんだかひれいほう）による減価償却費の計算

生産高比例法[8]とは、資産の利用度に応じた減価償却費を毎期計上する方法である。例えば総走行可能距離が10万kmの車を、当期に2万km走らせたとすると、（取得原価－残存価額）の20%を償却することになる。

[8] 生産高比例法によって減価償却費を算定するには、次の条件が必要になる。
①総利用可能量が見積もれること。
②利用に比例して減価が発生すること。
したがって車両運搬具、船舶、航空機といった有形固定資産などに適用される。

【生産高比例法の減価償却費の計算式】

$$減価償却費 = (取得原価 - 残存価額)^{[9]} \times \underbrace{\frac{当期利用量}{総利用可能量}}_{利用度}$$

[9] 残存価額を控除し忘れないように注意する。

**【設例4-2-1】**

決算にあたり、当期に200,000円で購入したトラック（車両勘定で処理）について減価償却を行った。なお、見積走行可能距離は300,000km、当期走行距離は9,000km、残存価額は0円、償却方法は生産高比例法によるものとする。記帳は間接法による。

| | | | |
|---|---|---|---|
| （借）減価償却費 | 6,000 | （貸）車両減価償却累計額 | 6,000 |

計算式：$(200{,}000円 - 0円) \times \frac{9{,}000km}{300{,}000km} = 6{,}000円$[10]

[10] 生産高比例法では、期中に取得した資産でも、月割計算は行わない。これは生産高比例法が、使用期間ではなく利用度をもとに計算する方法だからである。

**【設例4-2-2】**
翌決算日においても、上記トラックについて減価償却を行った。なお、この期の走行距離は12,000kmであった。

| | | | |
|---|---|---|---|
| (借)減価償却費 | 8,000 | (貸)車両減価償却累計額 | 8,000 |

計算式：$(200{,}000円 - 0円) \times \frac{12{,}000km}{300{,}000km} = 8{,}000円$

**●参　考●　法人税法改正による有形固定資産の減価償却と残存価額**
有形固定資産の減価償却費の計算に用いる残存価額は、取得原価の10%として計算するのが一般的であったが、2007年度(平成19年度)の法人税法改正により、2007年(平成19年)4月1日以降に取得した有形固定資産については、残存価額をゼロとして計算する方法に改正された。

しかし、これはあくまで税法上の話であり、会計上は従来どおり、残存価額を取得原価の10%として計算することができる。

## 3 総合償却

### (1)総合償却とは

**総合償却とは**、一定の基準でグルーピングした有形固定資産の減価償却を一括して行う方法[11]である。

総合償却では、次の算式によって減価償却費を計算する。

減価償却費＝要償却額合計÷平均耐用年数

平均耐用年数＝$\frac{要償却額合計}{定額法による年償却額合計}$

[11] A、B、Cの3つの機械を用いて1つの製品が作られるような場合に、A、B、Cの機械を1つの固定資産とみなして減価償却を行う。このとき、耐用年数を統一する必要がある。

**【設例4-3-1】** 次の仕訳を示しなさい。
次の資産について、総合償却(定額法)により減価償却を行う(間接法で記帳)。

| | 取得原価 | 残存価額 | 耐用年数 |
|---|---|---|---|
| 機械A | 10,000円 | 取得原価の10% | 3年 |
| 機械B | 30,000円 | 取得原価の10% | 3年 |
| 機械C | 40,000円 | 取得原価の10% | 6年 |

〈解答・解説〉

| | | | |
|---|---|---|---|
| (借)減価償却費 | 18,000 | (貸)機械減価償却累計額 | 18,000 |

**各資産の要償却額と１年間の償却額**

| | 要償却額 | １年間の償却額（減価償却費） |
|---|---|---|
| 機械Ａ | 10,000円×0.9＝　9,000円 | 9,000円÷３年＝3,000円 |
| 機械Ｂ | 30,000円×0.9＝27,000円 | 27,000円÷３年＝9,000円 |
| 機械Ｃ | 40,000円×0.9＝36,000円 | 36,000円÷６年＝6,000円 |
| 合計 | 72,000円 | 18,000円 |

平均耐用年数：$\dfrac{72{,}000\text{円}}{18{,}000\text{円}} = 4$ 年

減価償却費：72,000円 ÷ ４年 = 18,000円

### (2)除却したときの処理

除却した場合には、要償却額の全額の減価償却累計額を取り崩し、残存価額を**貯蔵品**（ちょぞうひん）とする⑫。

⑫除却にさいしての損益は計上されない。

**【設例4-3-2】** 次の仕訳を示しなさい。

x1年度末に機械Ａ（取得原価10,000円、減価償却累計額9,000円）を除却した。

〈解答・解説〉

| | | | |
|---|---|---|---|
| （借）機械減価償却累計額 | 9,000 | （貸）機　　械⑬ | 10,000 |
| 貯　蔵　品 | 1,000 | | |

⑬後に除却したＡ機械に相当する機械を取得することが前提となる。

### (3)売却したときの処理

売却した場合は、残存価額と売却代金との差額を**固定資産売却損益**とする。

**【設例4-3-3】**

x2年度末に機械Ｂ（取得原価30,000円、減価償却累計額27,000円）を4,000円で売却し、代金は現金で受け取った。

〈解答・解説〉

| | | | |
|---|---|---|---|
| （借）機械減価償却累計額 | 27,000 | （貸）機　　械 | 30,000 |
| 現　　金 | 4,000 | 固定資産売却益 | 1,000 |

**●参　考●　圧縮記帳**

固定資産を購入するさい、国などから補助金を受取る場合がある。

この場合、補助金の受取額について『補助金収入』という特別利益を計上するが、そのままにすると課税され、補助金の意味を減殺することになる。そこで、固定資産の取得原価を圧縮するとともに、『固定資産圧縮損』という特別損失を計上するという処理を行う。なお、固定資産の減価償却は、圧縮後の金額に基づいて行われる。

**【固定資産の取得】**

期首に営業用車両10,000円(耐用年数10年、残存価額0、定額法)を現金で購入した。なお、この車両はエコカーの指定を受けており、後日2,000円の補助金を受取ることができる。

| | | | |
|---|---|---|---|
| (借)車　　両 | 10,000 | (貸)現　　金 | 10,000 |

**【補助金の受入】**　申請により、補助金2,000円を現金で受け取った。

| | | | |
|---|---|---|---|
| (借)現　　金 | 2,000 | (貸)補助金収入<br>特別利益 | 2,000 |

**【圧縮記帳処理】**　上記補助金につき、圧縮記帳処理を行った。

| | | | |
|---|---|---|---|
| (借)固定資産圧縮損<br>特別損失⇒当期の課税を回避する | 2,000 | (貸)車　　両 | 2,000 |

**【減価償却】**　期末となり、当該車両の減価償却を行う。

| | | | |
|---|---|---|---|
| (借)減価償却費 | 800 | (貸)減価償却累計額 | 800 |

# 2 リース

リース取引に関する会計基準
(改正平成19年3月30日
企業会計基準委員会)

## 1 リース取引の意義

リース取引とは、リース会社が**相手企業(ユーザー)**に**有形固定資産を使用する権利**を与え、相手企業は**使用料(リース料)**をリース会社に**支払う取引**をいう。

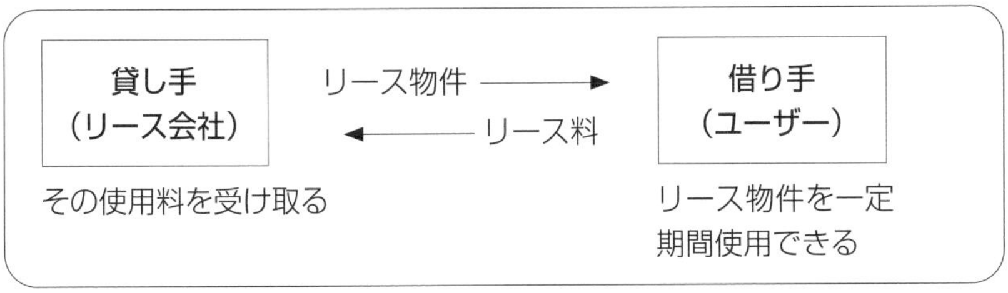


リース取引を分類すると、次の図になる。

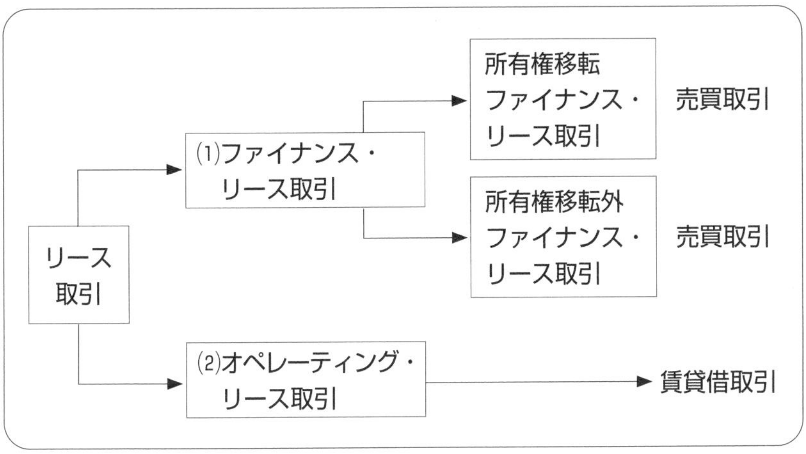


ファイナンス・リース取引とは、次の条件を満たした取引である。

(a) リース契約をリース期間中に解除することができない取引(**ノンキャンセラブル**)。

(b) 借り手がリース資産から得られる利益を受けられ、かつ、その使用にともなう修繕費などを負担する(**フルペイアウト**)。

ファイナンス・リース取引の実態は、分割払いによる資産の購入とほぼ等しいため、賃貸借取引ではなく売買取引として会計処理を行う

このとき、分割払いにおける利息に相当する額は、利息法によってリース期間中の各期に配分される[14]。

また、ファイナンス・リース取引はリース期間終了時にリース物件の所有権が借り手に移転する所有権移転ファイナンス・リース取引と、移転しない所有権移転外ファイナンス・リース取引に分類される。

[14] 定額法により各期に配分することもあるが、本書では利息法を中心に解説していく。

## 2 ファイナンス・リースの処理

### (1)リース開始時の処理

リース資産の取得原価は、下記の方法で決める。

| | 貸し手の<br>購入価額が明らかな時 | 貸し手の<br>購入価額が明らかでない時 |
|---|---|---|
| 所有権移転<br>ファイナンス・<br>リース取引 | 貸し手の購入価額 | 見積現金購入価額かリース料総額の割引現在価値の低い方 |
| 所有権移転外<br>ファイナンス・<br>リース取引 | 貸し手の購入価額か<br>リース料総額の割引現在<br>価値の低い方 | 見積現金購入価額かリース料総額の割引現在価値の低い方 |

ここでは、リース料総額から、これに含まれている利息相当額を差し引き、リース物件の取得価額相当額を求める原則的な方法による。

**リース開始時の仕訳処理**[15]

[15]以下の仕訳処理については、すべて当座預金で決済されたものとする。

[16]1年基準により長期のリース債務(債権)と短期のリース債務(債権)に貸借対照表上は分類しなければならないが、仕訳上での分類は省略する。

●借り手(ユーザー)

(借)固定資産　××　(貸)リース債務[16]××

○貸し手(リース会社)

(借)リース債権[16]××　(貸)当座預金　××

### (2)リース料支払い時の会計処理

リース債務残高に対する利息を支払い、残額でリース債務の元本部分を返済する。

支　払　利　息 = リース債務残高 × 利　率
リース債務返済額 = 支払リース料 − 支払利息

**リース料の支払い(借り手側と貸し手側)の仕訳処理**

●借り手(ユーザー)

(借)支払利息　××　(貸)当座預金　××
　リース債務　××

○貸し手(リース会社)

(借)当座預金　××　(貸)売　　上　××
(借)売上原価　××　(貸)リース債権　××

### (3)決算時の会計処理

下記の方法で減価償却を行う。

| | 耐用年数 | 残存価額 |
|---|---|---|
| 所有権移転<br>ファイナンス・リース取引 | 経済的耐用年数 | 自己所有資産と同じ |
| 所有権移転外<br>ファイナンス・リース取引 | リース期間 | ゼロ |

**決算時の仕訳処理**

●借り手(ユーザー)

(借)減価償却費　××　(貸)減価償却累計額　××

○貸し手(リース会社)

仕訳不要

**【設例4-4】**

A社(借り手)はX1年4月1日にB社(貸し手)と下記の5年間の備品のリース契約を結んだ。A社の会計期間は1年、決算日は3月31日である。A社の(1)契約時(X1年4月1日)、(2)リース料支払い時(X2年3月31日)、(3)決算時(X2年3月31日)の仕訳を示しなさい。

なお、計算の結果、端数が生じた場合は円位未満を四捨五入すること。

**〈リース契約の内容〉**

5年間は解約不能とし、所有権移転ファイナンス・リース取引に該当する。リース料は年額12,000円(総額60,000円)を毎年3月31日に小切手を振り出して支払う。リース資産計上額はB社の購入価額50,000円であり、計算利子率は年6.4%である。経済的耐用年数は6年、残存価額は取得原価の10%とする。減価償却は定額法により行う。

〈解答・解説〉

「所有権移転ファイナンス・リース取引に該当する」とあり、貸し手(B社)の購入価額が明らかであるため、その額でリース資産とリース債務を計上する。

**(1)契約時**(X1年4月1日)

| | | | |
|---|---|---|---|
| (借)備　品 | 50,000 | (貸)リース債務⑰ | 50,000 |

⑰貸借対照表上は、1年基準を適用して(固定負債)リース債務と(流動負債)リース債務に分けられる。
なお、簡便に以下のように処理することもある(利息込み法)。
(借)備　品60,000
(貸)リース債務60,000

**(2)リース料支払い時**(X2年3月31日)

| | | | |
|---|---|---|---|
| (借)支払利息 | 3,200*1 | (貸)当座預金 | 12,000 |
| リース債務 | 8,800*2 | | |

＊1　50,000円×6.4%＝3,200円

＊2　12,000円－3,200円＝8,800円

**(3)決算時**(X2年3月31日)

| | | | |
|---|---|---|---|
| (借)減価償却費 | 7,500* | (貸)備品減価償却累計額 | 7,500 |

＊　所有権移転ファイナンス・リース取引なので、耐用年数は経済的耐用年数の6年、残存価額は取得原価の10%で減価償却を行う。

50,000円×0.9÷6年＝7,500円⑱

⑱利息込み法の場合は、減価償却費は9,000円となる。

**【設例4-5】**

A社は、産業用の機械をリースして使用している。次の場合のリース契約締結時の仕訳を示しなさい。なお、このリースはファイナンス・リース取引である。リース期間は３年、年間のリース料は20,000円である。この機械の見積現金購入価額は56,000円である。割引率は当社の追加借入利子率４％を使い、このときの年金現価係数は以下のとおりである。

１年：0.9615　２年：1.8861　３年：2.7751

〈解答・解説〉

| | | | | |
|---|---|---|---|---|
| (借)機　械 | 55,502 | (貸)リース債務 | 55,502 |

貸し手の購入価額が明らかでないので、所有権の移転の有無にかかわらず見積現金購入価額とリース料総額の割引現在価値のいずれか**低い方**をリース資産の取得原価とする。

見積現金購入価額56,000円＞リース料総額の割引現在価値20,000円×2.7751＝55,502円

⇒55,502円

**【設例4-6】**

A社(借り手)は×1年４月１日にB社(貸し手)と以下のような５年間の備品リース契約を結んだ。A社の会計期間は１年、決算日は毎年３月31日の年１回である。A社の⑴契約時(×1年４月１日)、⑵リース料支払い時(×2年３月31日)、⑶決算時(×2年３月31日)の仕訳を示しなさい。なお、円位未満の端数は四捨五入する。

**〈リース契約の内容〉**

このリース取引はファイナンス・リース取引に該当する。リース料は年額12,000円(総額60,000円)で毎年３月31日に小切手を振り出して支払う。所有権は移転することなく、備品はリース期間終了後B社に返却される。リース物件のB社の購入価額は50,000円であり、計算利子率は年6.4％とする。経済的耐用年数は６年、リース資産の減価償却は定額法により行う。

〈解答・解説〉

**⑴契約時**(×1年４月１日)

所有権移転外ファイナンス・リース取引であるため、貸し手の購入価額とリース料総額の割引現在価値を比較し、低い方をリース資産とリース債務に計上する。

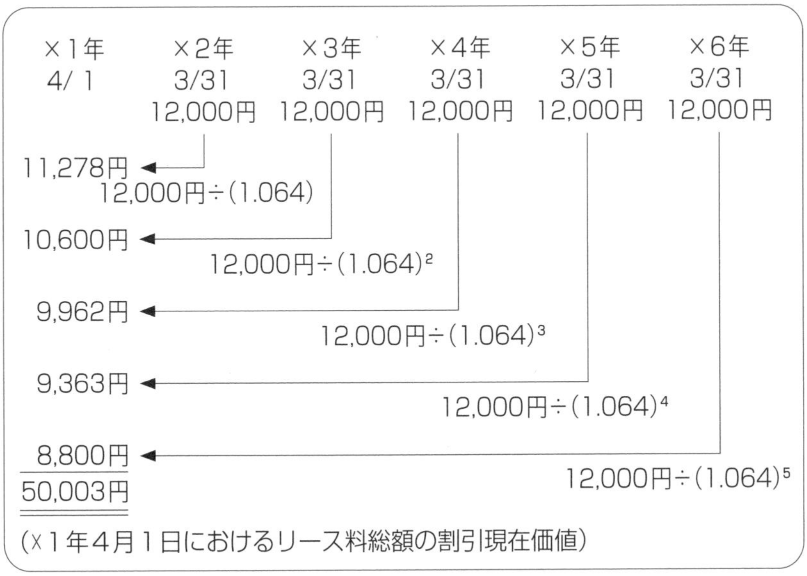


貸し手の購入価額

50,000円＜50,003円

⇒リース資産とリース債務の計上額は50,000円

| | | | |
|---|---|---|---|
| (借)備　　品 | 50,000 | (貸)リース債務 | 50,000 |

**(2)リース料支払い時**(×2年3月31日)

| | | | |
|---|---|---|---|
| (借)支払利息 | 3,200 *1 | (貸)当座預金 | 12,000 |
| リース債務 | 8,800 *2 | | |

＊1　50,000円×6.4％＝3,200円(支払利息)⑲

＊2　12,000円－3,200円=8,800円

⑲利息の支払いを定額で処理することもある(定額法)。
(60,000円－50,000円)÷5年＝2,000円
(借)支払利息 2,000
リース債務 10,000
(貸)当座預金 12,000

**(3)決算時**(×2年3月31日)

リース期間が終了するとリース資産を貸し手に返却するため、リース期間を耐用年数、残存価額をゼロとして減価償却費を計上する。

| | | | |
|---|---|---|---|
| (借)減価償却費 | 10,000 | (貸)備品減価償却累計額 | 10,000* |

＊50,000円÷5年＝10,000円

## 3 定額法によるファイナンス・リース取引の処理

リース資産の価額の重要性が乏しい場合、利息相当額を定額法により各会計期間に配分する方法も認められている。

**【設例4-7】**

A社(借り手)は×1年4月1日に、B社(貸し手)から5年間の備品リース契約を結んだ。リース料は年額12,000円(総額60,000円)で毎年3月31日に小切手を振り出して支払う。また、この備品の貸し手の購入価額は50,000円で、所有権移転ファイナンス・リース取引に該当する。

利息相当額を定額法により各会計期間に配分する場合、×2年3月31日におけるリース料支払いの仕訳を示しなさい。

〈解答・解説〉

| | | | |
|---|---|---|---|
| (借)リース債務 | 10,000 | (貸)当座預金 | 12,000 |
| 支払利息 | 2,000 * | | |

＊(60,000円－50,000円)÷5年＝2,000円

## 5 オペレーティング・リース取引の処理

オペレーティング・リース取引とは、ファイナンス・リース取引以外のリース取引である。

ユーザー側(借り手)は賃貸借取引に準じた処理を行う。

**【設例4-8】**

A社(借り手)はB社(貸し手)に対し、1年間のリース料20,000円を現金で支払った。このリース取引はオペレーティング・リース取引に該当する。A社の仕訳を示しなさい。

〈解答・解説〉

| | | | |
|---|---|---|---|
| (借)支払リース料 | 20,000 | (貸)現金預金 | 20,000 |

決算時にリース料を繰り延べる必要がある場合には次の仕訳を行う。

| | | | |
|---|---|---|---|
| (借)前払リース料 | ××× | (貸)支払リース料 | ××× |

# 3 減損会計

> 固定資産の減損に係る会計基準の適用指針
> （改正平成21年3月27日 企業会計基準委員会）
> 固定資産の減損に係る会計基準
> （平成14年8月9日 企業会計審議会）

## 1 減損会計とは

**減損会計**とは、**収益性の低下により投資額を回収する見込みが立たなくなった固定資産の帳簿価額を、一定の条件のもとで減額する**[20]**会計処理（減損処理）**をいう。減損処理の対象となる資産は、固定資産に分類される資産で、まとめると以下のようになる[21]。

| 区　分 | 適用対象資産 |
|---|---|
| 有形固定資産 | 建物・土地・機械装置・構築物・建設仮勘定等 |
| 無形固定資産 | 借地権・のれん・特許権・ソフトウェア等 |
| 投資その他の資産 | 投資不動産等 |

[20] 回収可能価額まで減額させる。

[21] ただし、以下の資産については、他の基準に減損処理に関する定めがあるので対象資産から除かれる。
1. 「金融商品に関する会計基準」における金融資産
2. 「税効果会計に係る会計基準」における繰延税金資産
3. 「退職給付に係る会計基準」における前払年金費用

## 2 臨時損失との違い

臨時損失も当期の費用（損失）になるという点では減損損失と同じであるが、状況が異なる。まとめると以下のようになる。

| | | |
|---|---|---|
| 臨時損失 | 固定資産そのものの滅失[22]による相応の価値の減少 | |
| | (借)臨時損失 ××× | (貸)固定資産 ××× |
| 減損損失 | 収益性の低下により帳簿価額を回収可能な価額に修正 | |
| | (借)減損損失 ××× | (貸)固定資産 ××× |

[22] 災害などにより所有する固定資産の全部または一部に損壊があり、著しい損傷が生じた場合など。

## 3 減損会計の流れ

**Step1**　「減損の兆候」の把握

**「減損の兆候」**とは、**減損が生じている可能性**のことをいう。固定資産の減損の兆候を示す事象としては、例として次の4つがある。

①損益またはキャッシュ・フローが継続してマイナスとなっている。
②資産の回収可能価額を著しく低下させる変化が生じた。
③経営環境が著しく悪化した。
④資産の市場価格が著しく下落したこと。

**【設例4-9】**

次の(a)〜(c)のうち、「減損の兆候」となるものには○を、ならないものには×をつけなさい。

(a)火災・事故等の偶発的事情によって、固定資産の実体が滅失した。

(b)資産または資産グループの市場価格が著しく下落している。

(c)資産または資産グループが使用されている営業活動から生じる損益またはキャッシュ・フローが、継続してマイナスとなる見込みである。

〈解答・解説〉

| (a) | (b) | (c) |
|---|---|---|
| × | ○ | ○ |

(a)は「臨時損失」に該当する。

## Step2 減損損失の認識

減損の兆候がある場合には、減損損失を認識するか否かの判定を行う。この判定は、その固定資産を使用することによって得られると考えられる割引前の将来キャッシュ・フロー[23]の合計額と帳簿価額を比較し、**割引前の将来キャッシュ・フローの合計額が帳簿価額を下回ったときに減損損失を認識する。**

[23]キャッシュ・フロー(cash flow)はC・Fと略すことが多い。本書でもこれ以降はC・Fと略すことがある。

**【設例4-10】**

下表の建物(耐用年数5年)について、取得から2年経過後に減損の兆候が確認された。減損損失を認識するか否かを判定しなさい。

| 取得原価 | 減価償却累計額 | 営業活動から得られる将来C・F | | | 3年後の売却価額 |
|---|---|---|---|---|---|
| | | 1年目 | 2年目 | 3年目 | |
| 3,000,000円 | 960,000円 | 600,000円 | 600,000円 | 600,000円 | 160,000円 |

〈解答・解説〉

減損損失を **認識する**

建物の帳簿価額：3,000,000円－960,000円＝2,040,000円

割引前将来C・F：600,000円×3+160,000円[24]＝1,960,000円

減損損失の認識判定：帳簿価額＞割引前将来C・F⇒減損を認識する。

[24]3年後の売却によって得られるキャッシュ・フローを含めることを忘れない。

**Step3** 減損損失の測定

減損損失を認識すると判定された場合、**回収可能価額**を算定し、帳簿価額を回収可能価額まで減額する。回収可能価額は「**正味売却価額**㉕」と「**使用価値**㉖」を比べて大きい方とする。この計算により、減額した減少額を減損損失として当期の損失とする。

㉕正味売却価額は、時価ー処分費用見込額を計算する。

㉖使用価値は、将来キャッシュ・フローの割引現在価値を計算する。

**【設例4-11】** 次の資料により仕訳を示しなさい。

保有する機械（取得原価130,000円、減価償却累計額30,000円）に減損の兆候が見られるので、当期末に将来キャッシュ・フローを見積もったところ、残存耐用年数３年の各年につき20,000円ずつキャッシュ・フローが生じ、使用後の売却価額は10,000円と見込まれた。

なお、当該機械の当期末における時価は55,000円、処分費用は6,000円と見込まれた。また、将来キャッシュ・フローの割引現在価値を算定するさいには、割引率10％を用い、最終数値の小数点以下第１位を四捨五入すること。

〈解答・解説〉

**⑴減損損失の認識の判定**

帳簿価額：130,000円－30,000円＝ 100,000円

割引前C・F：20,000円×3+10,000円＝70,000円

減損損失の認識判定：帳簿価額＞割引前C・F

⇒減損損失を**認識する**。

**⑵使用価値の算定**

将来キャッシュ・フローの割引現在価値を計算する。

１年後：20,000円 ÷ 1.1 ＝18,181.81…円

２年後：20,000円 ÷ $(1.1)^2$ ＝16,528.92…円

３年後：30,000円㉗ ÷ $(1.1)^3$ ＝22,539.44…円

57,250.18…円

⇒使用価値は57,250円。

㉗使用後の売却価額も加えた金額である。

**⑶正味売却価額の算定**

55,000円－6,000円＝49,000円 ⇒正味売却価額は49,000円。

使用価値は57,250円＞正味売却価額は49,000円により、回収可能価額は57,250円となる。よって、帳簿価額との差額42,750円を減損処理する。

**⑷仕訳**

| | | | |
|---|---|---|---|
| (借)減損損失 | 42,750 | (貸)機械 | 42,750 |

## 4 財務諸表の表示

減損損失の損益計算書への記載、減損処理された固定資産の貸借対照表の記載方法は以下のとおりである。

**⑴損益計算書：減損損失は、原則、特別損失の区分に記載する。**

**⑵貸借対照表：固定資産に対する減損損失の控除方法は、原則として(A)直接控除形式であるが、他の形式も認められる。**

**(A)直接控除形式(原則)**

| | | |
|---|---|---|
| 建　　　物 | 87,250 | |
| 　減価償却累計額 | △30,000 | 57,250 |

**(B)独立間接控除形式**

| | | |
|---|---|---|
| 建　　　物 | 130,000 | |
| 　減価償却累計額 | △30,000 | |
| 　減損損失累計額 | △42,750 | 57,250 |

**(C)合算控除形式**

| | | |
|---|---|---|
| 建　　　物 | 130,000 | |
| 　減価償却累計額 | △72,750 | 57,250 |

【注記】建物減価償却累計額には、減損損失累計額42,750円が含まれている。

**⑶重要な減損損失を認識した場合には、以下の項目を注記。**

・減損損失を認識した資産
・減損損失の認識に至った経緯
・減損損失の金額
・資産のグルーピング方法
・回収可能価額の算定方法等

## 5 資産のグルーピング

複数の資産が一体となって独立したキャッシュ・フローを生み出す単位となっている場合には、当該単位㉘を基準として減損損失の認識の判定を行う必要がある。資産グループについて認識された減損損失は、帳簿価額にもとづく比例配分等の合理的な方法により当該資産グループの各構成資産に配分される。

㉘独立したキャッシュ・フローを生み出す最小単位の資産の範囲を決定することを資産のグルーピングという。

**【設例4-12】** 次の資料により仕訳を示しなさい。

当社は建物、機械、土地から構成される資産グループに減損の兆候が見られると判断し、「固定資産の減損に係る会計基準」に従って、減損損失の認識の判定および測定を行うことにした。これらの帳簿価額は、それぞれ建物が6,000,000円、機械が4,000,000円、土地が10,000,000円であり、当該資産グループの割引前キャッシュ・フローは16,000,000円、回収可能価額13,000,000円とする。

なお、資産グループについて認識された減損損失は各構成資産の帳簿価額により比例配分すること。

〈解答・解説〉

| | | | | |
|---|---|---|---|---|
| (借) | 減損損失 | 7,000,000 | (貸) 建物 | 2,100,000 |
| | | | 機械 | 1,400,000 |
| | | | 土地 | 3,500,000 |

**⑴減損損失の認識**

建物：6,000,000円＋機械：4,000,000円＋土地：10,000,000円

＝20,000,000円(帳簿価額)＞16,000,000円(割引前C・F)

⇒減損損失を認識する。

**⑵減損損失の測定**

20,000,000円－13,000,000円(回収可能価額)＝7,000,000円(減損損失)

**⑶帳簿価額からの減額**

建物：$7{,}000{,}000円 \times \frac{6{,}000{,}000円}{20{,}000{,}000円} = 2{,}100{,}000円$

機械：$7{,}000{,}000円 \times \frac{4{,}000{,}000円}{20{,}000{,}000円} = 1{,}400{,}000円$

土地：$7{,}000{,}000円 \times \frac{10{,}000{,}000円}{20{,}000{,}000円} = 3{,}500{,}000円$

## 6 共用資産

共用資産とは、単独ではキャッシュ・フローを生み出すことが想定されないが、複数の資産または資産グループのキャッシュ・フローの生成に寄与する資産をいう[29]。

共用資産に減損の兆候がある場合、次のように減損損失の認識の判定および測定を行う。

[29] 本社の土地・建物や、特定の製品の製造ライン(機械)を複数もつ工場の土地・建物などがその例である。

①共用資産を含まない各資産または資産グループで、減損損失の認識の判定または測定を行う。

②共用資産を含むより大きな単位で、減損損失の認識の判定または測定を行う。

③共用資産を含むより大きな単位から生じた減損損失から、共用資産を含まない各資産または資産グループから生じた減損損失を控除した金額が、共用資産に配分される減損損失となる。

**【設例4-13】**

次の資料にもとづき、共用資産に配分される減損損失の金額を計算しなさい。

資産グループAおよびBの取得原価、減価償却累計額、割引前将来キャッシュ・フロー、および回収可能価額は下記のとおりである。これ以外に、帳簿価額125,000円の共用資産がある。共用資産の減損処理にあたっては、資産グループに共用資産を加えた、より大きな単位で行う方法によること。

| | 取得原価 | 減価償却累計額 | 割引前将来C・F | 回収可能価額 |
|---|---|---|---|---|
| A資産グループ | 850,000円 | 300,000円 | 495,000円 | 360,000円 |
| B資産グループ | 1,000,000円 | 595,000円 | 475,000円 | 450,000円 |
| 計 | —— | —— | 970,000円 | 810,000円 |

〈解答・解説〉

**(1)共用資産を含まない各資産グループの処理**

まず、共用資産を含まない形で各資産グループに対して減損損失の認識および測定を行う。

A資産グループ：

帳簿価額 550,000円 ＞ 割引前将来C・F 495,000円

⇒減損を認識する。

A資産グループの減損損失

帳簿価額 550,000円－回収可能価額 360,000円＝190,000円

B資産グループ：

帳簿価額 405,000円 ＜ 割引前将来C・F 475,000円

⇒減損を認識しない。

### (2)共用資産を含むより大きな単位の処理

次に、共用資産を含むより大きな単位で減損損失の認識および測定を行う。より大きな単位で測定された減損損失から各資産グループで生じた減損損失を控除した金額が、共用資産に配分される減損損失となる。

共用資産を含めたより大きな単位の帳簿価額：

550,000円＋405,000円＋125,000円＝1,080,000円

より大きな単位の減損損失の判定：

帳簿価額 1,080,000円 ＞ 割引前将来C・F 970,000円

⇒減損損失を認識する。

より大きな単位の減損損失：

帳簿価額 1,080,000円－回収可能価額 810,000円＝270,000円

共用資産に配分される減損損失：270,000円－190,000円＝80,000円

## 7 のれん

**のれん**は、それ自体では独立したキャッシュ・フローを生み出さないため、のれんについて減損損失の認識の判定と測定を行うさいには、共用資産と同様に次のいずれかによって行う。

のれんが帰属する事業に関連する複数の資産グループにのれんを加えたより大きな単位で行う。

のれんの帳簿価額を各資産グループに配分したうえで減損損失を認識の判定を行う[30]。この方法は、減損損失をのれんに優先的に配分する点において、共用資産の減損損失と異なる。

[30]のれんの帳簿価額を当該のれんが帰属する事業に関連する資産グループに合理的な基準で配分することができる場合に行う。

# 4 投資不動産

## 1 投資不動産とは

企業が賃貸収益の獲得、または値上がりを期待して保有する不動産を**投資不動産**という。

なお、所有の不動産を用途別に分類すると以下のようになる。

営業用のもの(本社建物など) ……**有形固定資産**

販売用のもの(不動産販売会社における販売用の土地・建物など)

……**棚卸資産(商品)**[31]

投資用のもの(投資目的で所有する土地・建物など)

……**投資その他の資産**

[31]販売用不動産のことである。

## 2 投資不動産の会計処理

投資不動産は、時価の変動をそのまま損益に算入せず、他の有形固定資産と同様に取得原価基準による会計処理をし、その**減価償却費**は**営業外費用**の区分に計上する。また、それから生じる**家賃収入**や**地代収入**は**投資不動産賃貸料**として**営業外収益**の区分に計上する。

**【設例4-14】**

当社はメーカーであるが、余裕資産を運用している。以下の仕訳を示しなさい。

① ×1年4月1日に投資目的として建物2,300,000円を小切手を振り出して取得した。

② 投資目的として所有している建物を静岡商事株式会社に賃貸し、賃貸料80,000円が当座預金に振り込まれた。

③ ×2年3月31日、決算につき定額法(耐用年数20年、残存価額は取得原価の10%)により減価償却を行う。

〈解答・解説〉

| | | | | |
|---|---|---|---|---|
| ① | (借)投資不動産 | 2,300,000 | (貸)当座預金 | 2,300,000 |
| ② | (借)当座預金 | 80,000 | (貸)投資不動産賃貸料 | 80,000 |
| ③ | (借)減価償却費 | 103,500 | (貸)投資不動産減価償却累計額 | 103,500 |

## 3 損益計算書および貸借対照表上の表示

損益計算書

| | | |
|---|---|---|
| Ⅳ 営業外収益 | | |
| 投資不動産賃貸料 | 80,000 | |
| Ⅴ 営業外費用 | | |
| 減価償却費 | 103,500 | |

貸借対照表

| | | |
|---|---|---|
| Ⅱ 固定資産 | | |
| 3．投資その他の資産 | | |
| 投資不動産 | 2,300,000 | |
| 減価償却累計額 | 103,500 | 2,196,500 |

# 5 資産除去債務

資産除去債務に関する会計基準
（平成20年3月31日 企業会計基準委員会）

## 1 資産除去債務とは

資産除去債務とは、有形固定資産の除去に関して支払うことが見込まれる債務をいい㉜、有形固定資産の取得、建設、開発または通常の使用によって発生したときに、負債として計上する。

また、除去とは、有形固定資産を用役提供から除外することをいい㉝、転用や用途変更は含まれない㉞。

㉜有形固定資産を除去するさいに、有害物質等を法律などで規定する特別の方法で除去する義務などが含まれる。

㉝一時的に除外する場合や、遊休状態になる場合は除去に該当しない。

㉞具体的には、売却、廃棄、リサイクルなどをいう。

## 2 資産取得時の資産除去債務の算定と処理

資産除去債務は、発生したときに有形固定資産の除去に要する割引前の将来キャッシュ・フローを見積もり、割引後の金額（割引価値）で算定し、その額を関連する有形固定資産の帳簿価額に加えて処理する。

**【設例4-15】**

当社は、×1年4月1日にA機械を現金で取得し、使用を開始した。A機械の取得原価は10,000円、耐用年数は3年であり、3年後にA機械を除去するさいの支出は1,000円と見積もられている。

割引率を3％として、取得時の仕訳を示しなさい。

端数は円位未満を四捨五入すること。

〈解答・解説〉

| | | | | |
|---|---|---|---|---|
| （借）機　　械 | 10,915 | （貸）現　　金 | 10,000 |
| | | 資産除去債務㉟ | 915 |

㉟3年後に支払う見込みの資産除去債務1,000円を現在価値にして機械の取得原価に含めて処理する。
$1,000円 \div 1.03^3 \fallingdotseq 915円$

## 3 決算時の処理

決算時には取得原価にもとづいて減価償却を行うとともに、資産除去債務の利息費用（時の経過に伴う増加）を計上し、同額を資産除去債務の増加とする。

**【設例4-16】**

**【設例4-15】**にもとづき、×2年3月31日（決算日）の仕訳を示しなさい。なお、機械は残存価額を0とする定額法で償却する。

端数は円位未満を四捨五入すること。

〈解答・解説〉

| | | | |
|---|---|---|---|
| (借)減価償却費 | 3,638*1 | (貸)機械減価償却累計額 | 3,638 |
| (借)利息費用㊱ | 27 | (貸)資産除去債務 | 27*2 |

＊1　10,915円÷３年≒3,638円

＊2　915円×３％≒27円

㊱取得時に計上した資産除去債務に係る費用が、減価償却費の一部となっていることから、利息費用も減価償却費に含めて表示されると考えられる。

## 4 資産除去時の処理

資産を除去し、資産の除去費用を支払ったさいに、実際の支払額と毎年調整してきた資産除去債務との間に差額が発生することがある。これを履行差額㊲として処理する。

㊲除去時の損益として処理する。

**【設例4-17】**

**【設例4-15】**にもとづき、×4年３月31日(決算日)にA機械を除去した際の仕訳を示しなさい(減価償却費等の計上に関する仕訳は必要ない)。なお、除去に係る支出1,050円であり、現金で支払った。

〈解答・解説〉

| | | | |
|---|---|---|---|
| (借)機械減価償却累計額 | 10,915 | (貸)機械 | 10,915 |
| (借)資産除去債務 | 1,000 | (貸)現金 | 1,050 |
| 履行差額 | 50 | | |

## 5 財務諸表の表示

### (1)貸借対照表上の表示

資産除去債務は、貸借対照表日後１年以内に履行が見込まれる場合には流動負債の区分に表示し、それ以外は固定負債の区分に表示する。

### (2)損益計算書上の表示

減価償却費、利息費用、履行差額ともに損益計算書上、販売費及び一般管理費の区分㊳に計上される。

㊳資産除去債務に関連する資産の減価償却費と同じ区分に計上する。

### コラム　学習簿記と実務の違い

簿記会計を学ぶ世界では、当たり前のようにこう考えます。

『収　益　－　費　用　＝　利　益』

しかし、会社をやってみてわかったのですが、これでは会社がもちません。

収益は相手のある不確実なもの、また社員の給料をはじめとする費用は確実に発生するものです。この状況で『収益 － 費用 ＝ 利益』と考えたのでは、不確実な収益が下がったときにも費用は一定で、収益が下がった分だけ利益を直撃することになり、非常に危ない考え方だったのです。

では、どう考えるべきだったか、というと、次のとおりです。

『収　益　－　利　益　＝　費　用』

まず、得られるであろう収益から、確保しなければならない利益を差し引き、残りが自由に使える費用と考えるべきでした。

こうしておけば、収益が下がっても、必要な利益を確保するために、費用をいかに抑えるかという思考に自然と至り、また自由に使える費用で、いかに収益をあげられるのか、という思考にもなります。

これがビジネス上健全な思考で、学習簿記とビジネス実務との一番の違いです。

社会に出る前にこの違い、意識しておきましょう。

# 第5章 金融資産の会計

近年、金融市場のグローバル化やIT技術の進歩によって、これまでの金融市場のメインであった株式や社債に加え、新たな金融商品・取引が開発されており、それに対応するためにさまざまな会計処理が整備されてきた。
「この金融資産を貸借対照表に計上するのであれば、いくらで計上するべきか？」。これが、この章のテーマである。

金融商品に関する会計基準
（最終改正2019年7月4日 企業会計基準委員会）
金融商品会計に関する実務指針
（最終改正2022年10月28日 日本公認会計士協会）

## I 金銭債権と貸倒引当金

### 1 貸倒引当金とは

貸倒引当金とは、受取手形、売掛金、貸付金などの金銭債権が次期以降に回収不能となり貸し倒れる可能性がある場合、この貸し倒れに備えて設定する引当金❶である。

❶引当金の定義などについて、詳しくは第9章で学習する。

### 2 債権の区分と貸倒見積高算定方法

貸倒引当金を設定するさいには、受取手形や売掛金などの金銭債権を回収不能となるリスクの程度に応じて次の3つの区分に分類する。そのうえで、債権の区分ごとに定められた貸倒見積高の算定方法により貸倒見積高を計算し、貸倒引当金の金額を計算する❷。

❷簿記の検定では、この債権の区分は問題文に明示されるので、貸倒引当金の計上額を適切に計算できるかが重要になる。

| 債権の区分 | 債権の状況 | 貸倒見積高の算定方法 |
|---|---|---|
| 一般債権 | 経営状態に重大な問題が生じていない債務者に対する債権 | 貸倒実績率法 |
| 貸倒懸念債権（かしだおれけねんさいけん） | 経営破綻の状態には至っていないが、債務の弁済に重大な問題が生じているかまたは生じる可能性の高い債務者に対する債権 | 財務内容評価法<br>または<br>キャッシュ・フロー見積法 |
| 破産更生債権等（はさんこうせいさいけんとう） | 経営破綻または実質的に経営破綻に陥っている債務者に対する債権 | 財務内容評価法 |

## 3 一般債権と貸倒実績率法

一般債権に対する貸倒見積高は、貸倒実績率法によって算定する。**貸倒実績率法**(かしだおれじっせきりつほう)とは、債権全体または同種・同類の債権ごとに、過去の実績率等の合理的な基準により貸倒見積高を算定する方法である❸。

以下の計算式によって貸倒見積高を算定する。

**貸倒見積高 ＝ 債権金額 × 貸倒実績率**

❸「A社に対する売掛金」といった特定された債権にではなく、売掛金という債権に対して一括して引当金を計上することを一括評価という。

**【設例5-1】**

次の一般債権に区分される売上債権について、貸倒実績率法にもとづき、貸倒引当金の設定金額を算定しなさい。なお、過去３年間の貸倒実績率は２％であり、これにもとづいて貸倒見積高を算定すること。

受取手形 3,000,000円　売掛金 2,000,000円

〈解答・解説〉

貸倒引当金設定額：100,000円*

＊（3,000,000円＋2,000,000円）×２％＝100,000円

## 4 貸倒懸念債権と財務内容評価法

貸倒懸念債権のうち、担保や保証の付されているものの貸倒見積高は財務内容評価法によって算定する。**財務内容評価法**(ざいむないようひょうかほう)とは、債権金額から担保の処分見込額や保証による回収見込額を減額し、その残額に対して債務者の経営状態を考慮して貸倒見積高を算定する方法である。

ただし、債務者の支払能力を判断するのは困難であるため、学習上は債務者の経営状態を考慮した貸倒設定率を用いた以下の算式によって簡便的に貸倒見積高を算定する。

**貸倒見積高＝（債権金額－担保処分・保証回収見込額）×貸倒設定率**

**【設例5-2】**

次の資料により、A社に対する売掛金について貸倒引当金の設定金額を算定しなさい❹。

**〈資料〉**

当期に発生した売掛金のうち、1,200,000円はA社に対するものであるが、同社は財政状態・経営成績が悪化している。そこで同社に対する売掛金を貸倒懸念債権に区分し、貸倒引当金設定率を50％として「財務内容評価法」により貸倒引当金を設定する。なお、同社からは土地（期末時点の時価600,000円）を担保として預かっている。

❹「A社に対する売掛金」と特定された債権に対して引当金を計上することを個別評価という。

〈解答・解説〉

貸倒引当金設定額：300,000円

売掛金の金額から担保の土地の時価を差し引き、それに貸倒引当金設定額を計算する[5]。

[5] 債権を区分し、その区分ごとに計算することに注意する。

貸倒懸念債権：(1,200,000円－600,000円)×50%＝300,000円

## 5 貸倒懸念債権とキャッシュ・フロー見積法

**キャッシュ・フロー見積法**とは、利息の減免や返済期日の延期を行った債権について**債権の元本の回収および利息の受け取りが見込まれるときから当期末までの期間にわたり当初の約定**（やくじょう）**利子率**[6]**で割り引いた元本および利息の総額(割引現在価値)を計算し、債権金額(帳簿価額)との差額を貸倒見積高とする方法である**[7]。

[6] 債権契約時に約束した利子率のことである。

[7] この方法は、債権の元本の回収および利息の受け取りによるキャッシュ・フローを合理的に見積もれる債権(貸付金など)に適用される。

**貸倒見積高＝債権金額－債権に係るキャッシュ・フローの割引現在価値**

**【設例5-3】**

次の資料により、長期貸付金に関して①将来のキャッシュ・フローの割引現在価値および②貸倒引当金の設定金額を算定し、③貸倒引当金の設定に関する仕訳を示しなさい。なお、当期は×1年4月1日～×2年3月31日である。また、円位未満は四捨五入すること。

**〈資料〉**

当期首にC社に対して、期間3年、年利率3％（利息は3月末日に1年分を後払い)の条件で3,000,000円を貸し付けた。

当期末の利払後、同社より利息を年1％に減免してほしい旨の申し出があり、これを受け入れた。そこで、この長期貸付金を貸倒懸念債権に区分し、キャッシュ・フロー見積法によって、貸倒引当金を設定する。

〈解答・解説〉

①割 引 現 在 価 値：　29,126円＋2,856,066円＝2,885,192円

②貸倒引当金設定額：3,000,000円－2,885,192円＝　114,808円

③(借)貸倒引当金繰入額[8] 114,808　(貸)貸 倒 引 当 金　114,808

[8] 「貸倒償却」とすることもある。
なお、貸付金に対する貸倒引当金繰入額は損益計算書上、営業外費用の区分に表示される。

| X2年3月31日 | X3年3月31日 | X4年3月31日 |
|---|---|---|
| | 30,000円❾ | 3,030,000円❿ |
| 29,126円 ← ÷(1＋0.03)⓫ | | |
| 2,856,066円 ← ÷(1＋0.03)$^2$ | | |
| 2,885,192円 | | |

❾3,000,000円×1％＝30,000円(利息の受取額)

❿貸付金の返済期日のため、利息に加えて元金の3,000,000円も受け取れる。

⓫当初の約定利子率(3%)で割り引く。

その結果、本来確保されるはずであった利息を放棄していることになる。

## 6 破産更生債権等と財務内容評価法

**破産更生債権等**は、貸倒懸念債権と同様に財務内容評価法を用いて貸倒見積高を算定する。ただし、債権金額から担保処分・保証回収見込額を控除した額の全額を貸倒見積高とする点が貸倒懸念債権と異なる。

**貸倒見積高 ＝ 債権金額 － 担保処分・保証回収見込額**

**【設例5-4】**

当社は、経営破綻状態にあるA社に対して2,000,000円を貸し付けているが、当該短期貸付金を破産更生債権等として扱うことにした。なお、担保である土地の処分見込額は1,500,000円である。このときの貸倒引当金の設定金額を算定するとともに貸倒引当金の設定に関する仕訳を示しなさい。

〈解答・解説〉

貸倒引当金設定額：500,000円

| | | | |
|---|---|---|---|
| (借)破産更生債権等 | 2,000,000 | (貸)短期貸付金 | 2,000,000 |
| (借)貸倒引当金繰入額 | 500,000 | (貸)貸倒引当金 | 500,000* |

＊ 2,000,000円－1,500,000円＝500,000円

なお、破産更生債権等に区分した場合は短期貸付金から破産更生債権等に振り替え、貸借対照表上「投資その他の資産」の区分に表示する。

# 2 有価証券の会計

## 1 有価証券の会計の概要

### (1)有価証券とは

有価証券とは、会計上、**株式会社が発行する株式や社債、国・地方公共団体が発行する国債・地方債**(**公共債**と総称することもある)が該当する。

### (2)有価証券の分類

有価証券は、その保有目的によって以下のように分類される。

**①売買目的有価証券**

**売買目的有価証券**(ばいばいもくてきゆうかしょうけん)とは、専門の部署などによるトレーディング活動を通して時価の変動による売買益を獲得する目的で取得・保有する有価証券をいう。

**②満期保有目的債券**

**満期保有目的債券**(まんきほゆうもくてきさいけん)とは、満期(その債券が償還されるとき)まで保有し続ける目的の社債やその他の債券をいう。

**③子会社株式・関連会社株式**

他の企業を支配する目的で所有している株式を**子会社株式**、他の企業の経営に対して影響を与える目的で所有している株式を**関連会社株式**という。なお、この2つをあわせて、**関係会社株式**という。

**④その他有価証券**

上記の①～③のいずれにも該当しない有価証券を、**その他有価証券**という⑫。

⑫取引先との関係を円滑にするために、その企業の株式をいくらか保有することがある。このような場合に保有する株式などがその他有価証券に該当する。

### (3)貸借対照表での表示方法

有価証券の貸借対照表での表示科目および表示区分は、以下のようにまとめられる。

| 分類 | | 表示科目 | 表示区分 |
|---|---|---|---|
| 売買目的有価証券 | | 有価証券 | 流動資産 |
| 満期保有目的債券<br>その他有価証券(債券) | 満期1年以内 | 有価証券 | 流動資産 |
| | 満期1年超 | 投資有価証券 | 固定資産<br>(投資その他の資産) |
| 子会社株式・関連会社株式 | | 関係会社株式 | 固定資産<br>(投資その他の資産) |
| その他有価証券(債券以外) | | 投資有価証券 | 固定資産<br>(投資その他の資産) |

(4)取得時と売却時の処理

①取得時

有価証券を取得したときは、他の資産を取得したときと同様に取得に要した**付随費用**を含めて取得原価とする。

②売却時

有価証券を売却する場合、帳簿価額と売却価額との差額は売却益もしくは売却損として計上される。売却損益の損益計算書での表示科目と表示区分は、以下のようにまとめられる。

| 分類⑬ | 表示科目 | 表示区分 |
|---|---|---|
| 売買目的有価証券 | 有価証券売却益(損) | 営業外収益・営業外費用 |
| 子会社株式・関連会社株式 | 関係会社株式売却益(損) | 特別利益・特別損失 |
| その他有価証券 | 投資有価証券売却益(損) | 特別利益・特別損失 |

⑬満期保有目的債券は売却することがないので、この表には含まれていない。

## 2 売買目的有価証券の評価

(1)評価方法

**売買目的有価証券**は、決算時において**時価**で評価され、評価損益は「有価証券評価損」または「有価証券評価益」として、当期の損益に計上する⑭。これは売買目的有価証券を時価で評価することで、その投資活動の成果を財務諸表の利用者にとってわかりやすく公表できるからである。また、売却にともなう制約がないため、評価益の計上も認められている⑮。

⑭実務指針によれば「評価損益」は「売却損益」とあわせて「運用損益」として処理する。

⑮他の資産は実現主義の原則から評価益は計上できないが、売買目的有価証券に限ってそれが認められている。

(2)具体的な会計処理

**【設例5-5】**

売買目的で保有しているA社株式10株(取得原価：@10,000円)について、(1)決算時の時価が@12,000円であった場合、(2)決算時の時価が@7,000円であった場合のそれぞれの決算整理仕訳を示しなさい。

〈解答・解説〉

(1)時価が@12,000円であった場合

| | | | |
|---|---|---|---|
| (借)売買目的有価証券 | 20,000 | (貸)有価証券評価益 | 20,000* |

＊ (@12,000円－@10,000円)×10株＝ 20,000円(評価益)

(2)時価が@ 7,000円であった場合

| | | | |
|---|---|---|---|
| (借)有価証券評価損 | 30,000* | (貸)売買目的有価証券 | 30,000 |

＊ (@ 7,000円－@10,000円)×10株＝△30,000円(評価損)

## 3 満期保有目的債券の評価

### ⑴評価方法

**満期保有目的債券**は、原則として**取得原価**で評価される。ただし、額面金額と取得原価が異なり、**その差額が金利の調整と認められるときは償却原価法によって計算された価額を貸借対照表に記載する**。

### ⑵償却原価法の処理

#### ①定額法

償却原価法の**定額法**とは、**額面金額と取得原価との差額について毎期一定額**⑯**になるように、決算時において原価に加減する方法**をいう。

⑯保有する期間と会計期間にズレがある場合は、月割計算を行う。

**【設例5-6】**

x1年4月1日に額面@100円につき@94円で取得した満期保有目的債券について、決算日であるx2年3月31日とx3年3月31日に行われる仕訳を示しなさい。ただし、額面金額と取得原価との差額は金利の調整と認められるため、償却原価法(定額法)によって処理する。利息の受け取りに関する仕訳は省略すること。

額面金額：100,000円　　満期日：x6年3月31日

〈解答・解説〉

x2年3月31日

| | | | |
|---|---|---|---|
| (借)満期保有目的債券 | 1,200 | (貸)有価証券利息 | 1,200* |

$$* \quad 100{,}000円 \times \frac{@100円 - @94円}{@100円} \times \frac{12カ月}{60カ月} = 1{,}200円$$

x3年3月31日

| | | | |
|---|---|---|---|
| (借)満期保有目的債券 | 1,200 | (貸)有価証券利息 | 1,200* |

$$* \quad 100{,}000円 \times \frac{@100円 - @94円}{@100円} \times \frac{12カ月}{60カ月} = 1{,}200円$$

#### ②利息法

**利息法とは、実際に受け取る利息(クーポン利息)と、帳簿価額に実効利子率を乗じて求めた利息配分額**⑰**との差額を、償却額として利息計上時に帳簿価額に加減する方法**をいう。

⑰実質的な利息額と考えるとよい。

⑱実効利子率とは券面利息に金利調整と考えられる発行差額を加味して計算された実質的な利子率をいう。

**《利息法の計算方法》**

①満期保有目的債券の帳簿価額に実効利子率⑱を掛け、その1年間に配分すべき利息総額を計算する。

②前記の金額から券面利息を差し引くことで、額面金額と取得原価との差額のうちその期間に配分されるべき金額(償却額)が計算され、それを満期保有目的債券の帳簿価額に加減する。

**【設例5-7】**

x1年4月1日に額面@100円につき@94円で取得した以下の満期保有目的債券について、x2年3月31日とx3年3月31日の仕訳を示しなさい。ただし、額面金額と取得原価との差額は金利の調整と認められるため、償却原価法(利息法)によって処理する。また、円位未満の端数が生じた場合はそのつど小数点以下第1位を四捨五入する。

額面金額：100,000円　券面利子率：年4％　実効利子率：年5.4%

満期日：x6年3月31日　利払日：毎年3月31日の年1回

〈解答・解説〉

x2年3月31日

| | | | |
|---|---|---|---|
| (借)現金預金 | 4,000 | (貸)有価証券利息 | 5,076 |
| 満期保有目的債券 | 1,076 | | |

x3年3月31日

| | | | |
|---|---|---|---|
| (借)現金預金 | 4,000 | (貸)有価証券利息 | 5,134 |
| 満期保有目的債券 | 1,134 | | |

なお、償却原価法(利息法)の計算では以下の表を用いると計算がしやすくなる。

| 日付 | (A)償却前簿価 | (B)利息配分額 | (C)利息受取額 | (D)償却額 | (E)償却後簿価 |
|---|---|---|---|---|---|
| x2.3.31 | 94,000 | 5,076⑲ | 4,000⑳ | 1,076㉑ | 95,076㉒ |
| x3.3.31 | 95,076 | 5,134 | 4,000 | 1,134 | 96,210 |
| x4.3.31 | 96,210 | 5,195 | 4,000 | 1,195 | 97,405 |
| x5.3.31 | 97,405 | 5,260 | 4,000 | 1,260 | 98,665 |
| x6.3.31 | 98,665 | 5,335 | 4,000 | 1,335㉓ | 100,000 |
| 合計 | — | 26,000 | 20,000 | 6,000 | — |

(A)償却前簿価＝前回の償却後簿価(前年の(E))

(B)利息配分額＝(A)償却前簿価×実効利子率

…仕訳の「**有価証券利息**」の金額

(C)利息受取額＝額面金額×券面利子率…仕訳の「**現金預金**」の金額

(D)償却額＝(B)利息配分額－(C)利息受取額

…仕訳の「**満期保有目的債券**」の金額

(E)償却後簿価＝(A)償却前簿価＋(D)償却額

⑲94,000円×5.4%＝5,076円

⑳100,000円×4%＝4,000円

㉑5,076円－4,000円＝1,076円

㉒94,000円＋1,076円＝95,076円

㉓最終年度の償却額については、前年度の償却後簿価と額面金額との差額で求める。
これまでどおりの計算を行った場合に端数処理の影響で額面金額と一致しなくなる場合があるので、償却後簿価が額面金額と一致するように調整する。

## 4 子会社株式・関連会社株式の評価

**子会社株式・関連会社株式**は、原則として**取得原価**で評価する。

## 5 その他有価証券の評価

### ⑴評価方法

**その他有価証券**については、売買目的有価証券と同じく決算時の**時価**で評価する。ただし、その評価差額の処理方法について以下の２通りの方法が認められている。なお、どちらの方法であっても原則として**洗替法**によって処理することになっているため、時価で評価しても翌期首には取得原価に戻す処理が必要となる。

**①全部純資産直入法**

取得原価と時価との差額をすべて当期の損益とせず㉔、その他有価証券評価差額金として純資産の部に計上㉕する方法を**全部純資産直入法**（ぜんぶじゅんしさんちょくにゅうほう）という。

**②部分純資産直入法**

取得原価よりも時価が高いときの評価差額（評価益）は当期の損益とせずに純資産の部に計上し、取得原価よりも時価が低いときの評価差額（評価損）に限って「投資有価証券評価損」として当期の損益に計上する方法を**部分純資産直入法**（ぶぶんじゅんしさんちょくにゅうほう）という㉖。

㉔その他有価証券は売買目的有価証券と違い自由に売却できるとは限らないため、当期の損益として損益計算書に計上することはできないという考え方である。

㉕純資産の部の「Ⅱ　評価・換算差額等」の区分に計上される。

㉖保守主義の原則にあてはまるものといえる。

### ⑵具体的な会計処理

**①全部純資産直入法**

**【設例5-8】**

その他有価証券として保有するA社株式10株（取得原価：@10,000円）について、⒜決算時の時価が@12,000円だった場合、⒝決算時の時価が@7,000円だった場合のそれぞれについて、決算時および翌期首の仕訳を示しなさい。

〈解答・解説〉

**⒜時価が@12,000円の場合**

**決算時**

| | | | |
|---|---|---|---|
| （借）その他有価証券 | 20,000 | （貸）その他有価証券評価差額金 | 20,000* |

＊　（@12,000円－@10,000円）×10株＝　20,000円（評価益）

**翌期首**

| | | | |
|---|---|---|---|
| （借）その他有価証券評価差額金 | 20,000 | （貸）その他有価証券 | 20,000 |

(b)時価が@7,000円の場合

**決算時**

(借)その他有価証券評価差額金　30,000* (貸)その他有価証券　30,000

＊　(@7,000円－@10,000円)×10株＝△30,000円(評価損)

**翌期首**

(借)その他有価証券　30,000　(貸)その他有価証券評価差額金　30,000

**【設例5-9】**

保有するその他有価証券は以下のとおりである。全部純資産直入法による時価評価の仕訳を示しなさい。

| | 取得原価 | 時　価 |
|---|---|---|
| A　社　株　式 | 25,000円 | 20,000円 |
| B　社　株　式 | 30,000円 | 33,000円 |
| 合　　計 | 55,000円 | 53,000円 |

〈解答・解説〉

(借)その他有価証券評価差額金　2,000　(貸)その他有価証券　2,000*

＊　53,000円－55,000円＝△2,000円(評価損)

全部純資産直入法では、その他有価証券を合計して評価する。

### ②部分純資産直入法

**【設例5-10】**

**【設例5-8】**の取引について、部分純資産直入法によって処理していた場合の(a)決算日における時価が@12,000円だった場合、(b)決算日における時価が@7,000円だった場合の決算日および翌期首の仕訳を示しなさい。

〈解答・解説〉

(a)時価が@12,000円の場合

**決算時**

(借)その他有価証券　20,000　(貸)その他有価証券評価差額金　20,000

**翌期首**

(借)その他有価証券評価差額金　20,000　(貸)その他有価証券　20,000

(b)時価が@7,000円の場合

**決算時**

(借)投資有価証券評価損益[27]　30,000　(貸)その他有価証券　30,000

**翌期首**

(借)その他有価証券　30,000　(貸)投資有価証券評価損益　30,000

[27]損益計算書上は「投資有価証券評価損」として計上される。ただし、翌期首で振り戻す処理があるため、仕訳を行ううえでの勘定科目としては「投資有価証券評価損益」を使う方が望ましいといえる。

## 6 有価証券の減損処理

時価で評価しない満期保有目的債券や子会社株式・関連会社株式であっても、その価値が著しく低下㉘し、回復の見込みがあると認められる場合を除いて時価によって評価する。その評価損は当期の特別損失に計上する。

その他有価証券については、全部純資産直入法を採用している場合でもその価値が著しく低下したときは評価損を当期の特別損失として計上しなければならない。なお、減損処理を行ったときに限っては**切放法**により処理し、その価額が翌期以降の取得原価となる。

㉘「価値が著しく低下」とは
市場価格がある場合→取引所の相場などの時価が著しく下落した場合
市場価格がない場合→実質価格が著しく低下した場合

**【設例5-11】**
**【設例5-8】の取引について、A社株式の決算時の時価が@3,000円となり、回復の見込みが不明な場合の仕訳を示しなさい。**

〈解答・解説〉

| | | | |
|---|---|---|---|
| (借)投資有価証券評価損 | 70,000 | (貸)その他有価証券 | 70,000* |

＊　(@3,000円－@10,000円)×10株＝　△70,000円

# 3 デリバティブの会計

## 1 デリバティブとは

デリバティブ(derivatives)とは「金融派生商品」と訳されており、株式・債券・金(きん)・為替などの現物㉙から副次的に派生した金融商品のことをいう。デリバティブを用いることで、現物の金融商品のリスクをコントロールすることができるため、幅広く活用されている。

㉙これを原資産(げんしさん)という。

## 2 デリバティブの種類

デリバティブ取引には、先物取引、オプション取引、スワップ取引などがある。

ここでは、スワップ取引について学習する。

## 3 スワップ取引

**スワップ**(swap)は「交換」という意味で、**スワップ取引**とは、**相対**(あいたい)㉚**で等価値のキャッシュ・フローを交換する取引**をいう。スワップ取引には、同一通貨間の異なる種類の金利を交換する**金利スワップ**と異種通貨間の異なる種類の元利(がんり)を交換する**通貨スワップ**があるが、ここでは金利スワップについて学習する。

## 4 金利スワップ

### (1)金利スワップ取引とは

金利スワップ取引とは、同一通貨間の異なる種類の金利を交換することをいうが、中でも「円－円」スワップ(変動金利㉛と固定金利㉜の交換取引)がもっとも一般的である。この取引では、通常元本の交換をしない㉝ため、現物取引と比べ事務手続きが簡単で、少ない元手で金利変動によるリスクを回避できるというメリットがある。

### (2)金利スワップの会計処理

◆変動金利(３%)の借り入れを、固定金利(２%)にスワップする例

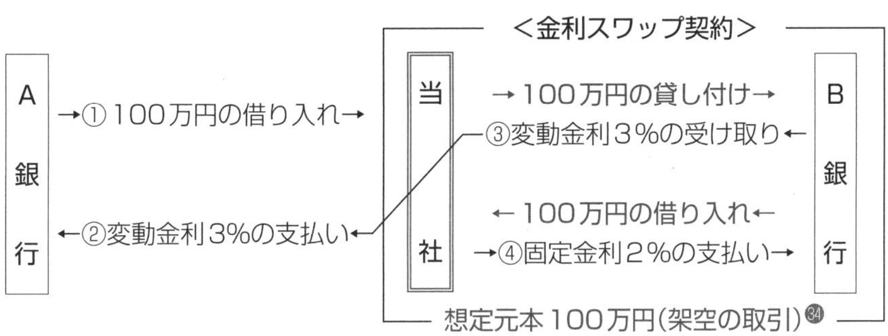


| | | | | | |
|---|---|---|---|---|---|
| ①(借) | 現金 | 1,000,000 | (貸) | 借入金 | 1,000,000 |
| ②(借) | 支払利息 | 30,000㉟ | (貸) | 現金 | 30,000 |

**金利スワップ取引**

| | | | | | |
|---|---|---|---|---|---|
| ③(借) | 現金 | 30,000 | (貸) | 受取利息 | 30,000 |
| ④(借) | 支払利息 | 20,000㊱ | (貸) | 現金 | 20,000 |

③と④の仕訳のように理論上は現金がやり取りされるが、実際には相殺されて純額を受け取る(または支払う)ことになる。したがって、仕訳上も③と④の仕訳を相殺し、以下の形となる。

| | | | | | |
|---|---|---|---|---|---|
| (借) | 現金 | 10,000 | (貸) | 支払利息㊲ | 10,000 |

㉚市場があるのではなく、個別に売り手または買い手を一人見つけて取引を行うこと。

㉛金融情勢によって変化する金利のことをいい、東京金融市場の銀行間で取引されるTIBOR(Tokyo Inter-Bank Offered Rate)などがある。

㉜市場金利の変動に関わりなく、契約によって一定値に固定された金利のこと。

㉝金利計算のため、名目上の元本(想定元本)を決める。

| | 通貨 | 元本 |
|---|---|---|
| 金利スワップ | 同種間 | 交換しない |
| 通貨スワップ | 異種間 | 交換する |

㉞赤字の100万円が想定元本である。
交換する金利を計算するためのもので、実際に貸し付けや借り入れを行うわけではないので「想定」という語が付いている。

㉟1,000,000円×3%＝30,000円

㊱1,000,000円×2%＝20,000円

㊲借入金の支払利息と対応させるため、相殺時は受取利息勘定ではなく支払利息勘定で処理する。

②で変動金利による利息30,000円を支払っているが、スワップ取引によって支払利息10,000円がマイナスとなり、20,000円の利息を負担したことになる。これは固定金利による利息と同額であり、結果的に変動金利から固定金利にスワップしたことになる。

また、金利スワップは、原則として決算日に時価評価[38]し、金利スワップ資産(または負債)勘定で貸借対照表に記載するとともに、評価損益は当期の損益として損益計算書の営業外損益の区分に記載する。

[38] 一定の要件を満たしていれば、時価評価を行わないことができる(これを特例処理という)。また、時価評価額の算出については、複雑な計算が必要なため、検定試験等では資料として与えられる。

**【設例5-12】**

次の取引に関して、借入日および各決算日の仕訳を示しなさい。なお、決算は年1回、毎年3月31日とし、決済はすべて当座預金口座を通じて行うこととする。

x1年4月1日にA銀行から期間3年、変動金利で100万円を借り入れた。また、将来、金利が上昇した場合のリスクを回避するため、B銀行と期間3年、想定元本100万円の金利スワップ契約(変動金利受取・2%の固定金利支払)を締結した。利息は年1回、3月31日に後払いする契約である。

**〈資料〉**

| | 変動金利 | 金利スワップの時価 |
|---|---|---|
| x1年4月 1日 | 2.0% | 0円 |
| x2年3月31日 | 2.2% | 3,870円 |
| x3年3月31日 | 2.3% | 2,930円 |
| x4年3月31日 | 2.5% | 0円 |

〈解答・解説〉

x1年4月1日(借入日)

| | | | |
|---|---|---|---|
| (借)当座預金 | 1,000,000 | (貸)借入金 | 1,000,000 |

x2年3月31日(決算日および利払日)

**A銀行に対する利息の支払い**

| | | | |
|---|---|---|---|
| (借)支払利息 | 22,000[39] | (貸)当座預金 | 22,000 |

**B銀行に対する変動金利2.2%受け取り、固定金利2%の支払い**

| | | | |
|---|---|---|---|
| (借)当座預金 | 22,000 | (貸)受取利息 | 22,000 |
| (借)支払利息 | 20,000[40] | (貸)当座預金 | 20,000 |

⬇

| | | | |
|---|---|---|---|
| (借)当座預金 | 2,000 | (貸)支払利息 | 2,000 |

**金利スワップの時価評価**

| | | | |
|---|---|---|---|
| (借)金利スワップ[41] | 3,870 | (貸)金利スワップ評価損益[42] | 3,870 |

[39] 1,000,000円×2.2%＝22,000円

[40] 1,000,000円×2.0%＝20,000円

[41] 資産または負債(この場合は資産)として、貸借対照表に表示される。

[42] 損益計算書の営業外損益の区分(この場合は評価益なので営業外収益の区分)に計上される。

x3年3月31日(決算日および利払日)

**A銀行に対する利息の支払い**

| | | | |
|---|---|---|---|
| (借)支払利息 | 23,000[43] | (貸)当座預金 | 23,000 |

[43] 1,000,000円×2.3%＝23,000円

**B銀行に対する変動金利2.3%受け取り、固定金利2%の支払い**

| | | | |
|---|---|---|---|
| (借)当座預金 | 23,000 | (貸)受取利息 | 23,000[43] |
| (借)支払利息 | 20,000 | (貸)当座預金 | 20,000 |

⬇

| | | | |
|---|---|---|---|
| (借)当座預金 | 3,000 | (貸)支払利息 | 3,000 |

**金利スワップの時価評価**

| | | | |
|---|---|---|---|
| (借)金利スワップ評価損益 | 940 | (貸)金利スワップ | 940[44] |

[44] 3,870円－2,930円＝940円

x4年3月31日(返済日)

**A銀行に対する借入金の返済**

| | | | |
|---|---|---|---|
| (借)支払利息 | 25,000[45] | (貸)当座預金 | 1,025,000 |
| 借入金 | 1,000,000 | | |

**B銀行に対する変動金利2.5%受け取り、固定金利2%の支払い**

| | | | |
|---|---|---|---|
| (借)当座預金 | 25,000 | (貸)受取利息 | 25,000[45] |
| (借)支払利息 | 20,000 | (貸)当座預金 | 20,000 |

[45] 1,000,000円×2.5%＝25,000円

⬇

| | | | |
|---|---|---|---|
| (借)当座預金 | 5,000 | (貸)支払利息 | 5,000 |

**金利スワップの時価評価**

| | | | |
|---|---|---|---|
| (借)金利スワップ評価損益 | 2,930 | (貸)金利スワップ | 2,930 |

## 5 ヘッジ会計

### (1)ヘッジ会計の概要

ヘッジ(hedge：回避)とは、金利変動などのリスク(危険)をデリバティブ取引などを使って、回避あるいは軽減することである。

ヘッジの効果を会計に反映するため、ヘッジ対象(原資産)に係る損益とヘッジ手段(デリバティブ取引)に係る損益を同一の会計期間に認識する会計処理をヘッジ会計という。

ヘッジ会計の方法には次の2つがある。

●繰延ヘッジ(原則的な方法)

時価評価されているヘッジ手段に係る損益または評価差額を、ヘッジ対象に係る損益が認識されるまで純資産の部において繰り延べる方法。

●時価ヘッジ(例外的な方法)

ヘッジ対象である資産または負債に係る相場変動等を損益に反映させることにより、その損益とヘッジ手段に係る損益を同一の会計期間に認識する方法。

(2)ヘッジ会計の会計処理

**【設例5-13】**

次の取引について、ヘッジ会計(繰延ヘッジ)を適用した場合の仕訳を示しなさい。なお、決済はすべて当座預金口座を通じて行われるものとする。

①X1年4月1日：

額面100円につき100円で総額100,000円の3年もの固定利付国債(利率年3%、利払日は9月末・3月末の年2回)を購入し、その他有価証券に区分した。同時に金利変動によるリスクをヘッジする目的でA銀行との間で年3%の固定金利支払・変動金利受け取り(利息の決済日は利付国債の利払日と同じ)の金利スワップ契約を締結した。

②X1年9月30日：利払日。なお、変動金利は年3.2%である。

③X2年3月31日：

利払日および決算日。なお、保有国債の時価は@99.3円であり、全部純資産直入法で処理する。また、変動金利は年3.4%であり、金利スワップの時価は760円であった。ただし、税効果会計は考慮しないものとする。

④X2年4月1日：翌期期首(洗替法)

⑤X2年　同日　：保有国債を@99.3円で売却するとともに、金利スワップを760円で決済した。

〈解答・解説〉

①(借)その他有価証券　100,000　(貸)当　座　預　金　100,000

**②国債の半年分の利息**

(借)当　座　預　金　1,500　(貸)有価証券利息　1,500㊻

**金利スワップの利息**

(借)当　座　預　金　100　(貸)有価証券利息　100㊼

㊻100,000円×3%÷2＝1,500円

㊼100,000円×(3.2%−3%)÷2=100円

③国債の半年分の利息

| | | | |
|---|---|---|---|
| (借)当座預金 | 1,500 | (貸)有価証券利息 | 1,500 |

金利スワップの利息

| | | | |
|---|---|---|---|
| (借)当座預金 | 200 | (貸)有価証券利息 | 200[48] |

★その他有価証券の時価評価

| | | | |
|---|---|---|---|
| (借)その他有価証券評価差額金 | 700[49] | (貸)その他有価証券 | 700 |

★金利スワップの時価評価

| | | | |
|---|---|---|---|
| (借)金利スワップ | 760 | (貸)繰延ヘッジ損益[50] | 760 |

★時価ヘッジを適用した場合は、ヘッジ対象とヘッジ手段に係る損益とを同一の会計期間に認識するため、次のように処理する。

| | | | |
|---|---|---|---|
| (借)投資有価証券評価損益[51] | 700 | (貸)その他有価証券 | 700 |
| (借)金利スワップ | 760 | (貸)金利スワップ評価損益[52] | 760 |

なお、ここでヘッジ会計の対象となっているのは、金利上昇による金利変動リスクのみであり、信用不安などによる信用リスクは対象とならない。

| | | | |
|---|---|---|---|
| ④(借)その他有価証券 | 700 | (貸)その他有価証券評価差額金 | 700 |

★時価ヘッジを適用した場合の処理は、次のとおりである。

| | | | |
|---|---|---|---|
| (借)その他有価証券 | 700 | (貸)投資有価証券評価損益 | 700 |

⑤その他有価証券の売却

| | | | |
|---|---|---|---|
| (借)当座預金 | 99,300 | (貸)その他有価証券 | 100,000 |
| 投資有価証券売却損益 | 700 | | |

★金利スワップの決済

| | | | |
|---|---|---|---|
| (借)当座預金 | 760 | (貸)投資有価証券売却損益[53] | 760 |
| (借)繰延ヘッジ損益 | 760 | (貸)金利スワップ | 760 |

★時価ヘッジを適用した場合の処理は、次のとおりである。

| | | | |
|---|---|---|---|
| (借)当座預金 | 760 | (貸)金利スワップ | 760 |

[48] 100,000円×(3.4%−3%)÷2=200円

[49] 100,000円 $\times \frac{@100円-@99.3円}{@100円}$ =700円

[50] 純資産の部の「Ⅱ評価・換算差額等」に計上される。

[51] 全部純資産直入法ではあるが、ヘッジ手段に係る損益(金利スワップ評価損益)と同一会計期間に認識させるため、投資有価証券評価損益勘定で処理する。

[52] 投資有価証券評価損益勘定でもよい。

[53] 金利スワップ損益勘定でもよい。

# 第6章 無形固定資産の会計

目に見えるものがすべてではないように、形あるものだけが資産ではありません。法律上の権利や経済上の価値なども「無形」ではありますが、れっきとした資産となる。
これらの資産も当期の収益に貢献するため、償却による費用化もまたテーマとなる。

研究開発費等に係る会計基準
(平成20年12月26日
企業会計基準委員会)

## 1 無形固定資産

### 1 無形固定資産とは

無形固定資産とは、有形固定資産のように具体的な物や財として存在してはいないものの、企業に対して長期にわたり特別の権利が与えられることにより、営業活動に貢献する性質を持つ資産をいう。無形固定資産は次のように分類される❶。

- **法律上の権利**❷を表すもの ── 特許権、実用新案権、商標権、意匠権、著作権、借地権、地上権、鉱業権、など
- **経済上の価値**❸を表すもの ── のれん❹、ソフトウェア(利用目的)

❶無形固定資産の勘定科目にはソフトウェアとのれんを除き「権」の字がつく。
❷法律上の権利とは法律により規定・保護されている権利をいう。
❸経済上の価値を表すものとは法律上の権利ではないが、企業にとって経済的優位性があるものをいう。
❹営業権ともいわれている。

### 2 無形固定資産取引の全体像

無形固定資産の取引では、取得、決算の2つの会計事実の処理が問題になる。

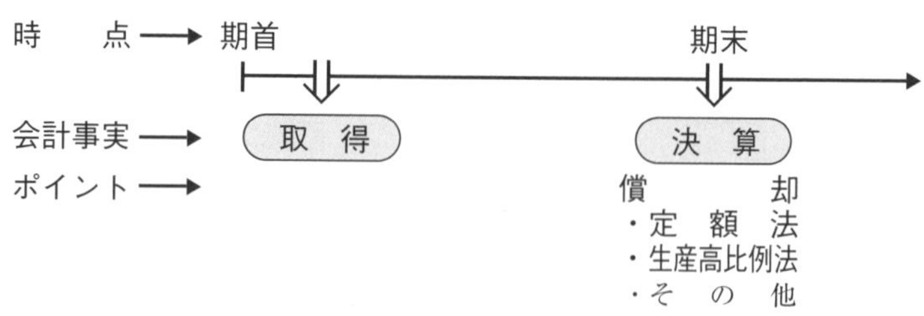


### 2 無形固定資産の会計処理(のれん・ソフトウェアを除く)

無形固定資産は、次のように処理する。

### (1)取得時

無形固定資産は、有形固定資産と同様にその**支出額**をもって取得原価とする。

**【設例6-1】** 次の仕訳を示しなさい。

A鉱山の採掘権(さいくつけん)(鉱業権)を100,000円で取得し、代金は小切手を振り出して支払った。

〈解答・解説〉

| | | | |
|---|---|---|---|
| (借)鉱　業　権 | 100,000 | (貸)当　座　預　金 | 100,000 |

### (2)決算時

無形固定資産の償却を行う。

償却方法：(原則として)**残存価額を0とした定額法**❺

記帳方法：**直接法**

償却期間：法律が定めている有効期間または法人税法上の償却期間を上限とする❻。

❺鉱業権については生産高比例法によって償却する場合もある。
また、借地権のように償却を要しないものもある。

❻問題には指示がある。

**【設例6-2】**

次の資料をもとに、決算(×5年3月31日)において必要な仕訳を示しなさい。

**■資　料■**

1．決算整理前残高試算表

決算整理前残高試算表

×5年3月31日　　　　(単位：円)

| | | |
|---|---|---|
| 特　許　権 | 340,000 | |
| 商　標　権 | 324,000 | |
| 鉱　業　権 | 840,000 | |

2．決算整理事項(前期までの処理は適正に行われている)

(1) 特許権は×1年12月1日に480,000円で取得したものであり、法定存続期間8年で月割償却する。

(2) 商標権は×3年4月1日に360,000円で取得したものであり、法定存続期間10年で月割償却する。

(3) 鉱業権は×4年7月1日に取得したものであり、生産高比例法により償却する。この鉱区の推定埋蔵量は14,000トン、当期採掘量は2,100トンである。

〈解答・解説〉

❼P/L・販売費及び一般管理費に表示する。

| | | | |
|---|---|---|---|
| (借)特許権償却❼ | 60,000 | (貸)特許権 | 60,000 |
| (借)商標権償却❼ | 36,000 | (貸)商標権 | 36,000 |
| (借)鉱業権償却❼ | 126,000 | (貸)鉱業権 | 126,000 |

特許権償却：$480{,}000\text{円} \times \dfrac{12\text{カ月}}{96\text{カ月}} = 60{,}000\text{円}$

商標権償却：$360{,}000\text{円} \times \dfrac{12\text{カ月}}{120\text{カ月}} = 36{,}000\text{円}$

鉱業権償却：$840{,}000\text{円} \times \dfrac{2{,}100\text{トン}}{14{,}000\text{トン}} = 126{,}000\text{円}$

# 2 ソフトウェア

## 1 ソフトウェアとは

ソフトウェアとは、コンピュータ・ソフトウェアのことであり、以下の二つに分けることができる。

**①コンピュータに一定の処理を行わせるためのプログラム**

**②システム仕様書、フローチャート等の関連文書**

ただし、映画ソフトやゲームソフト等のコンテンツはソフトウェアには含まない。

## 2 ソフトウェア制作費の会計処理

ソフトウェアは、制作目的によって収益との対応関係が異なるため、支出の形態ではなく**制作目的別に会計基準**が定められている。

### (1)研究開発目的のソフトウェア

研究開発目的のソフトウェア制作費は、**研究開発費として発生時に費用処理**。

### (2)市場販売目的のソフトウェア

市場販売目的のソフトウェアである製品マスター（複写可能な完成品）の制作費は、機能維持のための費用や研究開発費に該当する部分を除き、**資産(無形固定資産)として計上**する。

### (3)自社利用のソフトウェア

ソフトウェアの利用により将来の収益獲得が確実な場合、または費用削減が確実な場合には、ソフトウェアの制作費または取得費用を**資**

**産(無形固定資産)として計上**する。

### (4)受注制作のソフトウェア

顧客から制作を依頼された受注制作のソフトウェアについては、**工事契約の会計処理**に準じる。

**資産計上されるソフトウェア制作費**は、無形固定資産として**ソフトウェア勘定**で処理する❽。ソフトウェア勘定に計上された金額は減価償却によって、各期に費用配分される。

❽作成途中のソフトウェアの制作費については無形固定資産のソフトウェア仮勘定として処理する。

**【設例6-3】**

次に示す資料にもとづいて、無形固定資産として計上される金額と、研究開発費として計上される金額をそれぞれ求めなさい。

| | ソフトウェアX | ソフトウェアY |
|---|---|---|
| 従業員給料 | 71,000円 | 75,000円 |
| 機械減価償却費 | 28,000円 | 36,000円 |
| 合計 | 99,000円 | 111,000円 |

ただし、上記費用のうち、両ソフトウェアとも給料の80%、機械減価償却費の30%は研究開発にかかわるもので、それ以外はすべて製品のマスター制作費と考えられる。

**〈解答・解説〉**

無形固定資産　74,000円　　　研究開発費　136,000円

支出の総額から研究開発費を抜き出し、残額を無形固定資産とする。

支出総額：99,000円＋111,000円＝210,000円

研究開発費：(71,000円＋75,000円)×80％＋(28,000円＋36,000円)×30％＝136,000円

無形固定資産：210,000円－136,000円＝74,000円

## 3 無形固定資産として計上されたソフトウェアの減価償却方法

### (1)市場販売目的のソフトウェアの場合

無形固定資産に計上したソフトウェアの取得原価は、合理的な方法により償却しなければならない。

ただし、毎期の償却額は、残存有効期間にもとづく均等配分額を下回ってはならない。償却期間は原則3年以内である。

①見込販売数量または見込販売収益にもとづく償却額

$$償却額＝前期末未償却残高 \times \frac{当年度の販売実績数量（実績販売収益）}{当年度の販売実績数量（実績販売収益）＋当年度末の見込販売数量（見込販売収益）}$$

②均等配分額にもとづく償却額

償却額＝前期末未償却残高÷残存有効期間

①と②の大小関係を比較して、いずれか大きい金額を当期の償却額とする。

**【設例6-4】**

次に示す資料にもとづいて、当期(×1年度)のソフトウェアの償却に関する仕訳を(a)見込販売数量にもとづく場合、(b)見込販売収益にもとづく場合について、それぞれ示しなさい。

〈資料〉

1. 当期首に無形固定資産として計上した市場販売目的のソフトウェア制作費は186,000円である。
2. ソフトウェアの見込有効期間は3年である。
3. 当期および当期以降の販売数量及び販売単価

| 年度 | 販売数量 | 販売単価 |
|---|---|---|
| ×1年度 | 3,000個 | @800円 |
| ×2年度 | 5,000個 | @600円 |
| ×3年度 | 2,000個 | @300円 |

〈解答・解説〉

| | | | | |
|---|---|---|---|---|
| (a) | (借)ソフトウェア償却 | 62,000 | (貸)ソフトウェア | 62,000 |
| (b) | (借)ソフトウェア償却 | 74,400 | (貸)ソフトウェア | 74,400 |

**(a)見込販売数量にもとづく償却額**

見込販売数量にもとづく償却額

$$186{,}000円 \times \frac{3{,}000個}{3{,}000個+5{,}000個+2{,}000個}=55{,}800円\cdots①$$

均等配分額にもとづく償却額：186,000円÷３年＝62,000円…②

①＜②により、償却額62,000円

**(b)見込販売収益にもとづく償却額**

見込販売収益にもとづく償却額

$$186{,}000円 \times \frac{(3{,}000個 \times @800円)}{(3{,}000個 \times @800円)+(5{,}000個 \times @600円)+(2{,}000個 \times @300円)}$$

＝74,400円…①

均等配分額に基づく償却額：186,000円÷３年＝62,000円…②

①＞②により、償却額74,400円

### (2)見込販売数量、見込販売収益、残存有効期間に変更が生じた場合

見込販売数量、見込販売収益、残存有効期間に変更が生じた場合、**見直しを行った年度以降の償却計算を補正する**ことによって、変動による影響を調整する。この場合、見込販売数量を修正するだけでよい。

### (3)自社利用のソフトウェアの場合

無形固定資産として計上したソフトウェアのうち、自社利用のソフトウェアについては、**定額法で減価償却**する。**償却期間は５年以内**とされている。

**【設例6-5】**

期首に購入した自社利用のためのソフトウェア50,000円の償却を行う。なお、償却期間は５年とする。

〈解答・解説〉

| | | | |
|---|---|---|---|
| (借)ソフトウェア償却 | 10,000 | (貸)ソフトウェア | 10,000 |

# 3 研究開発費

## 1 研究開発費の範囲

研究開発費とは、研究および開発のために支出した費用のことである。ここでいう研究および開発とは、以下のように定義されている。

**研究**⇒新しい知識の発見を目的とした計画的な調査及び探求

**開発**⇒新しい製品・サービス・生産方法についての計画もしくは設計または既存の製品等を著しく改良するための計画もしくは設計として、研究の成果その他の知識を具体化すること

## 2 研究開発費の会計処理

企業における研究開発は日常的に行われており(経常性)、その重要性が増しているが、その効果を客観的に判断することは困難である。そのため、**「研究開発費」はすべて発生時に他のものとは独立した費用**[9]**として処理**する。

[9]一般管理費または当期製造費用として処理する。

# 第7章　繰延資産の会計

**繰延資産は、本来は費用として処理する支出額であるが、その効果が将来の収益の獲得に役立つと考えられるため、一時的に資産として処理し、次期以降に繰り延べた支出額である。そのため、繰延資産は換金価値のない(他へ売却することができない)資産である。**

実務対応報告第19号
繰延資産の会計処理に関する当面の取扱
(平成18年8月11日
企業会計基準委員会)

## 1　繰延資産の要件

繰延資産とは、ある支出の効果が次期以降にも及ぶ場合に、その支出額を費用として次期以降にも負担させるために、資産として繰り延べたもので、以下の3要件すべてを満たした費用を資産計上したものをいう。

①すでに代価の支払いが完了している。または、支払い義務が確定している。

②これに対する財貨または役務(えきむ)の提供を受けている。

③その効果が将来にわたって発生することが期待されること。

ただし、この3要件をすべて満たしているものが繰延資産として計上できるわけではない。繰延資産は、以下の5つ❶に限って資産計上が認められる❷。

❶その他、新株予約権（第10章参照）を発行するために支出した新株予約権発行費も繰延資産とすることができるが、本書では省略する。

❷換金価値のない繰延資産を資産として無制限に計上されないようにするためである。
繰延資産を資産として計上するかしないかはその企業の任意である。

### 1　創立費

創立費とは、会社設立のための支出額である。その主なものとしては、定款作成費、株式募集に関わる広告費、登記料等がある。また、会社設立時に発行した株式の発行費用も創立費に含まれる。

原則として支出した期の費用とするが、繰延資産として処理した場合は、以下の要領で償却する。

償却年数：**会社の成立から5年以内の効果の及ぶ期間(定額法で月割償却)**

償却費の表示区分：**営業外費用**

**【設例7-1】** 次の仕訳を示しなさい。

1　福岡運輸株式会社は、会社の設立のために、x1年4月1日に会社を設立し、その事務に関する費用600,000円を現金で支払った。

2　第1期決算(x2年3月31日)にあたり、上記支出額を繰延資産として計上し、5年間にわたって定額法により償却することにした。

〈解答・解説〉

| | | | | |
|---|---|---|---|---|
| 1(借)創立費 | 600,000 | (貸)現金 | 600,000 |
| 2(借)創立費償却 | 120,000* | (貸)創立費 | 120,000 |

＊　$600,000円 \times \frac{12カ月}{60カ月} = 120,000円$

## 2 開業費

開業費とは、会社設立後、**営業開始までに支出した開業準備のための支出額**である。その主なものとしては、土地や建物の賃借料、通信費、消耗品費等がある。

原則として支出した期の費用とするが、繰延資産として処理した場合は、以下の要領で償却する。

償却年数：**5年以内の効果の及ぶ期間(定額法で月割償却)**

償却費の表示区分：**営業外費用(または販売費及び一般管理費)**

**【設例7-2】** 次の仕訳を示しなさい。

1　広島造船株式会社は、x1年10月1日に開業準備のための費用1,200,000円を小切手を振り出して支払った。

2　第1期決算(x2年3月31日)にあたり、上記支出額を繰延資産として計上し、5年間にわたって定額法により償却することにした。

〈解答・解説〉

| | | | |
|---|---|---|---|
| 1(借)開業費 | 1,200,000 | (貸)当座預金 | 1,200,000 |
| 2(借)開業費償却 | 120,000* | (貸)開業費 | 120,000 |

＊　$1,200,000円 \times \frac{6カ月}{60カ月} = 120,000円$

## 3 株式交付費 ❸

株式交付費とは、会社設立後、**資金調達のために株式を株主に交付するための支出額**である。その主なものとして、金融機関等の取扱手数料等がある。

❸会社設立時に発行した株式の発行費用は、株式交付費ではなく創立費となる。

原則として支出した期の費用とするが、繰延資産として処理した場合は、以下の要領で償却する。

償却年数：**３年以内の効果の及ぶ期間（定額法で月割償却）**

償却費の表示区分：**営業外費用**

**【設例7-3】** 次の仕訳を示しなさい。

1　愛媛工業株式会社は、第３期期首（x3年４月１日）に新株を発行し、それに要した費用900,000円を小切手を振り出して支払った。

2　第３期決算（x4年3月31日）にあたり、上記支出額を繰延資産として計上し、３年間にわたって定額法により償却することにした。

〈解答・解説〉

| | | | | |
|---|---|---|---|---|
| 1 | （借）株式交付費 | 900,000 | （貸）当座預金 | 900,000 |
| 2 | （借）株式交付費償却 | 300,000* | （貸）株式交付費 | 300,000 |

$$* \quad 900{,}000円 \times \frac{12カ月}{36カ月} = 300{,}000円$$

## 4 社債発行費

社債発行費とは、**社債を発行するための支出額**である。その主なものとして、社債募集のための広告費、金融機関の取扱手数料等がある。

原則として支出した期の費用とするが、繰延資産として処理した場合は、以下の要領で償却する。

償却年数：**償還期限内（利息法または定額法で月割償却）**

償却費の表示区分：**営業外費用**

**【設例7-4】** 次の仕訳を示しなさい。

1　大阪産業株式会社は、第５期期首（x5年４月１日）に社債（償還期限５年）を発行するにあたり、直接に要した費用400,000円を小切手を振り出して支払った。

2　第５期決算（x6年３月31日）にあたり、上記支出額を繰延資産として計上し、社債の償還までの期間にわたって定額法により償却することにした。

〈解答・解説〉

| | | | | |
|---|---|---|---|---|
| 1 | （借）社債発行費 | 400,000 | （貸）当座預金 | 400,000 |
| 2 | （借）社債発行費償却 | 80,000* | （貸）社債発行費 | 80,000 |

$$* \quad 400{,}000円 \times \frac{12カ月}{60カ月} = 80{,}000円$$

## 5 開発費

開発費とは、企業が新技術や新資源の開発、新市場開拓等のための支出額である。なお、経常費用としての性格をもつものや、第6章で学習する研究開発費に該当するものは除く。

原則として支出した期の費用とするが、繰延資産として処理した場合は、以下の要領で償却する。

償却年数：**5年以内の効果の及ぶ期間（定額法その他の合理的な方法で償却）**

償却費の表示区分：**販売費及び一般管理費（または売上原価）**

**【設例7-5】** 次の仕訳を示しなさい。

1　A株式会社は、新技術を導入するために、その費用1,000,000円を小切手を振り出して支払った。

2　決算にあたり、繰延資産に計上した上記開発費のうち200,000円を償却することにした。

〈解答・解説〉

| | | | | |
|---|---|---|---|---|
| 1 | (借)開発費 | 1,000,000 | (貸)当座預金 | 1,000,000 |
| 2 | (借)開発費償却 | 200,000 | (貸)開発費 | 200,000 |

繰延資産のまとめ

| | 償却方法 | 償却費の表示区分 |
|---|---|---|
| (1)創立費 | 5年以内の効果の及ぶ期間に定額法で月割償却 | 営業外費用 |
| (2)開業費 | （同上） | 営業外費用（または販売費及び一般管理費） |
| (3)株式交付費 | 3年以内の効果の及ぶ期間に定額法で月割償却 | 営業外費用 |
| (4)社債発行費 | 償還までの期間にわたり利息法または定額法で月割償却 | （同上） |
| (5)開発費 | 5年以内の効果の及ぶ期間に定額法その他の合理的な方法で償却 | 販売費及び一般管理費<br>または<br>売上原価 |

# 第8章 税効果の会計

企業に課せられる税金の金額は、企業が行う損益計算とは異なる方法で計算される部分がある。そのため、企業が作成する損益計算書の利益と、実際に負担する税金の金額は対応していないのが普通である。
この対応していない企業の利益と税金の金額のズレを調整するために行われるのが、「税効果会計」である。
この章では、税効果会計の概要について学習していく。

税効果会計に係る会計基準
（平成10年10月30日
企業会計審議会）
「税効果会計に係る
会計基準」の一部改正
（平成30年2月16日
企業会計基準委員会）

## 1 税効果会計の意味

会計上の収益・費用の金額と法人税等を計算するうえでの収益❶・費用❷の金額は必ずしも同じ金額になるとは限らない。したがって、会計上で計算した「税引前当期純利益」に税率を掛けた金額と実際に支払う法人税等の金額は対応するわけではない。つまり、会計上の当期純利益と税法上の課税所得❸にズレ（差異❹）が生じることになる。このズレを調整する会計処理を税効果会計という。

企業会計：収益－費用＝税引前当期純利益
税　　法：益金（えききん）－損金（そんきん）＝課税所得
→ズレ（差異）が生じる

❶税法上、益金という。
❷税法上、損金という。
❸法人税等の計算の基礎となる金額。
❹会計と税法では目的が異なるため、収益＝益金、費用＝損金とはならない。会計の目的は業績を正しく示すことであり、税法の目的は公平な課税所得の計算である。

## 2 会計上と税法上の差異が生じる原因

会計上の税引前当期純利益と、税法上の課税所得との間に差異が生じる原因には、下記の４つがある。

| | 会計上 | 税法上 | 税務調整項目 |
|---|---|---|---|
| 収益 | 認める | 認めない | 益金不算入❺ |
| | 認めない | 認める | 益金算入 |
| 費用 | 認める | 認めない | 損金不算入❻ |
| | 認めない | 認める | 損金算入❼ |

❺会計上は収益となっていても、税法上は益金とならないものは、課税所得を減少させる。
❻会計上は費用となっていても、税法上は損金とならないものは、課税所得を増加させる。
❼前期に損金として認められなかった費用が、当期に認められたものなどが該当し、これは課税所得を減少させる。

課税所得を求めるためには、企業会計上で求めた当期純利益に税務調整項目を加減する。

**【設例8-1】**
第1期・第2期ともに、決算において300,000円の税引前当期純利益を計上した。第1期は、貸倒引当金50,000円を計上したが、税務上は損金への算入が認められなかった。第2期において、前期に計上した売掛金50,000円が貸し倒れとなったため、前期に行った貸し倒れ処理について税務上損金への算入が認められた。第1期・第2期それぞれについて、課税所得と法人税等の額を求めなさい。なお、法人税等の税率は30%とする。

〈解答・解説〉

| | | |
|---|---|---|
| 第1期 | 課税所得　350,000円 | 法人税等　105,000円* |

50,000円は損金として認められないため、税引前当期純利益と比べて、その額だけ課税所得が増加する。

| | | |
|---|---|---|
| 第2期 | 課税所得　250,000円 | 法人税等　75,000円 |

50,000円は損金として認められたため、税引前当期純利益と比べて、その額だけ課税所得が減少する。

＊　350,000円×30%＝105,000円

# 3 税効果会計の適用対象と主な項目

## 1 一時差異と永久差異

会計上の税引前当期純利益と税法上の課税所得との差異は、税効果会計の適用が必要な差異と必要でない差異とに分けることができる。**税効果会計の適用が必要な差異を一時差異**といい、**必要でない差異を永久差異**という。一時差異は、さらに**将来減算一時差異**と**将来加算一時差異**とに分けられる。

## 2 一時差異

会計上で収益や費用に計上する時期と、税法上で益金や損金に計上する時期が一時的にずれることによって差異が生じ、その後、時間の経過にともなって、**将来的にその差異が解消されるものを一時差異**という。

### (1)将来減算一時差異

一時差異が発生したときに課税所得が増加し、将来、差異が解消されたときに、**課税所得の減算要因となる差異**をいう。将来の課税所得が減少するということは、払うべき税金も減少する❽ということになる。

❽将来、税金が減少するということは、当期に税金を前払いしていることになる。

**将来減算一時差異となる主な項目**

棚卸資産の評価損
繰入限度額を超えて計上した引当金繰入
償却限度額を超えて計上した減価償却費
その他有価証券の評価差損
繰延ヘッジ損益(評価差損)
事業税

### (2)将来加算一時差異

一時差異が発生したときに課税所得が減少し、将来、差異が解消されたときに、**課税所得の加算要因となる差異**をいう。将来の課税所得が増加するということは、払うべき税金も増加する❾ということになる。

❾将来、税金が増加するということは、当期は税金が未払いだったということになる。

**将来加算一時差異となる主な項目**

その他有価証券の評価差益
繰延ヘッジ損益(評価差益)
圧縮積立金

## 3 永久差異(えいきゅうさい)

会計上は収益や費用に計上しているが、**税法上は永久に益金や損金に計上しないもの**を永久差異という。

**永久差異となる主な項目**

受取配当金の益金不算入額
交際費の損金不算入額
寄付金の損金不算入額

# 4 一時差異の会計処理と表示

## 1 将来減算一時差異

差異の発生年度においては課税所得が増加するため、実際に支払う法人税等の金額は多くなる。これは、翌期以降に支払うべき税金を前払いしたためと考えられる。

そこで、差異が発生した年度に**繰延税金資産**(くりのべぜいきんしさん)⑩を計上し、差異が解消された年度に繰延税金資産を取り崩す処理をする。また、発生年度において**法人税等調整額**(ほうじんぜいとうちょうせいがく)という勘定を用いて当期の法人税等から間接的に減算をする。

| | | | | |
|---|---|---|---|---|
| 発生年度 | (借)繰延税金資産 | ×× | (貸)法人税等調整額⑪ | ×× |
| 解消年度 | (借)法人税等調整額⑫ | ×× | (貸)繰延税金資産 | ×× |

⑩繰延税金資産は固定資産の部の投資その他の資産の区分に記載する。

⑪差異の金額に税率を掛けたものが法人税等調整額の金額となる。この場合は、法人税等のマイナス項目となる。

⑫法人税等のプラス項目となる。

## 2 将来加算一時差異

差異の発生年度においては課税所得が減少するため、実際に支払う法人税等の金額は少なくなる。これは、当期に支払うべき税金の未払いと考えられる。

そこで、差異が発生した年度に**繰延税金負債**(くりのべぜいきんふさい)⑬を計上し、差異が解消された年度に繰延税金負債を取り崩す処理をする。また、発生年度において**法人税等調整額**勘定を用いて当期の法人税等に間接的に加算をする。

| | | | | |
|---|---|---|---|---|
| 発生年度 | (借)法人税等調整額⑫ | ×× | (貸)繰延税金負債 | ×× |
| 解消年度 | (借)繰延税金負債 | ×× | (貸)法人税等調整額⑪ | ×× |

⑬繰延税金負債は固定負債の部に記載する。

## 3 財務諸表への表示

### (1)繰延税金資産・繰延税金負債

貸借対照表上、繰延税金資産と繰延税金負債は相殺され、残高は次のように表示される。

**①繰延税金資産＞繰延税金負債**

⇒固定資産　投資その他の資産の区分に『**繰延税金資産**』

**②繰延税金資産＜繰延税金負債**

⇒固定負債の区分に『**繰延税金負債**』

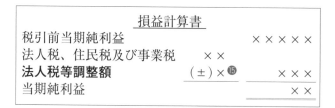

| 貸借対照表 | |
|---|---|
| Ⅰ　流動資産 | Ⅰ　流動負債 |
| Ⅱ　固定資産 | Ⅱ　固定負債 |
| 投資その他の資産 | **繰延税金負債**⑭ |
| **繰延税金資産**⑭ | |

⑭個別会計上では一つの貸借対照表に『繰延税金資産』と『繰延税金負債』が同時に記載されることはない。

### (2)法人税等調整額

『**法人税等調整額**』は損益計算書上「法人税、住民税及び事業税」の調整項目として、その下に表示される。

| 損益計算書 | | |
|---|---|---|
| 税引前当期純利益 | | ×××××|
| 法人税、住民税及び事業税 | ×× | |
| **法人税等調整額** | (±)×⑮ | ××× |
| 当期純利益 | | ×× |

⑮『法人税等調整額』が借方残高の場合は『法人税、住民税及び事業税』に加算され、貸方残高の場合は減算される。

# 5 具体的な会計処理

## 1 商品評価損

会計上は費用としていても、税法上は損金として認められない場合がある。このときは差異が発生した年度に繰延税金資産を計上し、実際に商品が売れて損失が確定したときに繰延税金資産を取り崩す処理を行う。

**【設例8-2】**

第１期決算において、期末商品について商品評価損2,000円を計上したが、税務上は損金不算入となった。しかし、第２期になりその商品を売却したため、損金算入が認められた。この場合の第１期・第２期における税効果会計を適用した仕訳を示しなさい。なお、法人税等の実効税率は30％とする。

〈解答・解説〉

| | | | | |
|---|---|---|---|---|
| 第１期 | (借)繰延税金資産 | 600 | (貸)法人税等調整額 | 600 |
| 第２期 | (借)法人税等調整額 | 600 | (貸)繰延税金資産 | 600 |

2,000円は損金として認められないため、差異は2,000円となる。したがって、2,000円×30％＝600円が調整額となる。

税効果会計の対象が流動資産であっても、繰延税金資産は固定資産の部の投資その他の資産の区分に記載し、法人税等調整額は損益計算書の末尾に法人税等のマイナス項目として表示する。

## 2 引当金繰入

貸倒引当金繰入は、税法上は多くても１％しか損金として認められていない。また、退職給付引当金や賞与引当金の繰入は、税法上は損金として認められていない。

**【設例8-3】**

第１期決算において、売掛金期末残高300,000円に対して２％の貸倒引当金を設定したが、税法上の繰入限度額は１％であるため、超過額[16]3,000円は損金不算入となった。しかし、第２期において第１期の売掛金300,000円を貸し倒れとして処理したため、損金算入が認められた。この場合の第１期・第２期における税効果会計を適用した仕訳を示しなさい。なお、法人税等の実効税率は30％とする。

[16]会計上の貸倒引当金繰入
300,000円×2％
＝6,000円
税法上の貸倒引当金
300,000円×1％
＝3,000円
その差額が超過額、損金不算入の金額となる。

〈解答・解説〉

| | | | | |
|---|---|---|---|---|
| 第１期 | (借)繰延税金資産 | 900 | (貸)法人税等調整額 | 900* |
| 第２期 | (借)法人税等調整額 | 900 | (貸)繰延税金資産 | 900 |

＊　3,000円×30％＝900円

## 3 減価償却費

税法上は法定耐用年数による減価償却費しか認められないが、経済状況などによって、実際の耐用年数が法定耐用年数より短くなる場合がある。このとき、企業では税法上より多く減価償却費を計上することになるため、超過額が損金として認められないことになる。

【設例8-4】

第1期期首に取得した備品1,500,000円の法定耐用年数は6年であるが、経済状況を考慮して3年で減価償却することとした。第1期期末における税効果会計を適用した仕訳を示しなさい。なお、法人税等の実効税率は30%とする。また、残存価額は0円として計算すること。

〈解答・解説〉

| | | | |
|---|---|---|---|
| (借)減価償却費 | 500,000 *1 | (貸)備品減価償却累計額 | 500,000 |
| (借)繰延税金資産 | 75,000 | (貸)法人税等調整額 | 75,000 *2 |

固定資産の投資その他の資産の区分に記載する。

＊1　会計上の減価償却費：1,500,000円÷3年＝500,000円

＊2　税法上の減価償却費：1,500,000円÷6年＝250,000円

将来減算一時差異：500,000円－250,000円＝250,000円

250,000円×30%＝75,000円

## 4 その他有価証券

会計上はその他有価証券を時価で評価するが、税法上は時価評価が認められていない。そのため、税効果会計を適用した会計処理を行わなければならない。本書では**全部純資産直入法**の採用を前提に税効果会計の処理をみていく⑰。

⑰この他に「部分純資産直入法」があるが、「財務会計Ⅱ」の指導内容として扱われていないため本書でも扱わない。

### 全部純資産直入法を採用した場合の会計処理

その他有価証券評価差額金を純資産の部の評価・換算差額等に計上し、この金額から税金部分を控除して繰延税金資産(または負債)を計上する。その他有価証券評価差額金は、**純資産の部に計上されており、損益項目ではないので法人税等調整額勘定は用いない。**

【設例8-5】

当社が保有するその他有価証券（取得原価／A社株式25,000円・B社株式30,000円）の期末の時価がA社株式20,000円、B社株式33,000円であった場合、税効果会計を考慮したうえで、その他有価証券に関する時価評価の仕訳を示しなさい。なお、法人税等の実効税率は30%とし、全部純資産直入法によること。

〈解答・解説〉

全部純資産直入法では、本来、A社株式、B社株式をまとめて処理すべきものであるが、ここでは便宜上分けて解説をする。

| | | | | |
|---|---|---|---|---|
| A社株式（借）繰延税金資産 | 1,500*2 | （貸）その他有価証券 | 5,000*1 |
| その他有価証券評価差額金 | 3,500 | | |

＊1　25,000円－20,000円＝5,000円（評価差損）

＊2　5,000円×30%＝1,500円（将来減算一時差異）⑱

| | | | |
|---|---|---|---|
| B社株式（借）その他有価証券 | 3,000*1 | （貸）繰延税金負債 | 900*2 |
| | | その他有価証券評価差額金 | 2,100 |

＊1　33,000円－30,000円＝3,000円（評価差益）

＊2　3,000円×30%＝900円（将来加算一時差異）

⑱貸借対照表上は、結果として固定資産の投資その他の資産の区分に『繰延税金資産』が600円計上される。

## 5 事業税

会計上は法人税等⑲として、当期の費用に計上されるが、税法上は実際に支払った年度の損金となる。そのため、当期に発生した金額については繰延税金資産を計上し、実際に支払った年度に取り崩す。

⑲法人税・住民税および事業税をあわせて法人税等という。

【設例8-6】

次の資料により、第1期および第2期の税効果会計の適用にともなう仕訳を示しなさい。なお、法人税等の実効税率は30%とする。

第1期　事業税の未払分10,000円を費用に計上したが、税法上は損金不算入である。

第2期　第1期の事業税を支払った。また、決算にさいして事業税の未払分15,000円を計上した。

〈解答・解説〉

| | | | | |
|---|---|---|---|---|
| 第1期 | （借）繰延税金資産 | 3,000 | （貸）法人税等調整額 | 3,000*1 |
| 第2期 | （借）法人税等調整額 | 3,000 | （貸）繰延税金資産 | 3,000 |
| | （借）繰延税金資産 | 4,500 | （貸）法人税等調整額 | 4,500*2 |

＊1　10,000円×30%＝3,000円　＊2　15,000円×30%＝4,500円

## 6 繰延ヘッジ損益

ヘッジ会計(繰延ヘッジ)で税効果会計を適用する場合には、デリバティブ取引の評価替えによる差額のうち、**税効果相当額を繰延税金資産または繰延税金負債として計上し、残額を繰延ヘッジ損益として計上する。**

これは、損益計算書を経由せず、直接、貸借対照表に記載されるその他有価証券評価差額金の処理と同じ考え方による。

**【設例8-7】**

次の資料により、×2年3月31日(当期末)のその他有価証券および金利スワップに関する仕訳を示しなさい。法人税等の実効税率は30%とする。

(1) 当社は額面100円につき100円で総額100,000円(1,000口)の3年もの固定利付国債を購入し、その他有価証券として保有している。

また、金利変動によるリスクをヘッジする目的でA銀行との間で固定金利支払・変動金利受け取りの金利スワップ契約を締結している。なお、金利スワップについてヘッジ会計(繰延ヘッジ)を適用する。

(2) ×2年3月31日(当期末)における保有国債の時価は@99.3円であり、全部純資産直入法で処理する。

また、金利スワップの時価は760円であった。その他有価証券の評価およびヘッジ会計について税効果会計を適用する。

〈解答・解説〉

**①その他有価証券**

| | | | |
|---|---|---|---|
| (借)繰延税金資産 | 210㉑ | (貸)その他有価証券 | 700⑳ |
| その他有価証券評価差額金 | 490㉒ | | |

**②金利スワップ(ヘッジ会計)**

| | | | |
|---|---|---|---|
| (借)金利スワップ | 760 | (貸)繰延税金負債 | 228㉓ |
| | | 繰延ヘッジ損益 | 532㉔ |

⑳ (@99.3円−@100円)×1,000口=△700円

㉑ 700円×30%=210円

㉒ 700円−210円=490円

㉓ 760円×30%=228円

㉔ 760円−228円=532円

## 7 圧縮積立金

### (1)圧縮記帳

国から補助金をもらい建物などの資産を購入した場合、補助金は会計上の利益とされる。しかし、この利益に対して課税されると、補助金の目的を果たせない。

そこで、圧縮記帳の処理が認められている。圧縮記帳の処理方法には、直接減額方式[25]と積立金方式の２つの方法があるが、ここでは積立金方式についてみていく。

[25]直接減額方式では、固定資産の取得原価を直接、減らす（34ページ参照）。
(借)固定資産圧縮損 ××
(貸)固　定　資　産 ××

### (2)積立時の処理

積立金方式では、会計上、固定資産の取得原価を減額せず、決算において圧縮積立金を積み立てる(繰越利益剰余金を圧縮積立金に振り替える)。

なお、積立金方式では、税務上、補助金相当額だけ損金に算入され、課税所得の計算上、減算される。そして、耐用年数にわたり圧縮積立金を取崩すことにより課税所得の計算上、加算される。そのため、圧縮積立金の積立時に将来加算一時差異が生じると考え、繰延税金負債を計上する。

### ⑶圧縮積立金積立額

税効果会計を適用した場合、法人税等調整額を考慮した後の当期純利益が繰越利益剰余金に振り替えられる。圧縮積立金は繰越利益剰余金から積み立てられるので、圧縮積立金の積立額は、補助金から税効果相当額を引いた額となる。

**【設例8-8】**

次の一連の取引について仕訳を示しなさい。なお、圧縮記帳について積立金方式を採用し、税効果会計を適用する。法人税等の実効税率は30%とする。

⑴ 国から補助金100,000円を受け取り、当座預金口座に振り込まれた。

⑵ 受け取った補助金100,000円に自己資金500,000円を加えて期末に建物600,000円を購入し、代金は小切手を振り出して支払った。

⑶ 期末において、補助金相当額から税効果相当額を引いた残額70,000円について圧縮積立金を積み立てた。税務上は補助金相当額100,000円が損金に算入された。

なお、この建物は期末において事業の用に供していないため、当期は減価償却を行わない。

〈解答・解説〉

### ⑴補助金の受取り

| | | | | | |
|---|---|---|---|---|---|
| (借) | 当座預金 | 100,000 | (貸) | 補助金収入 | 100,000 |

### ⑵建物の取得

| | | | | | |
|---|---|---|---|---|---|
| (借) | 建物 | 600,000 | (貸) | 当座預金 | 600,000 |

### ⑶圧縮積立金の積立てと税効果

| | | | | | |
|---|---|---|---|---|---|
| (借) | 繰越利益剰余金 | 70,000 | (貸) | 圧縮積立金 | 70,000 |
| (借) | 法人税等調整額 | 30,000 | (貸) | 繰延税金負債 | 30,000㉖ |

㉖ 100,000円×30%
＝30,000円

### ⑷圧縮積立金取崩時の処理

圧縮積立金は、会計上、固定資産の耐用年数にわたり取り崩す。これに対して、税務上、補助金の額のうち当期配分額は益金として認められる(益金算入)。そのため、将来加算一時差異が解消したと考え、繰延税金負債を取り崩す。

**【設例8-9】**

次の資料により、減価償却および圧縮積立金の取崩しに関する仕訳を示しなさい。なお、税効果会計を適用する。法人税等の実効税率は30%とする。

(1) **【設例8-8】**で取得した建物600,000円について、当期首より事業の用に供し、期末に減価償却(定額法、間接法、耐用年数20年、残存価額ゼロ)を行った。

(2) 期末に、会計上前期に計上した圧縮積立金70,000円のうち3,500円を取り崩した。税務上は補助金相当額100,000円のうち当期配分額の5,000円が益金に算入された。

〈解答・解説〉

#### ⑴減価償却

| | | | |
|---|---|---|---|
| (借)減価償却費 | 30,000㉗ | (貸)建物減価償却累計額 | 30,000 |

#### ⑵圧縮積立金の取崩しと税効果

| | | | |
|---|---|---|---|
| (借)圧縮積立金 | 3,500 | (貸)繰越利益剰余金 | 3,500 |
| (借)繰延税金負債 | 1,500㉘ | (貸)法人税等調整額 | 1,500 |

㉗ 600,000円÷20年＝30,000円

㉘ 5,000円×30%＝1,500円
実効税率が30%である場合、計上した繰延税金負債と圧縮積立金の割合が3：7であった。同様に繰延税金負債と圧縮積立金の取崩し額も3：7となる。

# 第9章 負債の会計

将来「何かをしなければならない」ことを債務といい、企業が持つ債務を金額に表したものや期間損益計算を正しく行ううえで計上した引当金が負債に該当する。
企業が資金調達をすれば、利益を上げて債権者に返還しなければならない。
従業員が働けば、退職時には退職金を支払わなければならない。
企業が債務を放棄すれば、当然信用を失ってしまって存続するのが困難になるだろう。従って、信用されるためには債務、つまり負債を適切に処理することが大切である。
ここでは、負債について学んでいく。

企業会計原則
(改正昭和57年4月20日
企業会計審議会)

## 1 流動負債と固定負債

流動負債には、営業循環基準❶によって分類されたもの(支払手形や買掛金など)と、1年基準❷によって分類されたもの(短期借入金や未払法人税等など)があり、ともに短期的な債務を意味する。また、上記以外のものを固定負債とする。

❶企業の主な営業活動の過程で生じた負債を流動負債とする基準をいう。

❷決算日の翌日から1年以内に支払期限が到来するものを流動負債とする基準をいう。

## 2 社債

会社法施行規則
(最終改正令和5年3月1日
法務省令第43号)
金融商品に関する会計基準
(最終改正2019年7月4日
企業会計基準委員会)

### 1 社債とは

社債とは、会社が会社法の規定にもとづき広く投資家から長期的に資金を借り入れることによって生じる負債で、投資家に対して社債券を発行することがある。

利払いや決算時の償却原価法(定額法)による処理、満期償還、買入償還についてはすでに学習している。

### 2 償却原価法における「利息法」

利息法とは、社債の券面利息(利札分)と社債の発行差額を利息総額と考え、それを実効利子率をもって各期に配分する計算方法である。

社債の発行差額(額面金額と発行価額との差額)は、償還期日までの利息の調整分と見ることができるので、利払日に「**利息法**」により償却原価法を適用することが原則となっている。

また、社債発行費は原則として支出時に費用処理する。ただし、社債発行費を繰延資産とした場合❸はこれも原則として**利息法**を適用し、利払日ごとに償却処理を行う❹ことになるが、継続適用を条件に定額法によって償却することもできる。

自社発行社債の償却原価法における利息法の計算方法は、満期保有目的債券の償却原価法における利息法と同じ考え方であり、詳しい説明は第５章で行っているため、ここでは設例を通して会計処理を見ていく。

❸社債発行費は以下の要件を満たしていることから繰延資産として計上することが容認されている。
①すでに対価の支払が完了している
②これに対する役務の提供を受けている
③その効果が将来にわたって発生することが期待される
なお、繰延資産に対しても残存価額を0として償却を行うが、その年数は社債の償却期限を上限とする。

❹以下の設例では社債発行費については定額法を採用し、決算整理事項とする。

**【設例9-1】** 次の資料により、①ｘ1年４月１日(発行日)、②ｘ2年３月31日(利払日・決算日)、③ｘ3年３月31日(利払日・満期償還日)の仕訳を示しなさい。

全商株式会社はｘ1年４月１日に額面総額6,000,000円の社債を額面@100円につき@98円で割引発行し、全額の払込を受け当座預金とした。券面利子率は２％（利払日は３月末で年１回)、満期償還日はｘ3年３月31日で、ともに当座預金から支払うものとする。なお、実効利子率を３％とし、利息法により償却原価法を適用する。また、この社債の発行に要した諸費用50,000円は小切手を振り出して支払った。これは全額を繰延資産として計上し、定額法により社債の償還までの期間にわたって償却するものとする。

なお、会計期間は毎年３月31日を決算日とする１年である(計算上円位未満の端数が生じたらそのつど四捨五入する)。

〈解答・解説〉

①**発行時**(ｘ1年４月１日)

| | | | |
|---|---|---|---|
| (借)当座預金 | 5,880,000 | (貸)社債 | 5,880,000 |
| (借)社債発行費 | 50,000 | (貸)当座預金 | 50,000 |

②**利払日・決算日**(ｘ2年３月31日　決算日)

| | | | |
|---|---|---|---|
| (借)社債利息 | 176,400*1 | (貸)当座預金 | 120,000❺ |
| | | 社債 | 56,400 |
| (借)社債発行費償却 | 25,000*2 | (貸)社債発行費 | 25,000 |

❺6,000,000円×2%＝120,000円

＊1　5,880,000円×３％＝176,400円

＊2　50,000円÷２年＝25,000円

社債の帳簿価額に実効利子率を掛けて、176,400円を社債利息とする。この額から券面利息120,000円を差し引いて社債償却額56,400円を計算する。

また、社債発行費は定額法を採用しているので、社債の償還までの期限にわたり、決算日に償却する。

**③利払日・満期償還日**（×3年3月31日　決算日）

| | | | |
|---|---|---|---|
| (借)社　債　利　息 | 183,600 | (貸)当　座　預　金 | 120,000 |
| | | 社　　　　　債 | 63,600 *3 |
| (借)社　　　　　債 | 6,000,000 | (貸)当　座　預　金 | 6,000,000 |
| (借)社債発行費償却 | 25,000 | (貸)社　債　発　行　費 | 25,000 |

＊3　6,000,000円－5,936,400円＝63,600円

※利息法による最終回の償却額は、端数調整のため、額面金額と帳簿価額との差額で求める。

**◎利息および償却原価のスケジュール表（利払日を基準に計算を行う）**

| 日　付 | Ⓐ償却前簿価 | Ⓑ利息配分額 | Ⓒ利息支払額 | Ⓓ償却額 | Ⓔ償却後簿価 |
|---|---|---|---|---|---|
| ×1. 4／1 | — | — | — | — | 5,880,000 |
| ×2. 3／31 | 5,880,000 | 176,400 | 120,000 | 56,400 | 5,936,400 |
| ×3. 3／31 | 5,936,400 | 183,600 | 120,000 | 63,600 | 6,000,000 |
| 合　計 | — | 360,000 | 240,000 | 120,000 | — |

# 3 引当金

## 1 引当金とは

引当金とは、各会計期間の正しい期間損益計算を行うために将来の費用または損失（収益の控除を含む）のうち当期の負担に属する金額を当期の費用または損失として見越計上した場合の貸方項目である。

## 2 引当金の設定要件

企業会計原則注解の注18で、引当金の設定要件として以下の4つをあげている。

(1)将来の特定の費用または損失であること

(2)発生が当期以前の事象に起因していること

(3)発生の可能性が高いこと

(4)金額を合理的に見積もることができること

(1)は将来の資産の減少を意味している。また、(2)は費用収益対応の原則による対応関係を示している。(3)は高い発生確率である場合を指しており、発生確率が低いものは引当金に計上できないことを意味している。(4)は客観的な測定可能性を示している。

### 3 引当金の具体例

第５章で学習した貸倒引当金と、これから学習する退職給付引当金以外には主に次のものがある。

(1)**製品保証引当金**：販売した製品について一定期間内の無料修理保証をした場合、その支出に備えて設定される引当金。

(2)**賞与引当金**：賞与支給規定などにより、従業員に対して次期に支払われる賞与の見積額について設定される引当金。

(3)**役員賞与引当金**：役員に対して、次期に支払われる賞与の見積額について設定される引当金。

(4)**修繕引当金**：毎年行う修繕が行われなかった場合に、次期以降に行われる場合に備えて設定される引当金。

(5)**債務保証損失引当金**：債務保証の履行により損失が見込まれる場合に、それに備えて設定される引当金。

## 4 修繕引当金

### 1 修繕引当金とは

修繕引当金はすでに修繕しなければならない状況にありながら、修繕が翌期以降となる場合に、その**「修繕費」という費用の発生に備えて設定される引当金**である❻。

❻引当金の４要件に当てはめて、引当金となることを確認する。
①修繕費として特定されている。
②当期までに使用したことにより修繕が必要となっている。
③修繕を行う予定である。
④見積書などにより金額は合理的に算定される。

## 2 修繕引当金の処理

修繕引当金は、(1)**決算時**、(2)**修繕費の支払時**、の２つの処理をみていく。

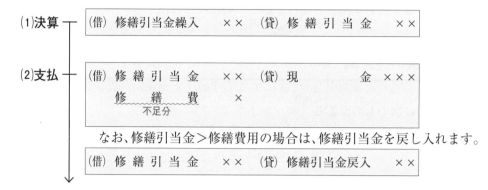

**(1)決算**

| | | | | | |
|---|---|---|---|---|---|
| (借) | 修繕引当金繰入 | ×× | (貸) | 修 繕 引 当 金 | ×× |

**(2)支払**

| | | | | | |
|---|---|---|---|---|---|
| (借) | 修 繕 引 当 金 | ×× | (貸) | 現　　　　金 | ××× |
| | 修　　繕　　費（不足分） | × | | | |

なお、修繕引当金＞修繕費用の場合は、修繕引当金を戻し入れます。

| | | | | | |
|---|---|---|---|---|---|
| (借) | 修 繕 引 当 金 | ×× | (貸) | 修繕引当金戻入 | ×× |

### (1)決算時

**修繕費の見積額を計算し**❼、それを**修繕引当金勘定に繰り入れる。**

❼通常、修繕を行う会社から見積りをとり、それに基づいて計上する。

**【設例9-2-1】**

決算に際し、次期に行う修繕の見積額 300,000円を修繕引当金に繰り入れた。

| | | | |
|---|---|---|---|
| (借)修繕引当金繰入 | 300,000 | (貸)修 繕 引 当 金 | 300,000 |

発生すると考えられる修繕費を当期の費用(修繕引当金繰入)として計上した結果、修繕引当金という負債が発生したことを意味する。

### (2)支払時

**【設例9-2-2】**

建物の改良・修繕を行い、現金 600,000円を支払った。なお、このうち 280,000円は改良のための支出であり、修繕には修繕引当金が 300,000円設けられていた。

改良分は建物の増加として処理し❽、残額❾のうち修繕引当金を超える部分については当期の費用(修繕費)として処理する。

❽資本的支出。建物の価値が上がったと考える。

❾収益的支出。結果的に費用となる。

| | | | |
|---|---|---|---|
| (借)建　　　　物 | 280,000 | (貸)現　　　　金 | 600,000 |
| 修 繕 引 当 金 | 300,000 | | |
| 修　　繕　　費 | 20,000 | | |

# 5 退職給付の会計

退職給付に関する会計基準
（最終改正平成28年12月16日 企業会計基準委員会）

## 1 退職給付とは

退職給付とは、退職後に従業員に支給される退職一時金および退職年金のことをいう。また、退職一時金や企業年金[10]の積立不足額を退職給付引当金という負債として認識する制度を**退職給付会計**という。

退職給付引当金は当期末までの発生額を見積もり、通常は期首に計上する[11]。なお、その際の相手勘定科目は退職給付費用[12]となる。

| | | | |
|---|---|---|---|
| (借)退職給付費用 | ××× | (貸)退職給付引当金 | ××× |

[10] 企業は外部（信託銀行など）に退職給付の財源を積み立てている場合があり、それを年金資産という。

[11] こうすることで期中に退職者が出た場合でも引当金を取崩す処理のみとなる。

[12] 退職給付引当金繰入としないように注意すること。

## 2 退職給付債務（たいしょくきゅうふさいむ）・勤務費用（きんむひよう）・利息費用（りそくひよう）

### (1)退職給付債務

退職給付債務[13]とは、退職給付のうち当期末までに発生すると見積もられるものをいい、割引現在価値により測定される[14]。

[13] 退職給付債務のイメージは、従業員が入社してから、当期末まで会社に提供した労働の対価として、会社が支給する義務を負う金額と考えればよい。

[14] 外部積立を行っていなければ「退職給付債務＝退職給付引当金」となる。

### (2)勤務費用

勤務費用とは、一期間（当期）の労働の対価として発生したと認められる退職給付をいい、割引現在価値により測定される。

### (3)利息費用

利息費用とは、割引現在価値により測定された期首時点における退職給付債務について、期末までの時の経過により発生する計算上の利息をいう。

**利息費用 ＝（期首）退職給付債務 × 割引率**

**【設例9-3】**

次の資料にもとづいて、各年度の勤務費用・利息費用および各年度末の退職給付債務を求めなさい。

1．従業員Aは×1年度の期首に入社し、×3年度の期末に退職すると見込まれる。

2．退職時の退職給付見込額は661,500円である。

3．退職給付見込額を全勤務期間で除した額を各期の発生額とし、割引率は５％とする。

〈解答・解説〉

| | 勤務費用 | 利息費用 | 期末退職給付債務 |
|---|---|---|---|
| X1年度 | 200,000円 | － | 200,000円 |
| X2年度 | 210,000円 | 10,000円 | 420,000円 |
| X3年度 | 220,500円 | 21,000円 | 661,500円（支払い） |

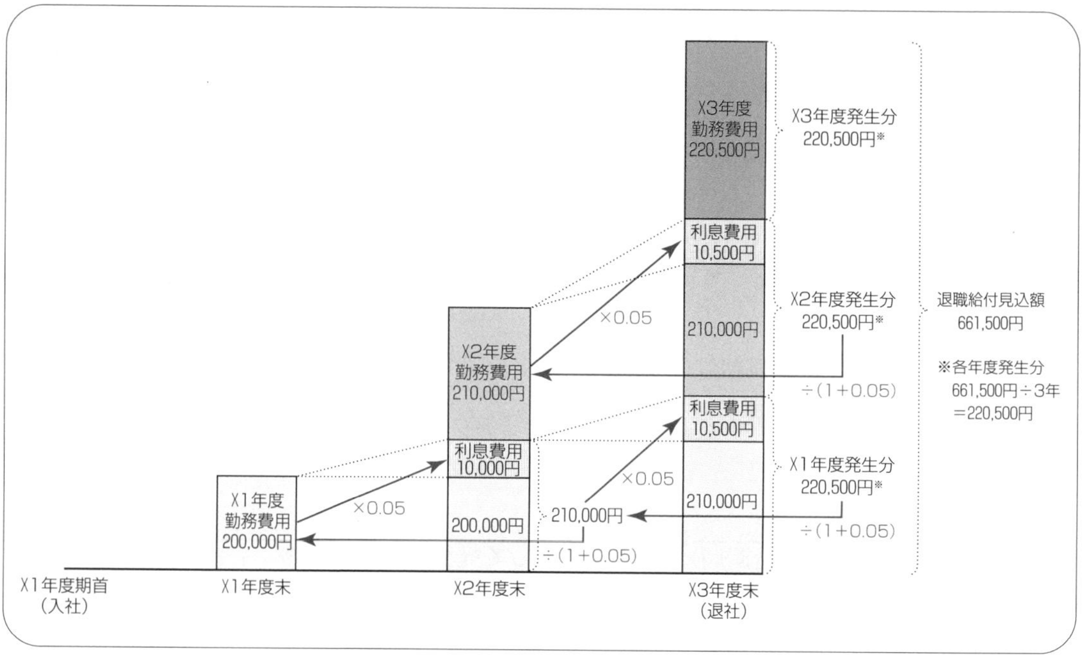


### ①X1年度

⑮退職給付見込額を全勤務期間3年で割った金額。

X1年度分は、220,500円⑮の割引計算をする。これが勤務費用であり、期末の退職給付債務になる。

勤務費用：220,500円÷(1＋0.05)$^2$＝200,000円

X1年度の退職給付債務：200,000円

### ②X2年度

勤務費用：220,500円÷(1＋0.05)＝210,000円

利息費用：200,000円×5％＝10,000円
（期首の退職給付債務）

X2年度末の退職給付債務：

200,000円 ＋ 10,000円 ＋ 210,000円 ＝ 420,000円⑯
（X2年度期首退職給付債務）（利息費用）（勤務費用）

⑯次のようにも計算できる。
(220,500円+220,500円)÷(1+0.05)=420,000円

### ③X3年度

勤務費用：220,500円

利息費用：420,000円×5％＝21,000円
（期首の退職給付債務）

x3年度末の退職給付債務：

| | | | | | | |
|---|---|---|---|---|---|---|
| 420,000円 | + | 21,000円 | + | 220,500円 | = | 661,500円 |
| (x3年度期首退職給付債務) | | (利息費用) | | (勤務費用) | | |

この661,500円が退職時に従業員Aに対して支払われることになる。

## 3 退職給付引当金の算定

### (1)年金資産と退職給付引当金

会社が将来の年金支給に備えるため、企業外部に年金資産としてその財源を積み立てていることがある。

このとき、企業が抱える退職給付債務のうち年金資産の額については財源が確保されているため、その分は引当金に計上すべき金額から減額される。したがって、次の式が成り立つ[17]。

**退職給付引当金 ＝ 退職給付債務 － 年金資産**

[17] 未認識の差異等があり、実務上は算式が成り立たないことがある。

### (2)期待運用収益

年金資産は信託銀行等が運用し、運用収益を得ることにより増える。この収益を「**期待運用収益**」[18]という。

**期待運用収益 ＝ 年金基金(の額) × 長期期待運用収益率**

[18] 期待運用収益は、年金資産を増加させるため、退職給付費用を減少(特に利息費用の減少と考えればよい)させて結果的に退職給付引当金の残高を減らす処理をする。

### (3)退職給付引当金の会計処理

退職給付に係る当期の費用はすべて退職給付費用として処理する。

| | | | |
|---|---|---|---|
| (借)退職給付費用 | ××× | (貸)退職給付引当金 | ××× |

※退職給付費用＝(勤務費用＋利息費用)－期待運用収益

**【設例9-4】**

A社の当期における以下の資料から、当期末(×1年3月31日)の損益計算書に計上される退職給付費用と貸借対照表に計上される退職給付引当金の金額を求めなさい。

**〈資料〉**

1．期首時点の退職給付債務は500,000円、年金資産は200,000円であった。

2．当期の勤務費用は18,000円である。また、退職給付債務を計算するさいの割引率は3％である。

3．当期末に年金資産として、46,000円の資金を拠出している。

なお、年金資産の長期期待運用収益率は年2％である。

〈解答・解説〉

| | |
|---|---|
| 退職給付費用 | 29,000円 |
| 退職給付引当金 | 283,000円 |

**(1)退職給付費用の計上**

(18,000円＋500,000円×3％)－200,000円×2％＝29,000円
(勤務費用)　(利息費用)　(期待運用収益)

(借)退職給付費用　29,000　(貸)退職給付引当金　29,000

**(2)年金資産の積み立て**

(借)退職給付引当金　46,000⑲　(貸)現　金　46,000

年金資産の増加は退職給付引当金を減少させる処理を行う。

**(3)期末退職給付引当金の算定**

300,000円＋29,000円－46,000円＝283,000円
(期首退職給付引当金)　(退職給付費用)　(年金資産積立分)

⑲年金資産を積み立てた分だけ、年金資産の金額が大きくなる。したがって、退職給付債務から年金資産の差額で算定される退職給付引当金をその分だけ減少させる。

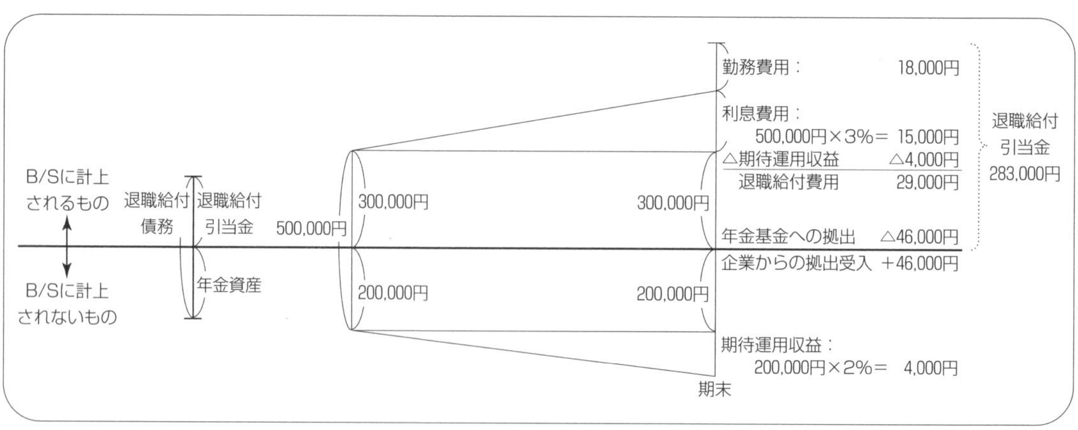

## ●参　考●　費用と収益の認識

会計では「いつ」というタイミングのことを「認識」という。

**【費用の認識】　～いつ費用とするのか～**

商品を購入したときに「仕入」という費用の勘定で処理する。

しかしこれだけで、損益計算書上の費用になるのかというと、そうではない。

次の例で見て行く。

① @10円の商品3個を掛けで仕入れた。

| | | | | | |
|---|---|---|---|---|---|
| (借) | 仕　　入 | 30 | (貸) | 買　掛　金 | 30 |

② このうち2個を@14円で掛け販売した。

| | | | | | |
|---|---|---|---|---|---|
| (借) | 売　掛　金 | 28 | (貸) | 売　　上 | 28 |

③ 決算となった(期末に1個残っている)。

| | | | | | |
|---|---|---|---|---|---|
| (借) | 繰越商品 | 10 | (貸) | 仕　　入 | 10 |

損益計算書

| | | |
|---|---|---|
| Ⅰ | 売　上　高 | 28 |
| Ⅱ | 売上原価 | 20 |
| | 売上総利益 | 8 |

貸借対照表

| | | |
|---|---|---|
| 商　　品 | 10 | |

費用は、価値が減少する原因が発生した(商品を購入した)だけで、いったんは計上されるが、このうち収益に貢献した(つながった)ものだけが損益計算書上の費用となる。また、費用とならなかったもの(期末商品)は、資産として次期に繰り越される。

**【収益の認識】　～いつ収益とするのか～**

日本では従来、出荷時に収益を計上する『出荷基準』が採用されてきたが、2021年度から「収益認識に関する会計基準」が適用され、原則として相手が商品を検収したときに収益を計上する『検収基準』が採用されるようになっている。(詳しくは第19章「履行義務の充足と売上の計上基準」参照)

**【役務収益(えきむしゅうえき)・役務費用(えきむひよう)】　～サービス業の収益の計上～**

鉄道や教育などのサービス業では、代金の前受けが多く行われている。決算にさいしては、前受したもののうち、すでにサービスの提供を行ったもののみが、当期の収益(役務収益)として計上される。

① 12月1日：資格の受験指導を行う当社では、6月検定試験向けの受講料10,000円を現金で受け取った。

| | | | | | |
|---|---|---|---|---|---|
| (借) | 現　　金 | 10,000 | (貸) | 契約負債 | 10,000 |

② 3月31日：決算にさいし調べたところ、上記講義の7割が終了している。

| | | | | | |
|---|---|---|---|---|---|
| (借) | 契約負債 | 7,000 | (貸) | 役務収益 | 7,000 |

なお、次のように処理することもある。

| | | | | | | |
|---|---|---|---|---|---|---|
| ①12月1日： | (借) | 現　　金 | 10,000 | (貸) | 役務収益 | 10,000 |
| ②3月31日： | (借) | 役務収益 | 3,000 | (貸) | 契約負債 | 3,000 |

# 第10章 純資産の会計（株主資本の会計）

純資産は、資産と負債の差額を意味する。正しい財政状態を表すためには、株主に帰属する株主資本を適切に分類し、特に払い込まれた資本と会社自身が稼いだ利益を混同しない❶ことが重要である。

貸借対照表の純資産の部の表示に関する基準
（改正2021年1月28日 企業会計基準委員会）

## 1 純資産項目の分類と表示

### 1 貸借対照表における表示

貸借対照表の純資産の部は、**株主資本**❷と**株主資本以外の項目**に分類される。株主資本以外の項目には、**評価・換算差額等**❸、**株式引受権**と**新株予約権**がある❹。

| 純資産の部 | | |
|---|---|---|
| Ⅰ 株主資本 | | ×××|
| 1. 資本金❺ | | |
| 2. 資本剰余金 | | |
| (1) 資本準備金 | ×× | |
| (2) その他資本剰余金 | ×× | ××× |
| 3. 利益剰余金 | | |
| (1) 利益準備金 | ×× | |
| (2) その他利益剰余金 | | |
| 任意積立金❻ | ×× | |
| 繰越利益剰余金 | ×× | ××× |
| 4. 自己株式 | | △××× |
| 株主資本合計 | | ××× |
| Ⅱ 評価・換算差額等 | | ××× |
| Ⅲ 株式引受権 | | ××× |
| Ⅳ 新株予約権 | | ××× |
| 純資産合計 | | ××× |

❶資本取引・損益取引区分の原則（一般原則三）「資本取引と損益取引とを明瞭に区別し、特に資本剰余金と利益剰余金とを混同してはならない」。

❷株主資本とは、会社の純資産（資産－負債）のうち、株主に帰属する持分をいう。

❸たとえば、その他有価証券評価差額金などがある。

❹連結財務諸表の場合は、「Ⅱ評価・換算差額等」が「その他の包括利益累計額」になるとともに為替換算調整勘定が含まれ、さらに「Ⅲ株式引受権」「Ⅳ新株予約権」の下に「Ⅴ非支配株主持分」が表示される。

❺資本金の次に「新株式申込証拠金」が記載されることもある。

❻実際の財務諸表では、具体的な名称（「新築積立金」や「配当平均積立金」、「別途積立金」など）が掲記される。

## 2 株主資本等変動計算書における表示

会社では、会計期間ごとに、株主資本の各項目の変動を明らかにする**株主資本等変動計算書**を作成することが義務づけられている(下表は横書き❼のもの)。

株主資本等変動計算書

| | 株主資本 | | | | | 評価・換算差額等 | 株式引受権 | 新株予約権 | 純資産合計 |
|---|---|---|---|---|---|---|---|---|---|
| | 資本金 | 資本剰余金 | 利益剰余金 | 自己株式 | 株主資本合計 | | | | |
| 当期首残高 | ××× | ××× | ××× | △××× | ××× | ××× | ××× | ××× | ××× |
| 当期変動額 | | | | | | | | | |
| 剰余金の配当 | | | △××× | | △××× | | | | △××× |
| 当期純利益 | | | ××× | | ××× | | | | ××× |
| 株主資本以外の項目の当期変動額(純額) | | | | | | ××× | ××× | ××× | ××× |
| 当期変動額合計 | | | ××× | | ××× | ××× | ××× | ××× | ××× |
| 当期末残高 | ××× | ××× | ××× | △××× | ××× | ××× | ××× | ××× | ××× |

❼純資産の各項目を縦に並べる形式もあるが、本書では原則的な横書きの表示形式を例示している。

# 2 増資・減資

## 1 増資とは

増資とは会社設立後に資本金の金額を増加させることをいう。

資本金を増加させるためには、株式を交付❽する場合とそうではない場合❾があるが、ここでは資金調達のために募集株式を発行した場合について見ていく。

**【設例10-1】** 次の仕訳を示しなさい。

当社は新たに株式10株を@50,000円で発行し、全額の払い込みを受け、当座預金とした。ただし、会社法に規定される最低限度額❿を資本金とすることとした。

〈解答・解説〉

| | | | |
|---|---|---|---|
| (借)当座預金 | 500,000 | (貸)資本金 | 250,000 |
| | | 資本準備金 | 250,000 |

## 2 減資とは

減資とは会社の設立後、資本金の金額を減少させることをいう。

減資には、自社が発行した株式を買い取ることで財産の減少をともなうものと、株主資本の他の勘定に振り替えることで財産の減少をともなわない減資の2種類が考えられる。

❽株式の交付には、次のものがある。
①株主割当(わりあて)による新株発行(持株数に応じて株式を優先的に引き受ける権利)
②第三者割当による新株発行(特定の第三者に対して新株を割り当て)
③公募による新株発行(広く不特定多数の者から株主を募集)
また、このほかに新株予約権が行使されることによる増資などもあるが、7 新株予約権を参照のこと。
なお、この際に発生する発行に伴う費用は「株式交付費」として当期の費用とすることが原則であるが、繰延資産の要件を満たすことから繰延資産として処理することもできる。問題文の指示に従うこと。

❾新株を発行しない場合については、3 で学習する。

❿原則：払込金額の全額を資本金とする。
容認：払込金額の2分の1を超えない額を資本準備金とし、残額を資本金とする。

# 3 株主資本の変動[11]

増資・減資も含めて、株主総会の決議により、株主資本内の項目の金額を変動させることができる。株主資本の変動には以下の７項目があげられる。

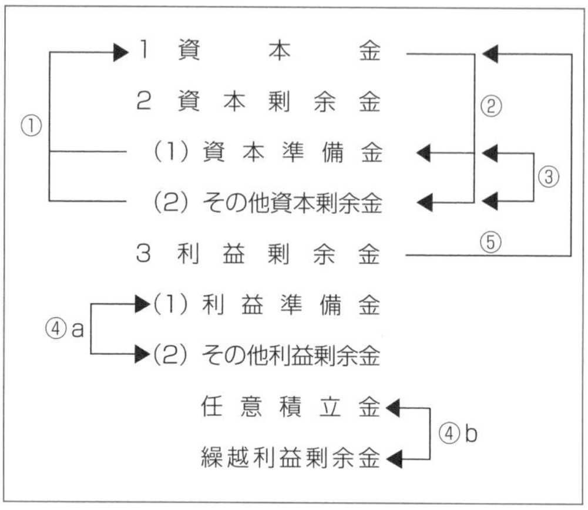


＜左の図に含まれるもの＞
①資本剰余金から資本金への振り替え
②資本金から資本剰余金への振り替え
③資本剰余金間の振り替え
④利益剰余金間の振り替え
⑤利益剰余金から資本金への振り替え

＜左の図に含まれないもの＞
⑥欠損塡補
⑦剰余金の分配（配当）

⑪基本的には、各資本項目間の振り替えは株主総会決議をもって自由に行うことができる。ただし、資本金・資本剰余金↔利益剰余金間の振り替えは、利益剰余金を資本金へ振り替える場合や欠損塡補（けっそんてんぽ）の場合を除いて認められない。これは、資本と利益の性格を明確に区別するためである。なお、右図⑤の「利益剰余金から資本金への振り替え」に関する設例については、割愛する。

### (1)資本剰余金から資本金への振り替え

会社計算規則
第３章　純資産
第１節　株式会社の株主資本
（令和５年３月１日 法務省令第43号）

**【設例 10-2】** 次の仕訳を示しなさい。

当社は、上場にあたって財政基盤を強化するために資本準備金1,000,000円とその他資本剰余金500,000円を資本金に振り替えた。

〈解答・解説〉

| | | | | |
|---|---|---|---|---|
| (借) | 資本準備金 | 1,000,000 | (貸)資本金 | 1,500,000 |
| | その他資本剰余金 | 500,000 | | |

### (2)資本金から資本剰余金への振り替え

自己株式及び準備金の額の減少等に関する会計基準
（最終改正平成27年３月26日 企業会計基準委員会）

**【設例 10-3】** 次の仕訳を示しなさい。

株主に対する配当財源を確保するため、資本金1,200,000円をその他資本剰余金とすることを株主総会で決議した。

〈解答・解説〉

| | | | | |
|---|---|---|---|---|
| (借) | 資本金 | 1,200,000 | (貸)その他資本剰余金 | 1,200,000 |

### (3)資本剰余金間の振り替え

**【設例 10-4】** 次の仕訳を示しなさい。

当社は将来の損失の危険に備えるために、その他資本剰余金600,000円を資本準備金に振り替えた。

〈解答・解説〉

| | | | |
|---|---|---|---|
| (借)その他資本剰余金 | 600,000 | (貸)資本準備金 | 600,000 |

### (4)利益剰余金間の振り替え

**【設例10-5-a】** 次の仕訳を示しなさい。

株主に対する配当財源を確保するため、利益準備金500,000円を繰越利益剰余金に振り替えた。

〈解答・解説〉

| | | | |
|---|---|---|---|
| (借)利益準備金 | 500,000 | (貸)繰越利益剰余金 | 500,000 |

**【設例10-5-b】** 次の仕訳を示しなさい。

任意積立金300,000円を取り崩した。

〈解答・解説〉

| | | | |
|---|---|---|---|
| (借)任意積立金 | 300,000 | (貸)繰越利益剰余金 | 300,000 |

### (5)欠損填補(けっそんてんぽ)

欠損填補とは、株主資本の金額が資本金と準備金の合計額を下回る場合(その他利益剰余金がマイナスの場合)、資本金等を取り崩して欠損を解消することをいう。

通常は、資本金・資本剰余金から利益剰余金への振り替えはできないが、欠損填補の場合は可能とされている。

**【設例10-6-a】** 次の仕訳を示しなさい。

繰越利益剰余金の借方残高400,000円を填補するために、資本金500,000円減少させた。

〈解答・解説〉

| | | | |
|---|---|---|---|
| (借)資本金 | 500,000 | (貸)その他資本剰余金⑫ | 500,000 |
| (借)その他資本剰余金 | 400,000 | (貸)繰越利益剰余金 | 400,000 |

⑫超過分はその他資本剰余金となる。

**【設例10-6-b】** 次の仕訳を示しなさい。

繰越利益剰余金の借方残高300,000円を填補するために、資本準備金100,000円および利益準備金200,000円を減少させた。

〈解答・解説〉

| | | | |
|---|---|---|---|
| (借)資本準備金 | 100,000 | (貸)繰越利益剰余金 | 300,000 |
| 利益準備金 | 200,000 | | |

**【設例10-6-c】** 次の仕訳を示しなさい。

繰越利益剰余金の借方残高200,000円を塡補するために、その他資本剰余金を200,000円減少させた。

〈解答・解説〉

| | | | |
|---|---|---|---|
| (借)その他資本剰余金 | 200,000 | (貸)繰越利益剰余金 | 200,000 |

# 4 剰余金の処分

⑬株主総会決議があれば、期中に何度でも剰余金の処分を行うことができる。

⑭配当財源ごとに、積み立てる準備金が異なる。
a. その他資本剰余金を配当した場合は、その他資本剰余金から資本準備金に振り替える。
b. 繰越利益剰余金(その他利益剰余金)を財源にした場合は、繰越利益剰余金(その他利益剰余金)から利益準備金に振り替える。

剰余金の処分は、**原則として株主総会決議により行う**⑬。株主総会決議によって配当額は確定するが、実際に支払うのは後日になる。したがって、**株主総会決議時には未払配当金勘定の貸方に記入し、支払時には未払配当金勘定の借方に記入し、これを減少させる**。

なお、このさいに会社法(会社計算規則)の規定により、**準備金の合計額が資本金の4分の1に達するまで、配当額の10分の1の金額を準備金として積み立てなければならない**⑭。

また、株主総会の決議によって、同時に任意積立金の計上が行われることもある。

準備金の積み立て

①配当額の合計×$\frac{1}{10}$
②資本金×$\frac{1}{4}$－(資本準備金＋利益準備金)
} いずれか小さい方

**【設例10-7】**

株主総会決議により、繰越利益剰余金を配当金200,000円と別途積立金の積み立て50,000円として処分することが決議され、後日、配当金は当座預金により支払った。(1)株主総会決議時および(2)配当金支払時の仕訳を示しなさい。なお、株主総会時における資本金は1,000,000円、資本準備金は100,000円、利益準備金は50,000円であった。

〈解答・解説〉

| | | | |
|---|---|---|---|
| (1)(借)繰越利益剰余金 | 270,000 | (貸)未払配当金 | 200,000 |
| | | 利益準備金 | 20,000* |
| | | 別途積立金 | 50,000 |
| (2)(借)未払配当金 | 200,000 | (貸)当座預金 | 200,000 |

＊①配当額200,000円×$\frac{1}{10}$＝20,000円

②資本金1,000,000円×$\frac{1}{4}$－(資本準備金100,000円＋利益準備金50,000円)＝100,000円

∴①と②のいずれか小さい額：①20,000円

**【設例10-8】**

**【設例10-7】**で、利益準備金勘定残高が140,000円だった場合の仕訳を示しなさい。なお、別途積立金は計上しないものとする。

〈解答・解説〉

| | | | |
|---|---|---|---|
| (借)繰越利益剰余金 | 210,000 | (貸)未 払 配 当 金 | 200,000 |
| | | 利 益 準 備 金 | 10,000* |

＊①配当額200,000円×$\frac{1}{10}$＝20,000円

②資本金1,000,000円×$\frac{1}{4}$－(資本準備金100,000円＋利益準備金140,000円)＝10,000円

∴①と②のいずれか小さい額：②10,000円

**【設例10-9】**

株主総会決議により、その他資本剰余金を配当金200,000円として処分することが決議された。なお、別途積立金は計上しないものとし、株主総会時点での資本金および資本準備金・利益準備金の残高は、**【設例10-7】**と同じものとする。

〈解答・解説〉

| | | | |
|---|---|---|---|
| (借)その他資本剰余金 | 220,000 | (貸)未 払 配 当 金 | 200,000 |
| | | 資 本 準 備 金 | 20,000* |

＊①配当額200,000円×$\frac{1}{10}$＝20,000円

②資本金1,000,000円×$\frac{1}{4}$－(資本準備金100,000円＋利益準備金50,000円)＝100,000円

∴①と②のいずれか小さい額：①20,000円

# 5 自己株式

## 1 自己株式とは

会社が、以前に自社が発行した株式を購入(取得)する⑮とき、この株式を自己株式(または金庫株)という。事実上、出資の払い戻し⑯であり、貸借対照表では**取得原価をもって純資産の部の株主資本の末尾**に「自己株式」として**控除形式**で表示される。

⑮利益配当の負担や企業買収といった危険を回避する目的が多い。

⑯自己株式の取得については、以下の2つの考え方があり、わが国ではbの立場を取っている。
a 資産説
他の有価証券と同様に換金性のある会社財産とする
b 資本控除説
自己株式の取得は資本の払い戻しの性格を持つ

## 2 自己株式の取得

株主総会の決議により自己株式を取得することができる。

**【設例10-10】** 次の仕訳を示しなさい。

当社が発行した株式10株を@100,000円で取得し、手数料10,000円とともに現金で支払った。

〈解答・解説〉

| | | | |
|---|---|---|---|
| (借)自己株式 | 1,000,000 | (貸)現金 | 1,010,000 |
| 支払手数料⑰ | 10,000 | | |

⑰証券会社等に支払う手数料は、営業外費用とする。

## 3 自己株式の処分

保有している自己株式を募集株式発行と同様の手続きによって手放すことを、**自己株式の処分**という。取得した自己株式の売却時⑱に生じる、自己株式の帳簿価額と処分価額の差額(自己株式処分差損益)は、**その他資本剰余金**とする⑲。

⑱証券市場で売却するほかに、①新株予約権の行使者への交付、②株式交換での交付などを行うこともある。

⑲その他資本剰余金の残高を超えて自己株式処分差損が発生した場合、決算時に超過額をその他利益剰余金(繰越利益剰余金)から減額し、その他資本剰余金の残高をゼロとする。(設例10-12参照)

**【設例10-11】** 次の仕訳を示しなさい。

自己株式(取得原価50,000円)を募集株式発行の手続きにより処分した。なお、処分の対価は55,000円である。

〈解答・解説〉

| | | | |
|---|---|---|---|
| (借)現金 | 55,000 | (貸)自己株式 | 50,000 |
| | | その他資本剰余金 | 5,000 |

**【設例10-12】** 次の仕訳を示しなさい。

期中に自己株式の処分を行った結果、決算時における、その他資本剰余金の金額は△40,000円となった。なお、繰越利益剰余金の金額は150,000円である。

〈解答・解説〉

| | | | |
|---|---|---|---|
| (借)繰越利益剰余金 | 40,000 | (貸)その他資本剰余金 | 40,000 |

## 4 自己株式の消却

取得した自己株式を消却する場合、自己株式の帳簿価額をその他資本剰余金[20]から減額する。

**【設例10-13】** 次の仕訳を示しなさい。

取締役会決議により自己株式100,000円を消却した。なお、決算時におけるその他資本剰余金の金額は150,000円であった。

〈解答・解説〉

| | | | |
|---|---|---|---|
| (借)その他資本剰余金 | 100,000 | (貸)自　己　株　式 | 100,000 |

[20] 自己株式の消却を行う前に、資本金をその他資本剰余金に振り替えておくことで、財産の減少をともなう減資を行うことができる。

# 6 1株あたり当期純利益[21]

財務諸表を作成するさいの注記事項のうち、会社計算規則は1株あたりの純資産額とあわせて1株あたりの当期純利益(または当期純損失)の金額を注記するよう要求している。

$$1株あたり当期純利益^{㉒} = \frac{普通株式に係る当期純利益}{普通株式の期中平均株式数}$$

**【設例10-14】**

次の資料により、当期の1株あたり当期純利益を計算しなさい。

普通株式に係る当期純利益：24,000,000円

普通株式の期中平均株式数：80,000株

〈解答・解説〉

1株あたり当期純利益：300円

1株あたり当期純利益は以下のようにもとめる。

$$\frac{24{,}000{,}000円}{80{,}000株} = 300円$$

[21] 企業が新株予約権(新株予約権付社債、ストック・オプションなど)や転換証券(転換社債、転換可能優先株式など)を発行している場合、権利行使を受ければ普通株式数が増加する。これを潜在株式と呼び、株式数の増加を考慮して再計算した1株あたり利益額が、この1株あたり利益額を下回るとき、「潜在株式が希薄化効果をもつ」という。

[22] 1株あたり当期純利益は、その株式の収益性を意味している。企業のホームページには「IR情報」のコーナーが設けてあることが多く、財務諸表や有価証券報告書が載せられている。金融庁のホームページからも検索できるので、実際に自分で調べてみるとよいだろう。

# 7 新株予約権（しんかぶよやくけん）

## 1 新株予約権とは

株式会社が予定した価格で株式を発行する約束(義務)を**新株予約権**という。"権"は権利保有者の側からみた名である。約束が履行され、株式を発行すれば、株主資本となるが、権利が放棄された場合は、約束つまり負債が消滅するので、利益となる。このように履行されるかどうかわからないので、貸借対照表では**純資産の部の最後に特別の区分を設け、「新株予約権」と表示する。**

**【設例 10-15】** 次の一連の仕訳を示しなさい。

① 新株予約権100個㉓を1個あたり払込額5,000円で発行し、払込金は当座預金とした。権利を行使するにあたって新株予約権1個あたり株式1株を発行し、出資すべき金額は1株あたり50,000円とする。

② 80個の権利が行使され、払込金4,000,000円(50,000円×80株)が当座預金に入金された。資本金は会社法上の最少額とする。

③ 残りの新株予約権は権利行使期間が満了となり、失効した。

㉓新株予約権は個数で数える。

| | | | | | |
|---|---|---|---|---|---|
| ①(借) | 当座預金 | 500,000 | (貸) | 新株予約権 | 500,000 |
| ②(借) | 新株予約権 | 400,000㉔ | (貸) | 資本金 | 2,200,000 |
| | 当座預金 | 4,000,000 | | 資本準備金 | 2,200,000 |
| ③(借) | 新株予約権 | 100,000㉕ | (貸) | 新株予約権戻入益㉖ | 100,000 |

㉔5,000円×80個
㉕5,000円×20個
㉖新株予約権戻入益は「特別利益」となる。

ストック・オプション等に関する会計基準
(平成17年12月27日 企業会計基準委員会)

## 2 ストック・オプション

会社の従業員等、会社の関係者に新株予約権を与えた場合、**ストック・オプション**と呼ぶ。

**【設例 10-16-1】** 次の仕訳を示しなさい。

期首に課長以上の従業員20名に対して、1人あたり10個のストック・オプションを与え、期末に権利が確定した。権利行使によりストック・オプション1個あたり株式1株を発行する。なお、ストック・オプション1個あたりの価値は3,000円とする。

| | | | | | |
|---|---|---|---|---|---|
| (借) | 株式報酬費用（かぶしきほうしゅうひよう）㉗ | 600,000 | (貸) | 新株予約権 | 600,000 |

新株予約権：@3,000円×20名×10個＝600,000円

㉗従業員に与えた株式報酬費用は人件費である。その他の人件費に関する勘定科目(給与・賞与など)を用いることもある。

**【設例 10-16-2】**

期末に新株予約権100個が行使され、株式100株を発行し、払込金額を普通預金とした。なお、権利行使価額は１株あたり5,000円であり、全額を資本金として処理した。

| | | | |
|---|---|---|---|
| (借)普通預金 | 500,000 | (貸)資本金 | 800,000 |
| 新株予約権 | 300,000 | | |

## 8 株主資本等変動計算書における表示

会社法では、株主総会のときのみではなく、一定の要件、手続きのもといつでも剰余金の配当などを行うことが認められている。このため、会計期間ごとに株主に帰属する株主資本の各項目の変動を明らかにする必要が生じ、株主資本等変動計算書を作成することが義務付けられている。

株主資本等変動計算書は、以下のようになる。

㉘会計期間を記載する。

㉙当期首残高と当期末残高の差額。

株主資本等変動計算書
自×1年４月１日　至×2年３月31日 ㉘

| 変動の原因 | 株主資本 | | | | | | | | | | 評価・換算差額等 | | | 新株予約権 | 純資産合計 |
|---|---|---|---|---|---|---|---|---|---|---|---|---|---|---|---|
| | 資本金 | 資本剰余金 | | | 利益剰余金 | | | | 自己株式 | 株主資本合計 | その他有価証券評価差額金 | 繰延ヘッジ損益 | 評価・換算差額等合計 | | |
| | | 資本準備金 | その他資本剰余金 | 資本剰余金合計 | 利益準備金 | その他利益剰余金 | | 利益剰余金合計 | | | | | | | |
| | | | | | | 任意積立金 | 繰越利益剰余金 | | | | | | | | |
| 当期首残高 | 5,000 | 200 | 600 | 800 | 550 | 400 | 300 | 1,250 | △350 | 6,700 | 180 | 50 | 230 | 70 | 7,000 |
| 当期変動額 | | | | | | | | | | | | | | | |
| 新株の発行 | 500 | 500 | | 500 | | | | | | 1,000 | | | | | 1,000 |
| 剰余金の配当 | | | | | 10 | | △110 | △100 | | △100 | | | | | △100 |
| 当期純利益 | | | | | | | 120 | 120 | | 120 | | | | | 120 |
| 自己株式の消却 | | | △200 | △200 | | | | | 200 | 0 | | | | | 0 |
| 株主資本以外の項目の当期変動額(純額) | | | | | | | | | | | ㉙ 60 | 15 | 75 | 55 | 130 |
| 当期変動額合計 | 500 | 500 | △200 | 300 | 10 | − | 10 | 20 | 200 | 1,020 | 60 | 15 | 75 | 55 | 1,150 |
| 当期末残高 | 5,500 | 700 | 400 | 1,100 | 560 | 400 | 310 | 1,270 | △150 | 7,720 | 240 | 65 | 305 | 125 | 8,150 |

この行の金額が期末の貸借対照表の純資産の部に記載される。

株主資本の変動を総額で記載する。

評価・換算差額等の変動を記載する。

新株予約権の変動を記載する。

株主資本等変動計算書は、上から下に向かって読むことで、各純資産の変動状況が一覧できる㉚。

㉚たとえば資本金は、当期首残高が5,000円あり、当期に新株発行によって500円増えた結果、当期末残高が5,500円であることがわかる。

# 9 分配可能額の計算

純資産 1,000 万円の会社が 1,000 万円の剰余金の配当を行うと、株主は一瞬喜ぶかもしれませんが、いきなりその会社の純資産は0となるので、倒産の危機に瀕することになるでしょう。すると今度は債権者が債権を回収できずに大混乱、ということになるでしょう。

このような状況を防止するために会社法では、資本金や準備金を配当不能とし、株式会社の配当額の上限（分配可能額）を定めている。

ここでは、分配可能額の計算方法を学習する。

## 1 概　要

会社法により、会社が剰余金の配当を行う場合には、その金額は配当時の「分配可能額」を超えてはならないこととされている。この「分配可能額」は、「剰余金」を基礎として以下のプロセスを経て計算する。

Step1　剰余金の額の算定
Step2　分配制限額の算定
Step3　分配可能額の算定

## 2 Step1　剰余金の額の算定

剰余金の額は次の算式で算定する。

**その他資本剰余金 ＋ その他利益剰余金 － 自己株式**[31]

[31] 自己株式は、会社から見ると株主への会社財産の払戻額を意味する。そのため、分配可能額の計算上、剰余金から控除される。

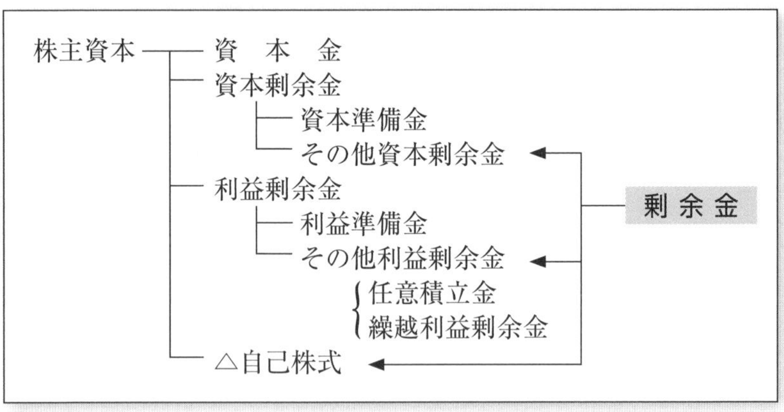

【設例 10-17】

×2年3月31日における分配可能額算定のための剰余金の金額を計算しなさい。

前期末貸借対照表

×2年3月31日 (単位：円)

| | | |
|---|---|---|
| | 資本金 | 5,200,000 |
| | 資本準備金 | 500,000 |
| | その他資本剰余金 | 450,000 |
| | 利益準備金 | 740,000 |
| | 任意積立金 | 600,000 |
| | 繰越利益剰余金 | 900,000 |
| | 自己株式 | △100,000 |

〈解答・解説〉

1,850,000 円

450,000円 + 600,000円 + 900,000円 − 100,000円 = 1,850,000円

## 2 Step2　分配制限額の算定

分配可能額算定のさいに以下の「分配制限額」を考慮する必要がある[32]。

①　のれん等調整額による分配制限額

②　その他有価証券評価差額金による分配制限額

[32] のれん等調整額などによる分配制限額については、資本金や準備金の他に分配してはいけないものとして会社計算規則により具体的に規制されている。

### ①のれん等調整額による分配制限額

「のれん等調整額」とは、前期末貸借対照表の資産の部に計上した**のれんの額の２分の１と繰延資産に計上した額の合計**をいう。この「のれん等調整額」と前期末貸借対照表における資本金と準備金(資本準備金と利益準備金)の合計額である「資本等金額」を比較して、一定の場合には分配制限額が生じる。

具体的には、以下の図解により計算する。

●図解により計算する方法

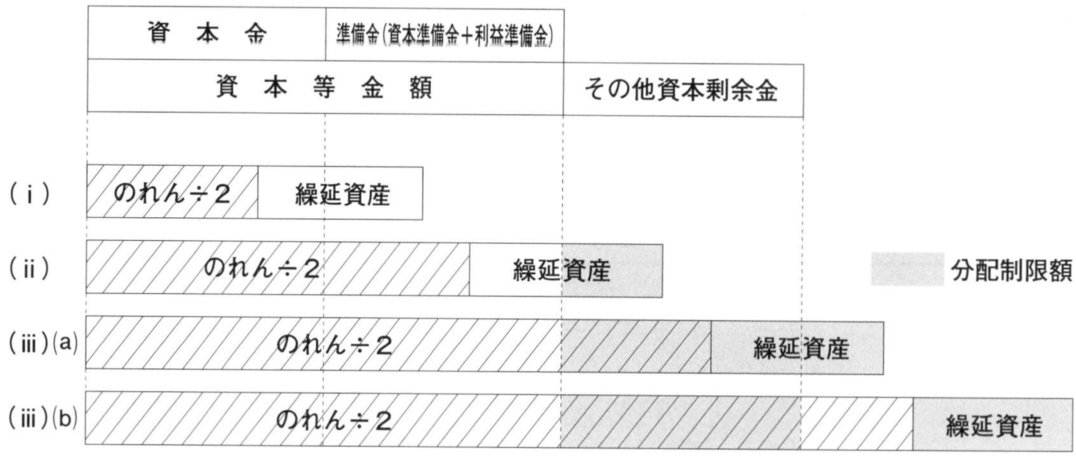


②その他有価証券評価差額金による分配制限額

貸借対照表上、その他有価証券評価差額金がマイナスの場合に、その額については分配の制限対象となる。

## 3 Step3　分配可能額の算定

剰余金の額から分配制限額を引いて、分配可能額を算定する。

**分配可能額 ＝ 剰余金の額 － 分配制限額**

**【設例10-18】**

前期末貸借対照表に計上されたのれん（資産の部）および繰延資産が以下の場合について、それぞれ分配可能額を算定しなさい。なお、前期末から分配日まで、株主資本項目に変動はなかった。

前期末貸借対照表
×2年3月31日　(単位：円)

| | | |
|---|---|---|
| | 資本金 | 5,200,000 |
| | 資本準備金 | 500,000 |
| | その他資本剰余金 | 450,000 |
| | 利益準備金 | 740,000 |
| | 任意積立金 | 600,000 |
| | 繰越利益剰余金 | 800,000 |

①　のれん　5,000,000円

②　のれん　13,000,000円

③　のれん　8,000,000円、繰延資産3,000,000円

④　のれん　14,000,000円、繰延資産 500,000円

〈解答・解説〉

①1,850,000円　②1,790,000円　③1,290,000円　④900,000円

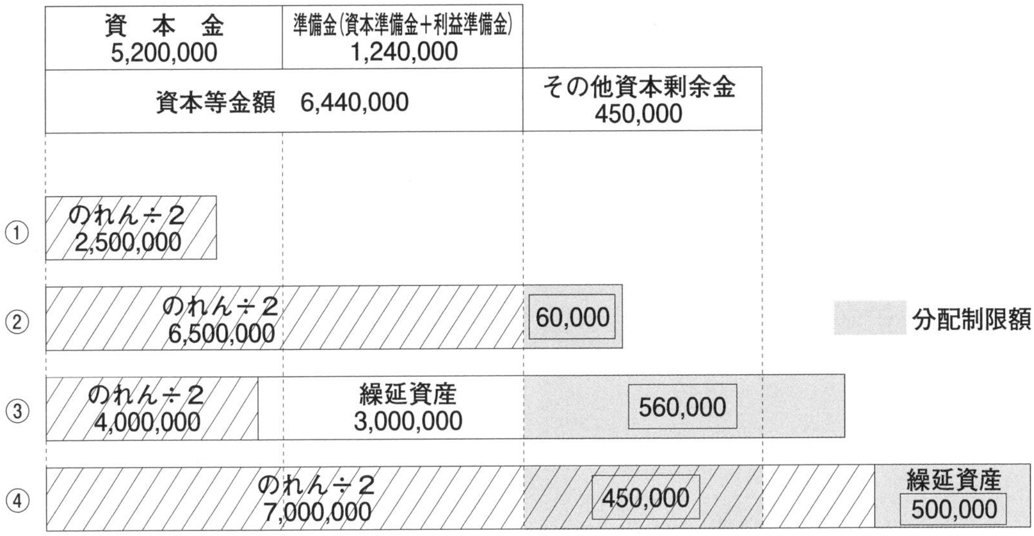

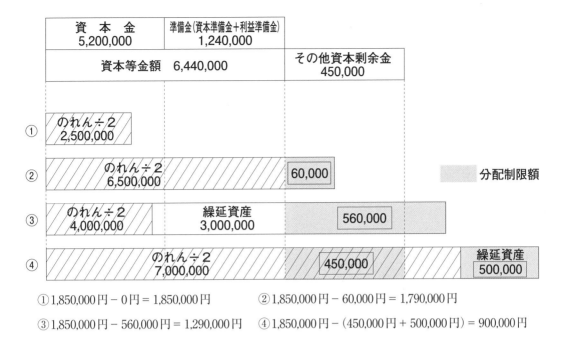

①1,850,000円－0円＝1,850,000円　②1,850,000円－60,000円＝1,790,000円

③1,850,000円－560,000円＝1,290,000円　④1,850,000円－(450,000円＋500,000円)＝900,000円

**●参　考●　株式引受権**

2019年の会社法改正により、証券取引所に上場している会社の取締役に対する報酬等として、金銭の払込みがなく無償で株式を交付(新株の発行または自己株式の処分)する取引が認められるようになった。

ストック・オプションは、「株式を一定価額で購入する権利」であり、権利行使価額の払込み(有償)の後に株式を交付する。一方、株式の無償交付では、会社の株式そのものを、取締役に労働に対する報酬として与える。

【取引例】

×1年4月1日に取締役5名に対して2年間の業務の執行を条件に、1人あたり10株を交付することを決定した。株式の評価単価は1株@1,000円である。

×3年3月31日に株式の交付を受ける権利が確定し、株式50株を交付した。全額を資本金とする。

(1)×2年3月31日

| | | | |
|---|---|---|---|
| (借)報酬費用 | 25,000 | (貸)株式引受権 | 25,000 |

株式引受権：@1,000円×5名×10株×$\frac{12カ月}{24カ月}$＝25,000円

(2)×3年3月31日

| | | | |
|---|---|---|---|
| (借)報酬費用 | 25,000 | (貸)株式引受権 | 25,000 |

| | | | |
|---|---|---|---|
| (借)株式引受権 | 50,000 | (貸)資本金 | 50,000 |

資本金：@1,000円×50株＝50,000円

株式引受権は、貸借対照表上、Ⅱ評価・換算差額等と、Ⅳ新株予約権の間にⅢ株式引受権として表示する。報酬費用は、損益計算書上、販売費及び一般管理費の区分に表示する。

# 第11章 外貨建の会計

**企業が海外との取引を行った場合、他国の通貨単位(外貨)で仕入れや販売等を行うのが通常である。しかし、日本国内にある企業ではすべての取引を円単位で記入しなければならない。**
**しかし、外貨を日本円に直す為替相場は時々刻々と変化しており、どのように直すのかを考えるのは難しい。**
**ここでは、外貨建で取引を行ったさいに日本円に直す作業(為替換算という)の決まりや計算方法について学習する。**

外貨建取引等会計処理基準
(平成11年10月22日
企業会計審議会)

## 1 外貨項目の換算

企業が外国企業と輸出入を行う場合や海外で活動を行っている場合、そこでの取引は外貨建(がいかだて)で行われるのが通常である。外貨建の取引や財務諸表項目等は、自国通貨(円貨建(えんかだて))による金額に変更する必要がある。

外貨建による金額を自国通貨に直すことを為替換算といい、次の計算を行う。

**円貨建の金額 ＝ 外貨建の金額 × 為替レート(為替相場)**

| 項　目 | 金　額　(略号) |
|---|---|
| 外貨建金額 | 取得原価(HC❶)<br>時価(決算時の時価)(CC❷) |
| 為替レート | 取引発生時(取得日)レート(HR❸)<br>決算時レート(CR❹)<br>予約レート(FR❺) |

※外貨建取引の換算時点には、①取引発生時、②決済時、③決算時がある。

❶Historical Cost
(ヒストリカル・コスト)
「取得時の」

❷Current Cost
(カレント・コスト)
「現在の」、つまり「決算時現在の」

❸Historical Rate
(ヒストリカル・レート)

❹Current Rate
(カレント・レート)

❺Forward Rate
(フォワード・レート)
「将来の」

## 2 外貨建取引の会計処理

外貨建取引では、①取引時の外貨建金額(HC)を取引時の為替レート(HR)で換算し記帳する。②決済時にはその時点の為替レートで決済する。①と②の間に生じた差額は**為替差損益勘定**❻で処理する❼。

❻為替相場の変動による利益と損失の両方を処理する勘定であるため、借方・貸方のどちらにも記入されることがある。ただし、損益計算書には「為替差益」または「為替差損」のいずれかで表示される。

❼外貨建取引と代金決済取引とを別個の取引と考えて処理する。これを「二取引基準」という。

**【設例11-1】**

次の一連の取引について仕訳を示しなさい。

(1) 商品500ドルを掛けで輸入した(輸入時為替レート：1ドル=110円)。

(2) 上記の掛代金全額を現金で決済した(決済時為替レート：1ドル=113円)。

(3) (1)の商品を600ドルで掛けにより売り上げた(売上時為替レート：1ドル=112円)。

(4) (3)の掛代金が全額現金で決済された(決済時為替レート：1ドル=115円)。

〈解答・解説〉

| | | | | | |
|---|---|---|---|---|---|
| (1) | (借)仕入 | 55,000 *1 | (貸)買掛金 | 55,000 |

＊1　500ドル×@110円＝55,000円

| | | | | |
|---|---|---|---|---|
| (2) | (借)買掛金 | 55,000❽ | (貸)現金 | 56,500 |
| | 為替差損益 | 1,500 *2 | | |

❽換算対象は仕入ではなく買掛金である。

＊2　500ドル×(@110円－@113円)＝△1,500円(為替差損)

| | | | | |
|---|---|---|---|---|
| (3) | (借)売掛金 | 67,200 *3 | (貸)売上 | 67,200 |

＊3　600ドル×@112円＝67,200円

| | | | | |
|---|---|---|---|---|
| (4) | (借)現金 | 69,000 | (貸)売掛金 | 67,200 |
| | | | 為替差損益 | 1,800 *4 |

＊4　600ドル×(@115円－@112円)＝1,800円(為替差益)

(2) (1)で1ドル=110円にて仕入れたさいの買掛金を1ドル＝113円で支払ったため、1ドルにつき3円損したことになる。

(4) (3)で1ドル=112円で売り上げたさいの売掛金を1ドル＝115円で回収できたため、為替の変動によって1ドルにつき3円利益が出たことになる。

## 3 決算時の換算方法一覧（換算のルール）

❾収益・費用は取引時に確定するので、決算時の換算は必要ない。

❿現金・預金と、それによって決済（受け取りと支払い）がなされるものを貨幣項目という。

⓫もともと取引時にHRで記録されているので、実質的に換算する必要はない。

外貨建の資産・負債のうち、**貨幣項目については、決算時に決算時レート（CR）で換算する**。換算をすれば、為替差損益が生じる❾。

| 換算基準 | 項　　目 |
|---|---|
| **貨幣項目**❿<br>決算時の為替レート（CR）により換算 | 外国通貨　預金　売掛金　受取手形　貸付金　売買目的有価証券　満期保有目的債券　買掛金　支払手形　借入金　社債　未収収益　未払費用 |
| **非貨幣項目**<br>取得時・発生時の為替レート（HR）により換算⓫ | 棚卸資産（商品）　前払金　前受金　有形固定資産　無形固定資産　前払費用　前受収益　子会社株式・関連会社株式（時価が著しく下落しているものは除く） |

**【設例11-2】**

次の一連の取引について仕訳を示しなさい。

(1)　商品500ドルを掛けで輸入した（輸入時為替レート：1ドル＝110円）。

(2)　決算を迎えた（決算時為替レート：1ドル＝115円）。

(3)　上記の掛代金の全額を現金で決済した（決済時為替レート：1ドル＝114円）。

〈解答・解説〉

(1)（借）仕　　　入　55,000*1（貸）買　掛　金　55,000

＊1　500ドル×@110円＝55,000円

(2)（借）為替差損益　2,500*2（貸）買　掛　金　2,500

＊2　500ドル×（@110円－@115円）＝△2,500円（為替差損）

(3)（借）買　掛　金　57,500（貸）現　　　金　57,000
　　　　　　　　　　　　　　　　　為替差損益　500*3

＊3　500ドル×（@115円－@114円）＝500円（為替差益）

(2)決算時に買掛金を決算時レート（CR）で換算する。(3)決済時には決済金額を決済時の為替レートで換算する。

【設例11-3】

期末に次の外貨建資産と負債があるとき、それぞれの貸借対照表価額とそれらから生じる為替差損益を計算しなさい。決算時の為替レートは1ドル＝110円である。

| 資産・負債 | 帳簿価額 | 外貨建金額 |
|---|---|---|
| 現　　　　金 | 1,000円 | 10ドル |
| 売　掛　金 | 900円 | 10ドル |
| 商　　　　品 | 1,080円 | 10ドル |
| 長期貸付金 | 1,500円 | 10ドル |
| 土　　　　地 | 1,300円 | 10ドル |
| 短期借入金 | 1,200円 | 10ドル |
| 社　　　　債 | 980円 | 10ドル |

〈解答・解説〉

| 資産・負債 | 帳簿価額 | 貸借対照表価額 | 為替差損益 |
|---|---|---|---|
| 現　　　　金 | 1,000円 | 10ドル×@110円＝1,100円 | 100円(益)⑫ |
| 売　掛　金 | 900円 | 10ドル×@110円＝1,100円 | 200円(益)⑫ |
| 商　　　　品 | 1,080円 | 1,080円 | − |
| 長期貸付金 | 1,500円 | 10ドル×@110円＝1,100円 | 400円(損)⑫ |
| 土　　　　地 | 1,300円 | 1,300円 | − |
| 短期借入金 | 1,200円 | 10ドル×@110円＝1,100円 | 100円(益)⑬ |
| 社　　　　債 | 980円 | 10ドル×@110円＝1,100円 | 120円(損)⑬ |
| 為替差損益 | − | − | 120円(損) |

⑫貨幣項目のうち資産を換算することで貸借対照表価額が増えれば為替差益、減れば為替差損とする。

⑬負債の換算により貸借対照表価額が増えれば為替差損、減れば為替差益とする。

非貨幣項目である商品、土地は取得価額(帳簿価額)のままで、換算の必要はない。

# 4 外貨建有価証券の評価

## 1 決算日における換算の概要

外貨建有価証券の換算をまとめると次のようになる。

| 分類 | | 貸借対照表価額 | 評価差額(簿価－貸借対照表価額)の処理 |
|---|---|---|---|
| 売買目的有価証券 | | CC×CR | 有価証券評価損益 |
| 満期保有目的債券 | 原価 | HC×CR | 為替差損益 |
| | 償却原価 | 償却原価×CR | 償却原価法を適用の上、簿価と償却原価×CRとの差額を為替差損益とする。 |
| その他有価証券 | 時価* | CC×CR | その他有価証券評価差額金または投資有価証券評価損(全部純資産直入法もしくは部分純資産直入法) |
| 子会社株式・関連会社株式 | | HC×HR | ―― |

外貨建金額は、時価、取得原価、償却原価とさまざまなものが用いられるが、為替レートにHR(取得時のレート)が用いられるのは、子会社株式・関連会社株式のみということを把握しておくこと。

＊ 市場価格がない外貨建有価証券の貸借対照表価額については、取得原価(HC)または外貨による償却原価を決算時のレート(CR)で換算する。

## 2 売買目的有価証券

通常(円建)の売買目的有価証券が期末に時価評価され、有価証券評価損益が計上されるのと同様に、外貨建の売買目的有価証券も期末に時価に換算⑭し、有価証券評価損益を計上する。

⑭換算というよりも、むしろ時価評価。

⑮前期以前に購入し、切放法を採用している場合は、HRは前期末レートに、HCは前期末時価になる。

⑯この額が貸借対照表に記載される。

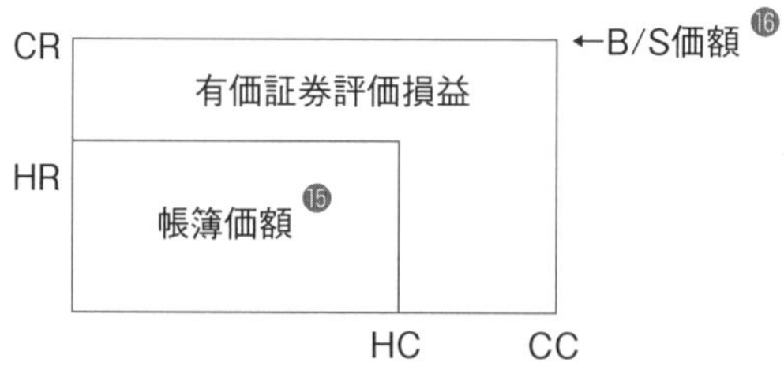


**【設例11-4】**

当期における下記の資料にもとづき、決算整理において必要となる仕訳を示しなさい。

**■資　料■**

| 銘柄 | 取得原価 | 取得時レート | 時価 | 保有目的 |
|---|---|---|---|---|
| A社株式 | 3,000ドル | 110円 | 3,050ドル | 売買目的 |

・決算時の為替レートは1ドル100円である。

・売買目的有価証券は当期に取得している。

〈解答・解説〉

A社株式（借）有価証券評価損益 25,000 （貸）売買目的有価証券 25,000

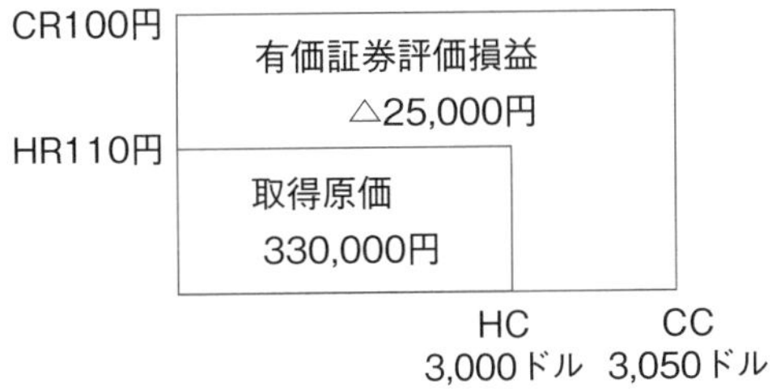


## 3 満期保有目的債券

満期保有目的債券は(1)**原価法**(原則)**を採用している場合**と(2)**償却原価法を採用している場合**⑰とで、換算するさいの外貨建金額が異なる。

⑰額面金額と取得原価との差額が金利の調整と認められる場合。

### (1)原価法を採用している場合

原価法を採用しているため、取得時の外貨建金額を換算対象とする。ただし、決算時には決算日レートを用いて換算し、差額は為替差損益となる。

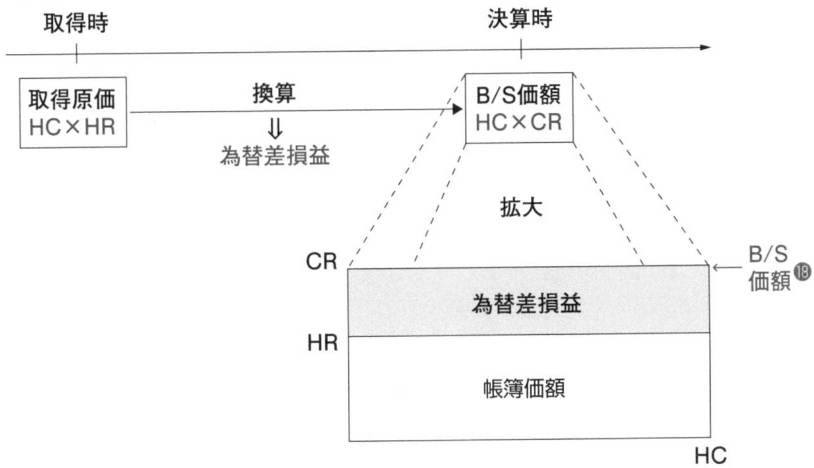


⑱商品の評価と異なり、外枠がB/S価額となっている点に注意。

### (2)償却原価法を採用している場合

償却原価法を採用している場合には、外貨による償却原価を算定し、それに決算日レートを乗じて期末の貸借対照表価額とする。なお、償却額は期中平均レート(AR)を用いて換算し⑲、有価証券利息勘定で処理する。

⑲償却額は利息に相当するものなので、期中を通じて平均的に発生するため期中平均レートを用いる。

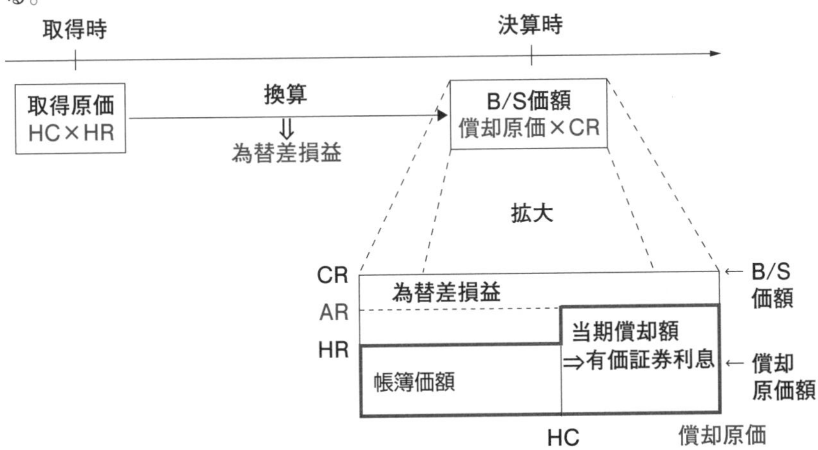

**【設例11-5】**

当期(×3年3月31日に終了する1年間)における下記の資料にもとづき、決算整理において必要となる仕訳を示しなさい。

**■資　料■**

| 銘　柄 | 取得原価 | 取得時レート | 時　価 | 保有目的 |
|---|---|---|---|---|
| A社社債 | 4,000 ドル | 113 円 | 4,050 ドル | 満期保有 |
| B社社債 | 7,400 ドル | 117 円 | 7,700 ドル | 満期保有 |

・決算時の為替レートは1ドル120円である。

・当期の期中平均為替レートは1ドル116円である。

・B社社債の償還期限は×5年3月31日であり、当社は×2年4月1日に額面金額8,000ドルを7,400ドルで取得している。なお、額面金額と取得原価との差額は金利の調整と認められるため、償却原価法を適用する(定額法)。

**〈解答・解説〉**

| | | | | | | |
|---|---|---|---|---|---|---|
| A社社債 | (借) | 満期保有目的債券 | 28,000 | (貸) | 為替差損益 | 28,000 |
| B社社債 | (借) | 満期保有目的債券 | 23,200 | (貸) | 有価証券利息 | 23,200 |
| | (借) | 満期保有目的債券 | 23,000 | (貸) | 為替差損益 | 23,000 |

⑳ 4,000ドル×(120円−113円)＝28,000円(差益)

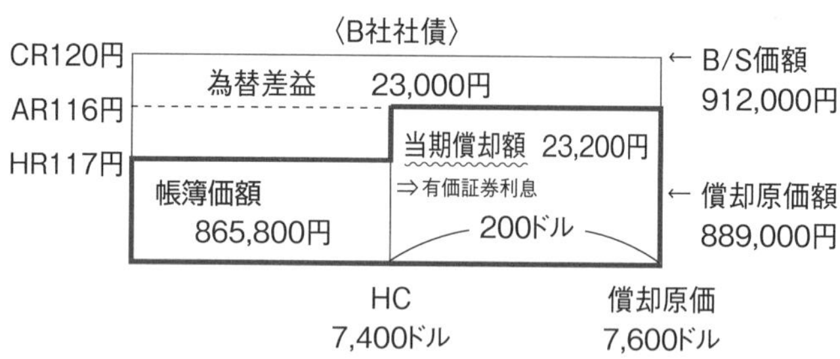


**(1)外貨建償却額**

$$(8{,}000\text{ ドル} - 7{,}400\text{ ドル}) \times \frac{12\text{ カ月}}{36\text{ カ月}} = 200\text{ ドル}$$

**(2)円建償却額(有価証券利息)**

200ドル×AR 116円＝23,200円

**(3)為替差損益**

7,600ドル×CR 120円－(865,800円＋23,200円)＝23,000円(差益)

## 4 その他有価証券

その他有価証券は決算時レートでの換算を行うが、換算対象となる株式または債券に①**市場価格がある場合**と②**市場価格がない場合**とで処理が異なる。

**①市場価格がある場合**

市場価格があるということは、時価(CC)があるということなので、その他有価証券の**時価(CC)**を**決算時レート(CR)**で換算する。

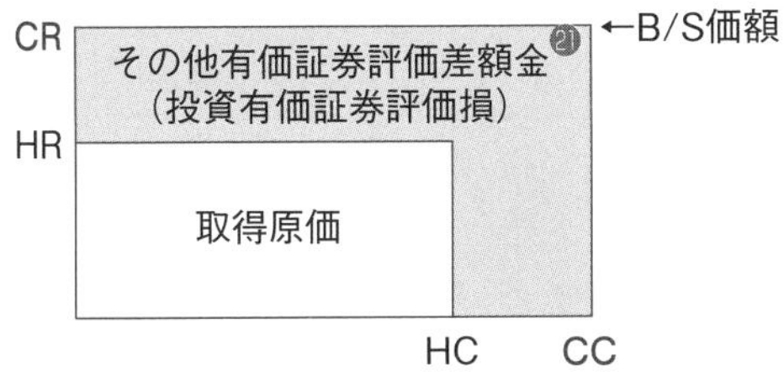


㉑税効果会計を適用する場合には税金分を控除した金額を計上する。部分純資産直入法を採用していて、かつ評価損のときだけ「投資有価証券評価損」となる。

**②市場価格がない場合**

市場価格がないということは、時価(CC)がないということなので、**取得原価(HC)**を**決算時のレート(CR)**で換算する。

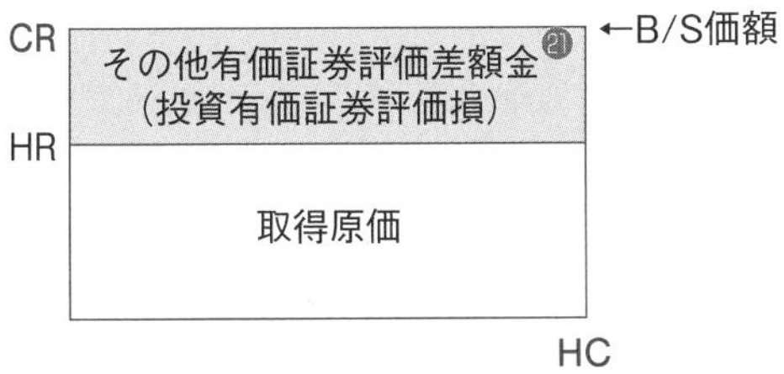


**【設例11-6】**

次の資料により、決算整理仕訳を示しなさい。

**■資料1■**

決算整理前残高試算表　　(単位：円)

| | | |
|---|---|---|
| その他有価証券 | 22,000 | |

**■資料2■**　決算整理事項

その他有価証券はいずれも当期に取得したものであり、全部純資産直入法を採用している。

| 銘　柄 | 市場価格 | 取得原価 | 期末時価 | 取得時レート | 決算時レート |
|---|---|---|---|---|---|
| A社社債 | 有 | 100ドル | 130ドル | 1ドル100円 | 1ドル110円 |
| B社社債 | 無 | 100ドル | — | 1ドル120円 | |

〈解答・解説〉

(22) 130ドル×110円－100ドル×100円＝4,300円

(23) (110円－120円)×100ドル＝△1,000円

| | |
|---|---|
| A社社債：(借)その他有価証券 4,300 | (貸)その他有価証券評価差額金 4,300(22) |
| B社社債：(借)その他有価証券評価差額金 1,000(23) | (貸)その他有価証券 1,000 |

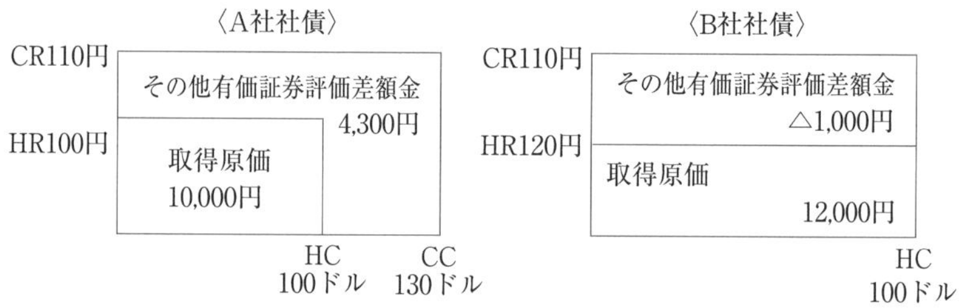


**【設例11-7】**

**【設例11-6】**の問題にもとづき税効果会計を適用した場合の決算整理仕訳を示しなさい。なお、実効税率は40%とする。

〈解答・解説〉

(24) (130ドル×110円－100ドル×100円)×40%＝1,720円

(25) (130ドル×110円－100ドル×100円)×(100%－40%)＝2,580円

(26) (110円－120円)×100ドル×40%＝△400円

(27) (110円－120円)×100ドル×(100%－40%)＝△600円

| | |
|---|---|
| A社社債：(借)その他有価証券 4,300 | (貸)繰延税金負債 1,720(24) |
| | その他有価証券評価差額金 2,580(25) |
| B社社債：(借)繰延税金資産 400(26) | (貸)その他有価証券 1,000 |
| その他有価証券評価差額金 600(27) | |

## 5 子会社株式・関連会社株式

外貨建の子会社株式や関連会社株式は、支配力や影響力を及ぼすことを目的として所有しているため、**時価評価の対象とはならない**(28)。

また、投資額を示すことに意味がある(29)ので取得原価のまま据置くことになる(30)。したがって、換算差額は生じない。

(28) 原価評価です。

(29) 連結財務諸表を作成するさいにも投資額が必要になる。

(30) 「HC×HRに換算する」という言い方もありますが、同じことである。

**【設例11-8】**

当期における下記の資料にもとづき、決算整理において必要となる仕訳を示しなさい。

**■資　料■**

| 銘　　柄 | 取得原価 | 取得原価 | 時　価 | 保有目的 |
|---|---|---|---|---|
| A社株式 | 60,000ドル | 7,320,000円 | 54,000ドル | 支配目的 |

決算時の為替レートは1ドル120円である。

〈解答・解説〉

| 仕　訳　な　し |
|---|

●参　考●

□ 強制評価減と実価法（減損処理）

外貨建有価証券も時価や実質価額が著しく下落・低下した場合には、強制的に評価の減額を行わなければならない。

まとめると次のようになる。

㉛回復の見込みのないもの、または回復見込みの不明なものの場合。

| 分　類 | 適用要件 | 減額処理法 | 貸借対照表価額 | 評価差額 |
|---|---|---|---|---|
| 市場価格がある有価証券 | 時価が著しく下落した時（回復見込のあるものを除く）㉛ | 強制評価減 | 外貨による時価× CR | 当期の損失として処理 |
| 市場価格がない株式 | 実質価額が著しく低下した時 | 実価法 | 外貨による実質価額× CR㉜ | 当期の損失として処理 |

いずれにしても、外貨による時価（CC）や実質価額を決算時レートに換算し、評価損を計上㉝する。

なお、時価や実質価額の著しい下落の判断は、外貨ベースで行う。

㉜子会社株式や関連会社株式であっても強制評価減の場合は決算時のレートで換算する。

㉝切放法を用いる。

【設例 11-9】

次の決算整理事項により、決算整理仕訳を示しなさい。なお、決算時の為替相場は1ドル＝130円である。

〔決算整理事項〕

(1)子会社株式 55,000円は、期中に取得したA社株式（取得原価 500 ドル、取得時の為替相場は1ドル110円）である。決算時の時価は 180 ドル、回復可能性は不明である。

(2)関連会社株式 36,000円は、期中にB社株式 30株（取得原価 300 ドル、取得時の為替相場は1ドル120円、市場価格がない）を取得したさいに計上したものである。期末におけるB社の財政状態は次のとおりであり、実価法を適用する。なお、B社の発行済株式総数は 100株である。

B　社　　　貸　借　対　照　表　　　（単位：ドル）

| | | | |
|---|---|---|---|
| 諸　資　産 | 700 | 諸　負　債 | 600 |
| | | 資　本　金 | 400 |
| | | 繰越利益剰余金 | △300 |
| | 700 | | 700 |

〈解答・解説〉

| | | | | |
|---|---|---|---|---|
| A社株式： | （借）子会社株式評価損㉟ | 31,600㉞ | （貸）子 会 社 株 式 | 31,600 |
| B社株式： | （借）関連会社株式評価損㉟ | 32,100㊱ | （貸）関 連 会 社 株 式 | 32,100 |

㉞ 180ドル × 130円 − 55,000円 ＝△ 31,600円

㉟ P/L 上、関係会社株式評価損とする。

㊱（700ドル − 600ドル）× 30株 /100株 ＝ 30ドル（実質価額）
30ドル × 130円 − 36,000円 ＝△ 32,100円

# 5 為替予約の概要

## 1 為替予約とは

**為替予約**とは、為替レートの変動にともなうリスクを回避するため、外貨建金銭債権債務の決済時の為替レート(この為替レートを**予約レート**という)をあらかじめ予約することをいう。

## 2 会計処理の方法

(1)**原則**(独立処理)⇒為替予約と外貨建金銭債権債務を分けて処理[37]

(2)**例外**(振当処理)⇒為替予約取引と外貨建金銭債権債務の取引をまとめて処理

以下、振当処理を学習していく。

[37] デリバティブ取引である為替予約については決算時の予約レートで換算し、外貨建金銭債権債務も決算時の直物為替レートで換算する。

## 3 取引発生時までに為替予約を付した場合

**(1)仕入・売上取引(営業取引)**

取引発生時に取引全体を予約レートにより換算する。

**【設例11-10】**

次の一連の取引について仕訳を示しなさい(決算日は3月31日)。

(1) ×2年2月1日に商品600ドルを掛けにより輸入した。輸入時の直物(じきもの)為替レート[38]は1ドル＝112円であり、同日に1ドル＝106円の為替予約を付した。

(2) 決算日(×2年3月31日)を迎えた。決算日の直物為替レートは1ドル＝108円である。

(3) ×2年5月31日に決済日を迎え、上記(1)の掛代金全額を現金にて支払った。決済時の直物為替レートは1ドル＝114円である。

[38] その時点の為替相場という意味である。

〈解答・解説〉

| | | | | | |
|---|---|---|---|---|---|
| (1) | (借)仕　入 | 63,600 *1 | (貸)買　掛　金 | 63,600 |

＊1　600ドル×@106円＝63,600円

| | |
|---|---|
| (2) | 仕　訳　不　要 |

| | | | | |
|---|---|---|---|---|
| (3) | (借)買　掛　金 | 63,600 | (貸)現　金 | 63,600 *2 |

＊2　600ドル×@106円＝63,600円

取引発生時までに為替予約が付されている場合、取引発生時に予約レートにより換算する。なお、その後の変動による為替差損益は発生しない㊴。

㊴決済時のレートが確定しているためである。

### (2)貸付・借入取引(資金取引)

債権債務のみを予約レートで換算し、相手科目は取引発生時レートで換算する。差額は為替差損益とし、決済日までに期間配分する。

**【設例11-11】**

次の一連の取引について仕訳を示しなさい。ただし、利息については考慮しなくてよい(振当処理による。決算日は3月31日)。

(1) ×1年12月1日に800ドルを現金で借り入れた(借入期間10カ月)。借入時の直物為替レートは1ドル=110円であり、同日に1ドル=114円の為替予約を付した。

(2) 決算日(×2年3月31日)を迎えた。決算日の直物為替レートは1ドル=112円である。

(3) ×2年9月30日に返済日を迎え、上記(1)の借入金全額を現金で返済した。返済時の為替レートは1ドル=111円である。

**〈解答・解説〉**

(1) (借)現金 88,000 *1 (貸)借入金 91,200 *2
前払費用 3,200

*1 800ドル×@110円㊵=88,000円
*2 800ドル×@114円㊶=91,200円

㊵直物為替レート。
㊶予約レート。

(2) (借)為替差損益 1,280 *3 (貸)前払費用 1,280

*3 $3,200円\times\frac{4カ月}{10カ月}=1,280円$

(3) (借)借入金 91,200 (貸)現金 91,200
(借)為替差損益 1,920 *4 (貸)前払費用 1,920

*4 3,200円−1,280円=1,920円

借入時の現金は直物為替レート、借入金は予約レートで計算する。

なお、この設例で示している為替予約のさいに生じる為替差損益はあらかじめ前払費用もしくは前受収益を用いて処理しておき、決算日に当期に対応する金額を為替差損益勘定に振り替える㊷。決済時には予約レートで決済し、その期に対応する為替差損益を前払費用もしくは前受収益から振り替える。

㊷日本公認会計士協会公表の「外貨建取引等の会計処理に関する実務指針」による。

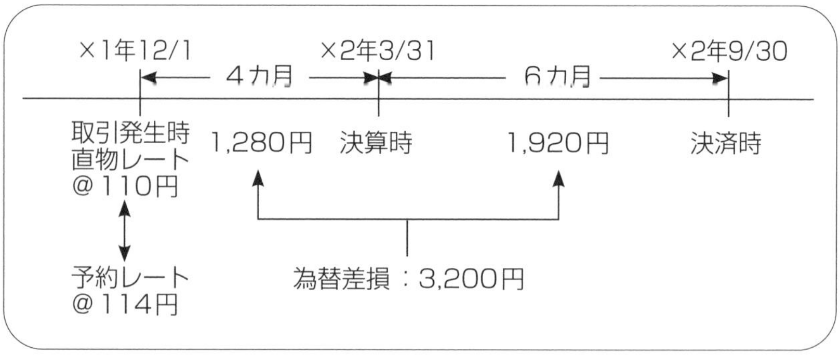


## 4 取引発生後に為替予約を付した場合

(1) 取引発生時の直物為替レートと予約時の直物為替レートの差額(**直々差額**)は当期の損益とする。

(2) 予約時の直物為替レートと予約レートの差額(**直先差額**)は予約時から決済時までに期間配分する。

Ⅰ 取引発生時→取引発生時レートで換算
Ⅱ 為替予約時→外貨建債権債務を予約レートで換算
(為替差損益のうち、直先差額は前払費用・前受収益で処理)
Ⅲ 決　算　時→a：直々差額は当期の損益
b：直先差額は当期と次期に配分(当期分は為替差損益に振り替え)

**【設例11-12】**

次の一連の取引について仕訳を示しなさい(決算日は3月31日)。

(1) ×1年12月1日に商品600ドルを掛けにより輸入した。輸入時の直物為替レートは1ドル＝112円である。

(2) ×2年2月1日に上記(1)の買掛金に為替予約を行った。予約時の為替レートは1ドル＝113円、予約レートは1ドル＝115円である。

(3) 決算日(×2年3月31日)を迎えた。決算日の直物為替レートは1ドル＝108円である。

(4) ×2年7月31日に決済日を迎え、上記(1)の掛代金全額を現金にて支払った。決済時の直物為替レートは1ドル＝114円である。

〈解答・解説〉

| | | | | |
|---|---|---|---|---|
| (1) | (借)仕　　　入 | 67,200 *1 | (貸)買　掛　金 | 67,200 |

＊1　600ドル×@112円＝67,200円

| | | | | |
|---|---|---|---|---|
| (2) | (借)為替差損益㊸ | 600 *2 | (貸)買　掛　金 | 1,800 *3 |
| | 前払費用 | 1,200 *4 | | |

㊸簡便的に取引発生時のレート(@112円)と予約レート(@115円)の差額のすべて(1,800円)を当期の為替差損益とする処理もある。このときの仕訳は次のとおり。

(借)為替差損益 1,800
(貸)買掛金 1,800

＊2　600ドル×(@112円－@113円)＝△　600円(為替差損)

＊3　600ドル×(@112円－@115円)＝△1,800円(為替差損)

＊4　600ドル×(@113円－@115円)＝△1,200円(為替差損)

| | | | | |
|---|---|---|---|---|
| (3) | (借)為替差損益 | 400 *5 | (貸)前払費用 | 400 |

＊5　1,200円×$\frac{2カ月}{6カ月}$=400円

| | | | | |
|---|---|---|---|---|
| (4) | (借)買　掛　金 | 69,000 *6 | (貸)現　　　金 | 69,000 |
| | (借)為替差損益 | 800 | (貸)前払費用 | 800 |

＊6　600ドル×@115円＝69,000円

取引の発生後に為替予約が付されている場合、直々差額(600円)は当期の損益とし、直先差額(1,200円)は予約時から決済時(2/1～7/31)までの期間に配分する。予約時から決算時までの分は当期の損益とし、決算時から決済時までの分は繰り延べ、次期の損益とする。

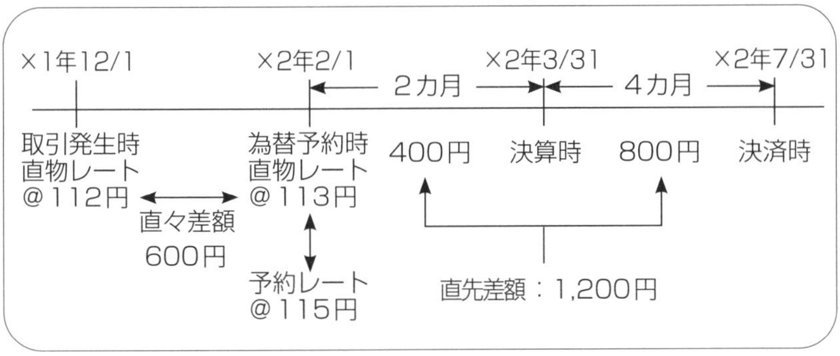

# 第12章 本支店の会計

企業の規模が大きくなったり、新たな地域での営業を始めたりするために、支店を設けることがある。企業によっては、海外に設けることもあるだろう。普通は各支店ごとに記帳を行うが、支店がいくつあっても１つの企業であることには変わりがないため、利害関係者に公表する財務諸表は１つである。本店と各支店が行った記帳をもとに、どのようにしたら１つの企業としての財務諸表が完成するだろうか。それをこの章で学習していく。

## 1 財務諸表の合併

### 1 本支店合併財務諸表とは

本支店合併財務諸表とは、本店と支店をあわせた企業全体としての財政状態や経営成績を表すための財務諸表である。本支店合併財務諸表(損益計算書・貸借対照表)は、本店および支店それぞれの決算整理を経た後、必要な修正(合併手続き❶)を加えて作成される。

❶合併手続きは、本店および支店の帳簿記録をもとに行われるが、帳簿外(合併精算表)で行われる手続きである。したがって、ここで示す仕訳が実際に帳簿に記入される訳ではない。

### 2 本支店合併財務諸表の作成手順

本支店合併財務諸表は、次の手順で作成する。

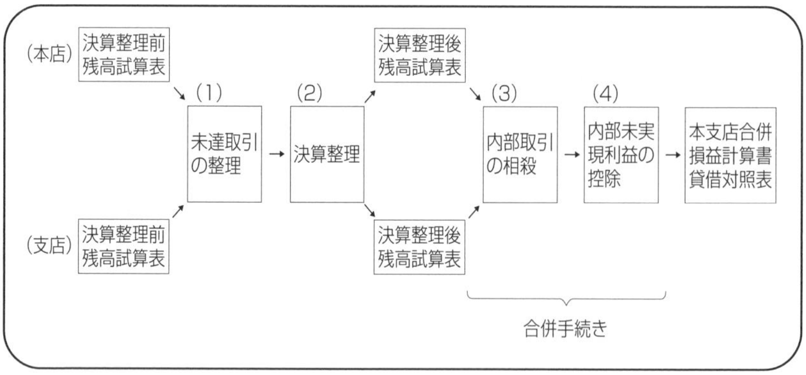


#### (1)未達取引の整理

未達取引とは、決算にさいして本店・支店のどちらか一方が処理していて、他方が処理していない内部取引のことをいう。未達取引の整理により、本店勘定と支店勘定、本店から仕入勘定と支店へ売上勘定❷の残高は貸借逆で一致する。

❷ここでは、本店が仕入れた商品を支店に送付するケースを想定している。もし、支店が仕入れた商品を本店に送付するケースでは、本店へ売上勘定と支店から仕入勘定を用いて処理をする。

【設例12-1】 次の仕訳を示しなさい。

支店が本店に現金100円を送金したが、本店に未達であった❸。

また、本店が支店に対し、商品600円(本店で利益を付加した後の金額)を送っていた❹が、支店に未達であった。

| | | | | | |
|---|---|---|---|---|---|
| 本店：(借) | 現　　　金 | 100 | (貸) | 支　　　店 | 100 |
| 支店：(借) | 本店から仕入 | 600 | (貸) | 本　　　店 | 600 |

❸支店では、期中に
(借)本　　店 100
　(貸)現　　金 100
という処理を行っている。

❹本店では、期中に
(借)支　　店 600
　(貸)支店へ売上 600
という処理を行っている。

### (2)決算整理

有価証券の評価、貸倒引当金の設定、減価償却などの決算整理を行う。この手続きは通常の決算整理と同様である。

### (3)内部取引の相殺

内部取引の相殺❺として以下の２項目が行われる。

①本店勘定と支店勘定の相殺消去

②内部売上(支店へ売上)と内部仕入(本店から仕入)の相殺消去

❺これらの仕訳により各勘定(本店、支店、支店へ売上、本店から仕入)の残高はゼロになる。

【設例12-2】 次の資料により、仕訳を示しなさい。

本店と支店の決算整理後残高試算表の各勘定残高は、以下のとおりであった。

〈本店〉支　店　勘　定：15,000円　支店へ売上勘定：3,000円

〈支店〉本　店　勘　定：15,000円　本店から仕入勘定：3,000円

| | | | | |
|---|---|---|---|---|
| (借)本　　　店 | 15,000 | (貸)支　　　店 | 15,000 |
| (借)支 店 へ 売 上 | 3,000 | (貸)本 店 か ら 仕 入 | 3,000 |

### (4)内部利益の控除

内部利益とは、本支店間または支店相互間で売買されている商品に含まれている利益である。内部利益は、本支店合併財務諸表の作成にあたり、期首・期末商品棚卸高から控除する必要がある。

#### ①期首商品に含まれている内部利益

期首商品棚卸高から内部利益を控除することにより、売上原価を減少させ、結果として利益を増加させることになる❻。

❻支店の決算整理では、内部利益が含まれたままの金額で決算整理を行っている。したがって、支店の決算整理後残高試算表上の繰越商品と仕入(売上原価)の金額も、内部利益が含まれた状態での金額である。そのため、これらの調整が必要になる。

【設例12-3】 次の資料により、仕訳を示しなさい。

支店の期首商品のうち6,000円は、本店から仕入れた商品である。本店は支店へ商品を発送するにあたり、原価に20％の利益を加算している。

本店：(借)繰延内部利益　1,000　(貸)内部利益戻入　1,000*

＊　$6{,}000円 \times \frac{0.2}{1.2} = 1{,}000円$

**②期末商品に含まれている内部利益**

期末商品棚卸高から内部利益を控除することにより、売上原価を増加させ、結果として利益を減少させることになる。

**【設例12-4】** 次の資料により、仕訳を示しなさい。

支店の期末商品のうち12,000円は、本店から仕入れた商品である。本店は支店へ商品を発送するにあたり、原価に20%の利益を加算している。

本店：(借)内部利益控除　2,000*　(貸)繰延内部利益　2,000

＊　$12{,}000円 \times \frac{0.2}{1.2} = 2{,}000円$

なお、本支店会計では、期首商品は期末までにすべて販売されたと考え、期首商品に含まれている内部利益は全額当期の利益とする。

**【設例12-5】**

次の資料により、本支店合併の損益計算書および貸借対照表を作成しなさい。

**〈資料１〉決算整理前残高試算表**

決算整理前残高試算表

x2年３月31日　(単位：円)

| 借方 | 本店 | 支店 | 貸方 | 本店 | 支店 |
|---|---|---|---|---|---|
| 現金 | 25,350 | 11,450 | 支払手形 | 3,400 | 1,000 |
| 売掛金 | 28,750 | 17,500 | 買掛金 | 12,250 | 4,425 |
| 繰越商品 | 18,050 | 8,750 | 貸倒引当金 | 300 | 175 |
| 備品 | 17,500 | 10,000 | 繰延内部利益 | 250 | – |
| 支店 | 29,250 | – | 備品減価償却累計額 | 4,500 | 2,000 |
| 仕入 | 146,350 | 37,300 | 本店 | – | 23,850 |
| 本店から仕入 | – | 29,150 | 資本金 | 50,000 | – |
| 販売費 | 19,600 | 7,300 | 繰越利益剰余金 | 15,000 | – |
| 支払利息 | 900 | – | 売上 | 163,750 | 90,000 |
| | | | 支店へ売上 | 36,300 | – |
| | 285,750 | 121,450 | | 285,750 | 121,450 |

〈資料２〉未達取引事項

(1)本店が発送した商品7,150円が支店に未達である。

(2)支店は本店の売掛金1,750円を回収したが、本店に未達である。

〈資料３〉決算整理事項等

(1)本店は支店へ商品を発送するにあたり、毎期原価に10％の利益を加算している。

(2)期末商品棚卸高(未達商品は含まれていない)

本店：17,350円　支店：5,900円(うち、本店仕入分　1,100円)

(3)売掛金期末残高に対して５％の貸倒引当金を差額補充法により設定する。

(4)備品について定率法(償却率20％)により減価償却を行う。

(5)税引前当期純利益に対して50％の法人税等を計上する。

〈解答・解説〉

本支店合併の損益計算書と貸借対照表は、以下の手順で作成する。

## １．未達事項の処理

| | | | | |
|---|---|---|---|---|
| 支店：(借)本店から仕入 | 7,150 | (貸)本　　　店 | 7,150 |
| 本店：(借)支　　　店 | 1,750 | (貸)売　掛　金 | 1,750 |

## ２．決算整理

### (1)売上原価

| | | |
|---|---|---|
| 期首商品棚卸高 | 26,550円 | ←18,050円(本店)＋8,750円(支店)－250円(戻入)❼ |
| 当期商品仕入高 | 183,650円 | ←146,350円(本店)＋37,300円(支店) |
| 合　　計 | 210,200円 | |
| 期末商品棚卸高 | 29,650円 | ←17,350円(本店)+13,050円(支店)❽－750円(控除)❾ |
| 売上原価 | 180,550円 | |

❼資料１決算整理前残高試算表・繰延内部利益より

❽5,900円+7,150円(未達)＝13,050円

❾(1,100円+7,150円)×$\frac{0.1}{1.1}$＝750円

### (2)貸倒引当金繰入

本店：(28,750円－1,750円)×５％－300円＝1,050円

支店：17,500円×５％－175円　＝　700円

1,750円

### (3)減価償却費

本店：(17,500円－4,500円)×20％＝2,600円

支店：(10,000円－2,000円)×20％＝1,600円

4,200円

### 3．内部取引の相殺

〈本　店〉

支店へ売上

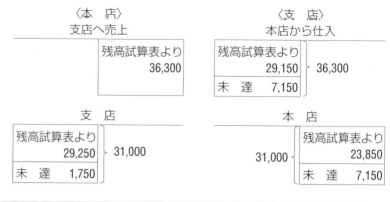

| 借方 | 貸方 |
|---|---|
| | 残高試算表より 36,300 |

〈支　店〉

本店から仕入

| 借方 | | 貸方 |
|---|---|---|
| 残高試算表より 29,150 | 36,300 | |
| 未　達 7,150 | | |

支　店

| 借方 | | 貸方 |
|---|---|---|
| 残高試算表より 29,250 | 31,000 | |
| 未　達 1,750 | | |

本　店

| 借方 | | 貸方 |
|---|---|---|
| | 31,000 | 残高試算表より 23,850 |
| | | 未　達 7,150 |

| | | | |
|---|---|---|---|
| (借)支 店 へ 売 上 | 36,300 | (貸)本店から仕入 | 36,300 |
| (借)本　　　　店 | 31,000 | (貸)支　　　　店 | 31,000 |

### 4．内部利益の控除

期首分：決算整理前残高試算表より250円

期末分：(1,100円＋7,150円)×$\frac{0.1}{1.1}$＝750円

これにより、以下の合併損益計算書と合併貸借対照表が作成される。

合　併　損　益　計　算　書

自X1年4月1日　至X2年3月31日　　(単位：円)

| | | |
|---|---|---|
| Ⅰ 売　上　高 | | 253,750 |
| Ⅱ 売 上 原 価 | | |
| 1 期首商品棚卸高 | 26,550 | |
| 2 当期商品仕入高 | 183,650 | |
| 合　計 | 210,200 | |
| 3 期末商品棚卸高 | 29,650 | 180,550 |
| 売 上 総 利 益 | | 73,200 |
| Ⅲ 販売費及び一般管理費 | | |
| 1 販　売　費 | 26,900 | |
| 2 貸倒引当金繰入 | 1,750 | |
| 3 減 価 償 却 費 | 4,200 | 32,850 |
| 営　業　利　益 | | 40,350 |
| Ⅳ 営 業 外 費 用 | | |
| 1 支 払 利 息 | | 900 |
| 税引前当期純利益 | | 39,450 |
| 法 人 税 等 | | 19,725 ⑩ |
| 当 期 純 利 益 | | 19,725 |

⑩39,450円×50%
＝19,725円

合併貸借対照表
X2年3月31日　　　　　　(単位：円)

| | | | | |
|---|---|---|---|---|
| 現金 | | 36,800 | 支払手形 | 4,400 |
| 売掛金 | 44,500 | | 買掛金 | 16,675 |
| 貸倒引当金 | △ 2,225 | 42,275 | 未払法人税等 | 19,725 |
| 商品 | | 29,650 | 資本金 | 50,000 |
| 備品 | 27,500 | | 繰越利益剰余金 | 34,725 [11] |
| 減価償却累計額 | △ 10,700 | 16,800 | | |
| | | 125,525 | | 125,525 |

[11] 15,000円+19,725円=34,725円

# 2 帳簿の締め切り

## 1 帳簿を締め切るまでの流れ

本支店会計において帳簿を締め切るまでの流れは、以下のとおりである。

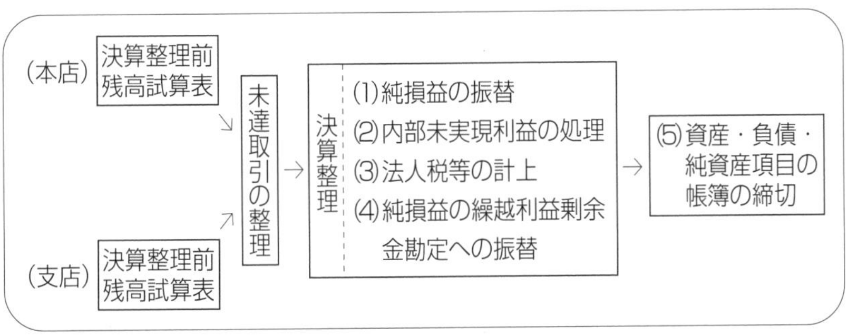


## 2 総合損益勘定を設けて企業全体の純損益を計算する方法

### (1)純損益の振り替え

総合損益勘定を設ける方法では、本店の純損益を本店損益勘定から総合損益勘定[12]へ振り替えるとともに、支店の純損益を総合損益勘定に振り替えて、本店と各支店の純損益を集計する。

[12] 総合損益勘定は本店に設ける。

ただし、本店と支店は別々の帳簿を用いているため、支店の損益から直接に本店の総合損益勘定に振り替えることはできない。そこで、支店は損益勘定から本店勘定へ振り替え、本店は支店の純損益の金額を支店勘定と総合損益勘定に振り替える。

**本店の純損益…総合損益勘定に振り替える。**
**支店の純損益…支店では、純損益を本店勘定に振り替える。本店では、支店の純損益を支店勘定に記入し、総合損益勘定に振り替える。**

**【設例12-6】** 次の資料により、仕訳を示しなさい。

木店の純利益が80,000円、支店の純利益が15,000円と計算された。

| | | | | |
|---|---|---|---|---|
| 本店：(借)本店損益 | 80,000 | (貸)総合損益 | 80,000 |
| 支店：(借)支店損益 | 15,000 | (貸)本店 | 15,000 |
| 本店：(借)支店 | 15,000 | (貸)総合損益 | 15,000 |

### ⑵内部利益の処理

期末商品に含まれる内部利益は、繰延内部利益勘定により次期に繰り延べる。相手勘定には内部利益控除勘定を用い、当期の利益から控除する。

また、期首商品に含まれる内部利益は、繰延内部利益勘定により前期から繰り延べられている。これを繰延内部利益勘定から内部利益戻入勘定に振り替えて、当期の利益に加算する。

なお、内部利益控除勘定と内部利益戻入勘定は損益の修正項目であるため、総合損益勘定へ振り替える。

### ⑶法人税等の計上

法人税等は会社全体に課せられるものなので、本支店の合計の損益を表している総合損益勘定で処理する。

### ⑷純損益の繰越利益剰余金勘定への振り替え

総合損益勘定の残高は会社全体の当期純損益を示す。そこで、これを繰越利益剰余金勘定へ振り替える。

### ⑸資産・負債・純資産項目の締め切り

最後に本店・支店のそれぞれの帳簿の各勘定を締め切る。

一連の処理の流れについては、以下の設例を通して見ていく。

**【設例12-7】**

次の資料により、総合損益勘定への記入を行いなさい。

**〈資料1〉**

本店と支店の純損益振替前(締切前)の損益勘定は以下のとおりであった。

本店損益

| | | | |
|---|---|---|---|
| 繰越商品 | 10,000 | 売上 | 105,000 |
| 仕入 | 100,000 | 支店売上 | 38,500 |
| 販売費 | 10,000 | 繰越商品 | 15,000 |
| 一般管理費 | 12,500 | | |

支店損益

| | | | |
|---|---|---|---|
| 繰越商品 | 5,500 | 売上 | 75,000 |
| 仕入 | 25,000 | 繰越商品 | 10,900 |
| 本店仕入 | 38,500 | | |
| 販売費 | 5,000 | | |
| 一般管理費 | 9,500 | | |

〈資料2〉
(1)本店から支店へ商品を送付するにあたり、毎期原価に10%の利益を加算している。
(2)支店の期首商品はすべて本店から仕入れたものである。
(3)支店の期末商品のうち、9,900円は本店から仕入れたものである。
(4)税引前当期純利益に対して50%の法人税等を計上する。

〈解答・解説〉

総合損益

| | | | |
|---|---|---|---|
| 〔内部利益控除〕 | ( 900 ) | 〔本店損益〕 | ( 26,000 ) |
| 〔法人税等〕 | ( 14,000 ) | 〔支店〕 | ( 2,400 ) |
| 〔繰越利益剰余金〕 | ( 14,000 ) | 〔内部利益戻入〕 | ( 500 ) |
| | ( 28,900 ) | | ( 28,900 ) |

1．本店純利益の振り替え

本店損益勘定から総合損益勘定へ本店純利益を振り替える。

| | | | |
|---|---|---|---|
| (借)本店損益 | 26,000 | (貸)総合損益 | 26,000 |

2．支店純利益の振り替え

支店では支店損益勘定から本店勘定、本店では支店勘定から総合損益勘定へ本店純利益を振り替える。

| | | | | |
|---|---|---|---|---|
| 支店： | (借)支店損益 | 2,400 | (貸)本店 | 2,400 |
| 本店： | (借)支店 | 2,400 | (貸)総合損益 | 2,400 |

3．内部利益の戻入・控除

支店の期首商品に含まれている内部利益を実現利益として戻し入れるとともに、支店の期末商品に含まれている内部利益を未実現利益として控除する。

| | | | |
|---|---|---|---|
| (借)内部利益戻入 | 500 | (貸)総合損益 | 500 |
| (借)総合損益 | 900 | (貸)内部利益控除 | 900 |

4．法人税等の計上

会社全体の当期純利益に対して50%の法人税等を計上し、総合損益勘定へ振り替える。

| | | | |
|---|---|---|---|
| (借)総合損益 | 14,000 | (貸)法人税等 | 14,000 |

### 5．当期純利益の繰越利益剰余金勘定への振り替え

総合損益勘定で計算された税引後当期純利益14,000円を繰越利益剰余金勘定へ振り替える。

| | | | |
|---|---|---|---|
| (借)総　合　損　益 | 14,000 | (貸)繰越利益剰余金 | 14,000 |

## 3 総合損益勘定を設けずに企業全体の損益を計算する方法

会社全体の損益を計算する方法は、総合損益勘定で計算する方法以外に、①本店損益勘定で本店独自の純損益を計算し、いったん締め切った後(中間締め切り)に支店の純損益を受け入れ、企業全体の純損益を計算する方法と②本店の損益勘定で中間締め切りを行わず、そのまま支店の純損益を受け入れ、企業全体の純損益を計算する方法がある。

たとえば、前ページの**【設例12-7】**の資料によって行った場合、以下のようになる。

①

本 店 損 益

| | | | |
|---|---|---|---|
| 諸　費　用 | 117,500 | 諸　収　益 | 143,500 |
| 本店純利益 | 26,000 | | |
| | 143,500 | | 143,500 |
| 内部利益控除 | 900 | 本店純利益 | 26,000 |
| 法 人 税 等 | 14,000 | 支　店⑬ | 2,400 |
| 繰越利益剰余金 | 14,000 | 内部利益戻入 | 500 |
| | 28,900 | | 28,900 |

⑬支店の純損益はここに記入される。

②

損　益

| | | | |
|---|---|---|---|
| 本店諸費用 | 117,500 | 本店諸収益 | 143,500 |
| 内部利益控除 | 900 | 支　店⑬ | 2,400 |
| 法 人 税 等 | 14,000 | 内部利益戻入 | 500 |
| 繰越利益剰余金 | 14,000 | | |
| | 146,400 | | 146,400 |

# 3 在外支店財務諸表項目の換算

外貨建取引等
会計処理基準・同注解
(平成11年10月22日
企業会計審議会)

## 1 在外支店の財務諸表項目の換算

外国通貨で表示されている在外支店（外国にある支店）の財務諸表項目については、本支店合併財務諸表の作成において、円換算する必要がある。換算方法については、以下のとおりである。

**原則→本店の外貨建取引基準で処理する**

**①損益項目（費用・収益）**

原則として取引発生時の為替レート（HR）により換算するが、期中平均レート[14]（AR）で換算することもできる[15]。ただし、売上原価や減価償却費など、資産が費用化したもの（負債が収益化したものも同様である）は取得時レート（HR）を用いて換算する。

**②貸借対照表項目[16]**

取得時・発生時の価額（原価）で記録されている資産・負債は取得時レート（HR）により換算する。また、決算時の価額（時価）で記録されている資産・負債は決算時の為替レート（CR）で換算する。

**③本店勘定・本店から仕入勘定**

本店勘定や本店から仕入勘定については、本店における支店勘定や支店へ売上勘定と一致する金額に換算する。

[14] Average Rate（アベレージ・レート）「平均の」

[15] 期中平均為替レートには、該当する収益・費用が帰属する月または半期を算定期間とする平均相場を用いることができる。

[16] 貸借対照表項目の中で、支店における本店勘定等は除く。

**【設例12-8】**

次の資料にもとづき、在外支店の財務諸表項目の換算をしなさい。

| | | | |
|---|---|---|---|
| 売　掛　金 | 2,500ドル | 売買目的有価証券 | 4,000ドル |
| 備　　　品 | 8,000ドル | 長期借入金 | 3,000ドル |
| 本　　　店 | 2,000ドル | 備品減価償却費 | 1,000ドル |

①売買目的有価証券の取得原価は4,000ドル、当期末の時価は4,200ドルである。

②本店における支店勘定の残高は216,000円である。

③換算に必要な為替レート（1ドルあたり）

有価証券購入時　106円　　備品購入時　104円

当期末（決算時）　100円

〈解答・解説〉

| 科　目 | 金　額 | 計算式 |
|---|---|---|
| 売　掛　金 | 250,000円 | 2,500ドル×@100円 |
| 備　　品 | 832,000円 | 8,000ドル×@104円 |
| 本　　店 | 216,000円 | —— |
| 売買目的有価証券 | 420,000円⑰ | 4,200ドル×@100円 |
| 長期借入金 | 300,000円 | 3,000ドル×@100円 |
| 備品減価償却費 | 104,000円 | 1,000ドル×@104円 |

⑰購入時424,000円（4,000ドル×@106円）と期末420,000円との差額4,000円は有価証券評価損として計上される。

## 2 在外支店財務諸表の換算手順

在外支店の財務諸表の換算は、次の手順で行う。

**①（支店）貸借対照表の換算⇒②（支店）損益計算書の換算**

具体的には、以下のとおりである。

①貸借対照表の資産・負債を適用レートで換算

②本店勘定は本店における支店勘定の金額を適用

③貸借対照表の貸借差額で純利益を算定

④純損益を貸借対照表から損益計算書に移す

⑤損益計算書の収益・費用を適用レートで換算

⑥損益計算書の貸借差額で為替差損益を算定

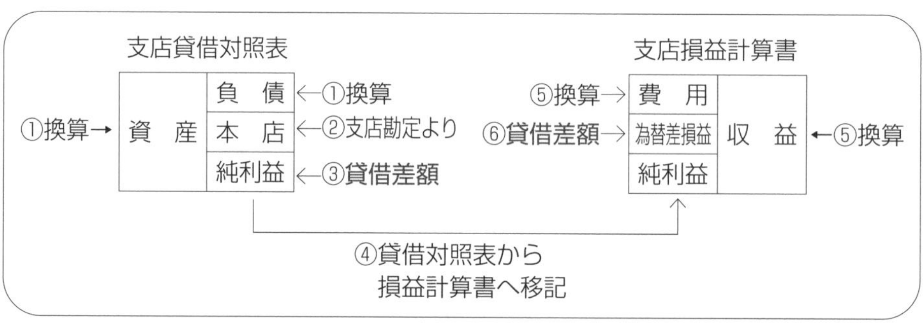


**【設例12-9】**

次の資料により、円貨建てによる在外支店の貸借対照表および損益計算書を完成しなさい。

〈資料1〉在外支店の決算整理後勘定残高(単位：ドル)

| | | | |
|---|---|---|---|
| 現金預金：150 | 売掛金：300 | 繰越商品：750 | 備品：600 |
| 買掛金：750 | 長期借入金：750 | 本店：75 | 売上：2,625 |
| 仕入：1,950 | 減価償却費：75 | 営業費：375 | |

〈資料2〉

1．当期の売上原価は、期首商品450ドル（前期の期中平均為替レートにより換算）、当期仕入高2,250ドル、期末商品750ドルである。

2．本店における支店勘定の残高は8,250円である。

3．換算に必要な為替レート（1ドルあたり）

| | | | |
|---|---|---|---|
| 本店から送金時レート | 110円 | 長期借入金発生時レート | 112円 |
| 備品購入時レート | 118円 | 期中平均レート（当期） | 108円 |
| 期中平均レート（前期） | 108円 | 期末レート | 114円 |

なお、計上時の為替レートが不明な費用項目は期中平均為替レートによること。

〈解答・解説〉

支店貸借対照表（単位：円）

| | | | |
|---|---|---|---|
| 現金預金 | 17,100 | 買掛金 | 85,500 |
| 売掛金 | 34,200 | 長期借入金 | 85,500 |
| 商品 | 81,000⑱ | 本店 | 8,250 |
| 備品 | 70,800 | 当期純利益 | 23,850 |
| | 203,100 | | 203,100 |

支店損益計算書（単位：円）

| | | | |
|---|---|---|---|
| 売上原価 | 210,600* | 売上高 | 283,500 |
| 減価償却費 | 8,850 | 為替差益 | 300 |
| 営業費 | 40,500 | | |
| 当期純利益 | 23,850 | | |
| | 283,800 | | 283,800 |

⑱商品は資料の指示により平均レート（108円）、備品は購入時レート（118円）、長期借入金は期末レート（114円）で換算する。

＊　売上原価：450ドル×@108円（期首商品）＋2,250ドル×@108円（当期仕入高）－750ドル×@108円（期末商品）＝210,600円

## 3 換算のパラドックス

外貨建で表示されている財務諸表の費用・収益をそれぞれ別々の為替レートで円貨建に換算し、費用・収益の差額として円貨建の損益を計算したとしよう。すると、外貨建で表示されていた財務諸表では利益が生じていたのに、円貨建では損失になってしまうことがある。

このように、外貨建財務諸表を換算することによって、利益と損失が逆転してしまうことがある。これを**換算のパラドックス**という。

# 第13章 企業結合の会計

経済のグローバル化により、わが国の企業も国際的な競争力を高めることが要求されている。企業の競争力を高めるもっとも手早い手段が、ここで学ぶ企業結合である。
規模の小さな企業も複数集まって規模を大きくすることで、経営の効率化を図ったり、お互いの弱点を補い合ったりすることができる。
では、企業結合のさいに行われる会計とはどのようなものなのだろうか。それをこの章で学んで行く。

企業結合に関する会計基準
(最終改正平成31年1月16日
企業会計基準委員会)

## 1 企業結合とは

企業結合とは「ある企業または企業を構成する事業❶と他の企業または他の企業を構成する事業とが1つの報告単位に統合されること」をいう。つまり、これまで別々の財務諸表を作成していた複数の企業がまとまって、1つの財務諸表❷を作成する企業に統合されることである。

代表的な企業結合に、**合併**、**株式交換**、**株式移転**、**会社分割**などがある❸。

❶「ある企業を構成する事業」とは事業部などをイメージするとよい。

❷「1つの財務諸表」の中には、第14章～16章で学習する連結財務諸表も含まれる。

❸他にも親子会社間での結合なども含めて企業結合ということもあるが、ここでは取り扱わない。

## 2 企業結合の種類

### 1 合併の概要

合併とは、2つ以上の企業が合体して1つの会社となることをいう。合併には、大きく分けて2つの形態がある。

**(1)吸収合併❹**

合併する企業のうち1つの企業だけが存続し、その他の企業は解散してその資産・負債は存続する企業のものになる合併形態を吸収合併という。このとき、存続する企業を合併会社、吸収されて消滅する企業を被合併会社という。また、被合併会社の株主には合併会社の株式や現金等が交付される。

❹本書では、既存の企業が他の企業を吸収する吸収合併における合併会計について学んでいく。

### (2)新設合併

合併するすべての企業が解散し、新たな企業を設立する合併形態を新設合併という。このとき、新設される企業を合併会社、消滅する企業を被合併会社という。また、被合併会社の株主は新たに設立された合併会社の株主となる。

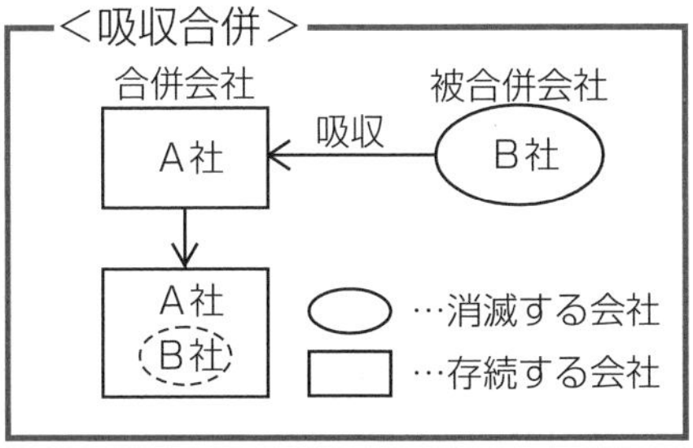


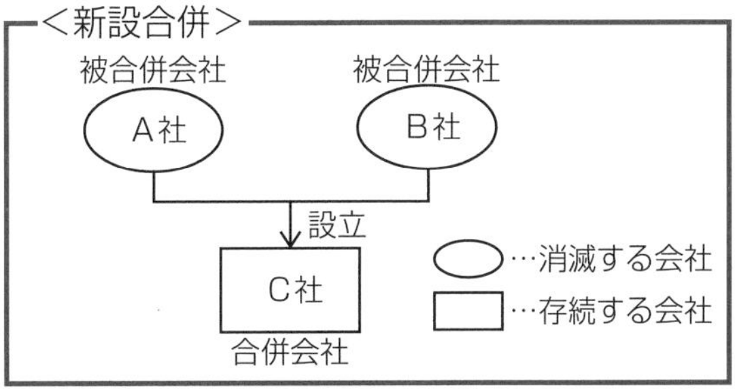


## 2 株式交換の概要

株式交換とは、すでに存在している株式会社同士が完全親会社❺(ここではA社とする)と完全子会社❻(ここではB社とする)になるための手法のことである。

B社の株主がB社株式をA社に引き渡す代わりに、A社はA社の株式をB社の株主だった者に発行する❼。A社とB社株主との間で株式を交換することによって、A社はB社の発行済株式のすべてを手に入れてB社を完全子会社とするので、株式交換と呼ばれる。

❺完全親会社とは、他の会社の発行済株式の100%を保有する会社のことをいう。

❻完全子会社とは、他の会社1社に発行済株式の100%を保有されている会社のことをいう。

❼これによって、B社の株主だった者はA社の株主となる。

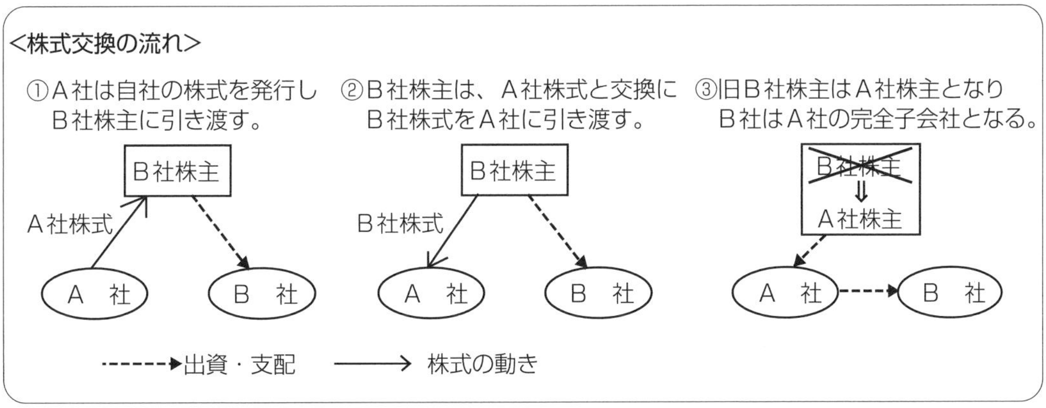

## 3 株式移転の概要

株式移転とは、すでに存在している複数の株式会社(ここではA社とB社とする)が完全子会社となるように、新しく完全親会社となる株式会社❽(C社)を設立する手法のことである。

新設されるC社と完全子会社となるA社とB社の株主の間では、株式交換の要領で完全子会社となるA社・B社の株式とC社株式とを交換する❾。これを、すべての完全子会社の株主と行うことによって、既存のA社とB社を完全子会社とする完全親会社のC社が設立される。

❽持株会社と呼ばれる会社で、社名に「ホールディングス(略：HD)」という言葉がよく使われる。

❾これによって、A社やB社の株主だった者はC社の株主となる。

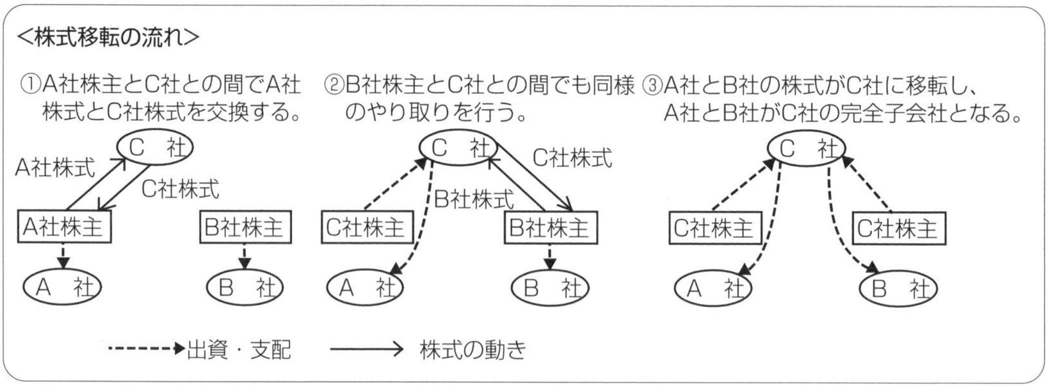

<株式移転の流れ>
①A社株主とC社との間でA社株式とC社株式を交換する。
②B社株主とC社との間でも同様のやり取りを行う。
③A社とB社の株式がC社に移転し、A社とB社がC社の完全子会社となる。
A社株式
C社株式
B社株式
C 社
A社株主
B社株主
C社株主
A 社
B 社
出資・支配
株式の動き


A社とB社の株式すべてがC社に移っているため、株式移転と呼ばれる。

## 4 会社分割の概要❿

❿会社分割の具体的な会計処理については、本書では学習しない。

会社が、組織を再編するときに、不採算部門の切り離しや、異なる企業の同一部門を分離・統合し、営業の効率化を図ることがあり、これを会社分割という。会社分割には、新設分割と吸収分割の２通りの形がある。

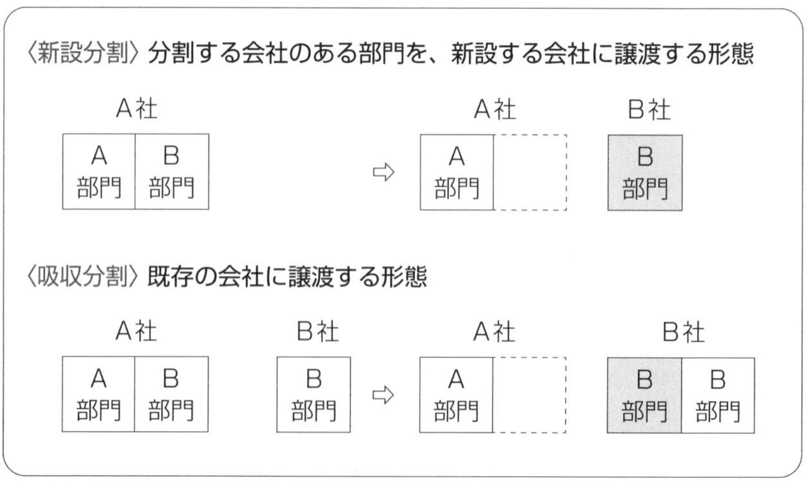

〈新設分割〉分割する会社のある部門を、新設する会社に譲渡する形態

〈吸収分割〉既存の会社に譲渡する形態

# 3 企業結合会計の概要

## 1 企業結合の会計処理

企業結合は、原則として企業の「取得」と考えられ、この場合に**パーチェス法**が適用される。概要をまとめると次のようになる。

| 経済的実態 | 会計処理 | 資産・負債の評価 | 増加資本 | のれんの計上 |
|---|---|---|---|---|
| 取　　得 | パーチェス法 | 時価で評価 | 発行・交付した株式の時価 | あり |

## 2 パーチェス法

「パーチェス(purchase)」とは「購入」という意味であり、「パーチェス法」とは結合会社が対価を支払って、被結合会社を取得(購入)したと考えて処理する方法である。そのため、被結合会社の資産および負債は時価で受け入れ、対価も被結合会社の株主に支払った現金の金額や交付した株式の時価となる。

また、合併の場合においては時価で受け入れた資産・負債の差額⓫と支払った対価との間に違いが生じる。

この差額が**借方に計上された場合は「のれん」として**⓬**、20年以内に定額法その他の方法により規則的に償却しなければならない。**

また、貸方に計上された場合は「負ののれん発生益」として当期の収益となる⓭。

⓫これ以降、純財産額と呼ぶことにする。

⓬貸借対照表の無形固定資産の区分に記載される。

⓭損益計算書の特別利益の区分に記載される。

# 4 吸収合併の会計

## 1 吸収合併の会計処理の概要

パーチェス法では、**被合併会社の資産と負債を時価（公正価値）で受け入れる**。また、交付した株式などの**支払対価の時価を増加資本**として資本金および資本準備金に計上し、残額はその他資本剰余金とする。**受け入れた純財産額と増加資本との差額がのれん**となる。

**【設例13-1】**

A社は×1年3月31日にB社を吸収合併し、B社株主に対してA社株式を100株交付した。なお、×1年3月31日におけるA社株式の時価は@1,200円である。増加資本のうち2分の1は資本金とし、残額はその他資本剰余金とする。

この合併については、パーチェス法により処理する。①合併受入仕訳を示し、②合併後貸借対照表を作成しなさい。

**〈資料〉**合併直前のA社・B社それぞれの貸借対照表

貸借対照表

A社　×1年3月31日　（単位：円）

| | | | |
|---|---|---|---|
| 諸資産 | 450,000 | 諸負債 | 180,000 |
| | | 資本金 | 200,000 |
| | | その他資本剰余金 | 70,000 |
| | 450,000 | | 450,000 |

貸借対照表

B社　×1年3月31日　（単位：円）

| | | | |
|---|---|---|---|
| 諸資産 | 150,000 | 諸負債 | 70,000 |
| | | 資本金 | 50,000 |
| | | その他資本剰余金 | 30,000 |
| | 150,000 | | 150,000 |

（注）×1年3月31日現在、A社の諸資産、諸負債の額は時価に一致しているが、B社の諸資産の時価は180,000円、諸負債の時価は80,000円である。

〈解答・解説〉

①合併受入仕訳

| | | | |
|---|---|---|---|
| （借）諸資産 | 180,000 | （貸）諸負債 | 80,000 |
| のれん | 20,000* | 資本金 | 60,000⑭ |
| | | その他資本剰余金 | 60,000⑮ |

⑭@1,200円×100株×1/2＝60,000円

⑮@1,200円×100株×1/2＝60,000円

＊　@1,200円×100株（取得原価）－（180,000円－80,000円）（B社の純財産額）＝20,000円

②合併貸借対照表

| 貸借対照表 | | | |
|---|---|---|---|
| A社 | ×1年3月31日 | | (単位：円) |
| 諸資産 | 630,000 | 諸負債 | 260,000 |
| のれん | 20,000 | 資本金 | 260,000 |
| | | その他資本剰余金 | 130,000 |
| | 650,000 | | 650,000 |

## 2 合併比率の算定

消滅する被合併会社の株主は、被合併会社の株式と交換に合併会社の株式を受け取ることとなる。

この株式の交換比率を合併比率といい、その算定に先立って、それぞれの企業評価額を算定し、それを発行済み株式総数で割って、以下のように算定する⑯。

⑯ここでは、企業の純資産額(時価)を企業評価額とする方法を前提とする。

$$合併比率 = \frac{〔被合併会社〕:企業評価額 \div 発行済み株式総数}{〔合併会社〕:企業評価額 \div 発行済み株式総数}$$

次に被合併会社の発行済み株式総数に合併比率を乗じて、合併会社が交付する株式数を算定する⑰。

⑰合併比率は、合併会社の株式への交換比率であるため、被合併会社の株式数に乗じて計算する。

交付株式数 ＝ 被合併会社の発行済株式総数 × 合併比率

**【設例13-2】**

設例13-1の場合の、合併比率およびA社が交付する株式数を算定しなさい。なお、企業評価額は純資産額(時価)とし、A社は270株、B社は200株を発行している。

〈解答・解説〉

$$合併比率：\frac{(180{,}000円 - 80{,}000円) \div 200株}{(450{,}000円 - 180{,}000円) \div 270株} = \frac{500円/株}{1{,}000円/株} = 0.5$$

交付する株式数：200株 × 0.5 ＝ 100株

# 5 株式交換の会計

## 1 株式交換の会計処理の概要

株式交換は、完全親会社となる企業が完全子会社の株式を取得する取引であるため、**子会社株式とそれにともなって資本金と資本剰余金が増加する**。株式交換も企業結合の形態の一種であるため、パーチェス法を適用して処理する。

株式交換の場合、完全子会社となる企業は会計処理を行う必要がない[18]ため、**完全親会社となる企業の会計処理のみを行えばよい**。

[18] 株式交換とは、完全親会社となる企業と完全子会社となる企業の株主との間で株式が交換される取引であり、完全子会社となる企業自身が行う取引がないためである。

## 2 会計処理

パーチェス法の適用により、取得する子会社株式の取得原価は、交付した完全親会社となる企業の株式の時価となる。また、増加する資本は株式交換契約にもとづいて、資本金と資本準備金、その他資本剰余金に振り分けられる。

**子会社株式の取得原価 ＝ 完全親会社株式の時価×交付株式数**

**【設例13-3】**

A社は×1年3月31日にB社と株式交換を行い、B社の株主に対し、A社株式を500株交付した。この株式交換についてパーチェス法により処理し、A社が取得企業となる。また、A社株式の時価は@200円であり、増加資本は全額資本金とする。

①株式交換時のA社の仕訳を示し、②株式交換後のA社貸借対照表を作成しなさい。

**〈資料〉**株式交換直前のA社、B社それぞれの貸借対照表

貸借対照表
A社　×1年3月31日　(単位：円)

| | | | |
|---|---|---|---|
| 諸資産 | 600,000 | 諸負債 | 300,000 |
| | | 資本金 | 250,000 |
| | | その他資本剰余金 | 50,000 |
| | 600,000 | | 600,000 |

貸借対照表
B社　×1年3月31日　(単位：円)

| | | | |
|---|---|---|---|
| 諸資産 | 180,000 | 諸負債 | 100,000 |
| | | 資本金 | 50,000 |
| | | その他資本剰余金 | 30,000 |
| | 180,000 | | 180,000 |

〈解答・解説〉

①株式交換時の仕訳

| | | | |
|---|---|---|---|
| (借)子会社株式 | 100,000* | (貸)資本金 | 100,000 |

＊　@200円×500株＝100,000円

②株式交換後のA社貸借対照表

貸借対照表

A社　×1年3月31日　(単位：円)

| | | | |
|---|---|---|---|
| 諸資産 | 600,000 | 諸負債 | 300,000 |
| 子会社株式 | 100,000 | 資本金 | 350,000 |
| | | その他資本剰余金 | 50,000 |
| | 700,000 | | 700,000 |

# 6 株式移転の会計

## 1 株式移転の会計処理の概要

株式移転では、完全子会社の株式が移転され、完全親会社の処理を行う。そのため、株式交換と同様に子会社株式と資本金などを増やす処理を行う[19]。また、その会計処理にはパーチェス法を適用する。

株式移転の場合、完全子会社となる企業は会計処理を行う必要がない[20]ため、完全親会社となる企業、つまり新設される企業の会計処理のみを行えばよい。

[19]株式による現物出資を行うイメージである。

[20]株式移転とは、完全親会社となる企業と完全子会社となる企業の株主との間で株式が交換される取引であり、完全子会社となる企業自身が行う取引がないためである。

## 2 会計処理

パーチェス法の適用により、原則として交付する株式の時価を取得原価とするが、株式移転の場合は交付する株式が新設される企業のものであるため、時価が存在しない。そこで、完全子会社となる企業のうち一社を取得企業とみなし、その企業の株式の時価をもとに子会社株式の取得原価を算定する。

**子会社株式の取得原価(取得企業)＝取得企業の純資産額(帳簿価額)**
**子会社株式の取得原価(被取得企業)＝取得企業の株式の時価×交付株式数**

**【設例13-4】**

A社とB社は×1年3月31日に株式移転を行い、完全親会社となるC社を新たに設立した。A社株主に対してはC社株式が350株、B社株主に対してはC社株式が200株交付された。

この株式移転はA社を取得企業とし、パーチェス法により処理する。株式移転時におけるA社(取得企業)の株式の時価は@600円であり、増加資本は全額を資本金とする。

以下の資料をもとに、①株式移転時のC社の仕訳を示し、②株式移転後のC社貸借対照表を作成しなさい。

**〈資料〉**株式移転時のA社・B社それぞれの貸借対照表

貸借対照表

A社　×1年3月31日　(単位：円)

| | | | |
|---|---|---|---|
| 諸資産 | 320,000 | 諸負債 | 170,000 |
| | | 資本金 | 150,000 |
| | 320,000 | | 320,000 |

貸借対照表

B社　×1年3月31日　(単位：円)

| | | | |
|---|---|---|---|
| 諸資産 | 180,000 | 諸負債 | 100,000 |
| | | 資本金 | 80,000 |
| | 180,000 | | 180,000 |

〈解答・解説〉

**①株式移転時の仕訳**

| | | | |
|---|---|---|---|
| (借)子会社株式 | 270,000* | (貸)資本金 | 270,000 |

*　150,000円 + @600円 × 200株 = 270,000円
　A社の純資産額　B社株式の取得原価

**②株式移転後のC社貸借対照表**

貸借対照表

C社　×1年3月31日　(単位：円)

| | | | |
|---|---|---|---|
| 子会社株式 | 270,000 | 資本金 | 270,000 |

**●参　考●　電子取引**

**1．クレジット取引**

私たちは、商品を購入したり食事をしたりしたときに、クレジットカードを使って代金を支払うことがある。この時に、お店(販売側)の処理はどのようになるのだろうか。

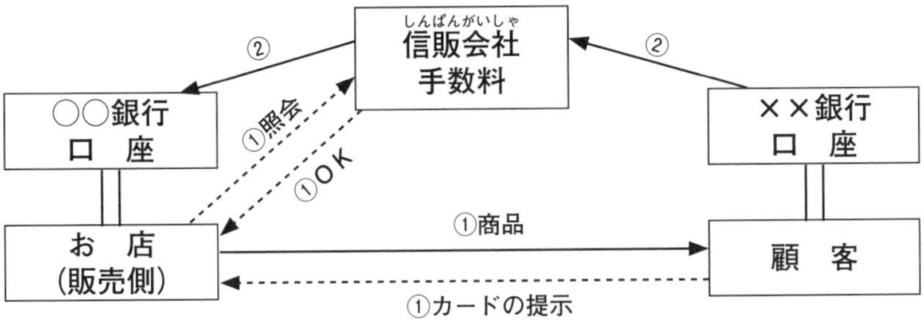


①商品1,000円をクレジット払いの条件で販売した。なお、信販会社(カード会社)のクレジット手数料(販売代金の4%)は販売時に認識する。

| | | | | |
|---|---|---|---|---|
| (借) | クレジット売掛金* | 960 | (貸)売　　　上 | 1,000 |
| | 支払手数料 | 40 | | |

＊信販会社に対する債権なので、通常の売掛金と区別して処理する。

②信販会社から、上記の代金(手取金)が、当店の当座預金口座に振り込まれた。

| | | | | |
|---|---|---|---|---|
| (借) | 当座預金 | 960 | (貸)クレジット売掛金 | 960 |

**2．電子記録債権・電子記録債務**

600円の手形を持っていても、このうちの「300円分だけ割り引く」ことも「200円分だけ裏書譲渡する」こともできない。しかし、これを『でんさいネット』上に登録(発生記録)し、電子記録債権にすることで、これらのことができるようになる。

なお、でんさいネットに登録するには、債権者・債務者がともに行う必要がある。

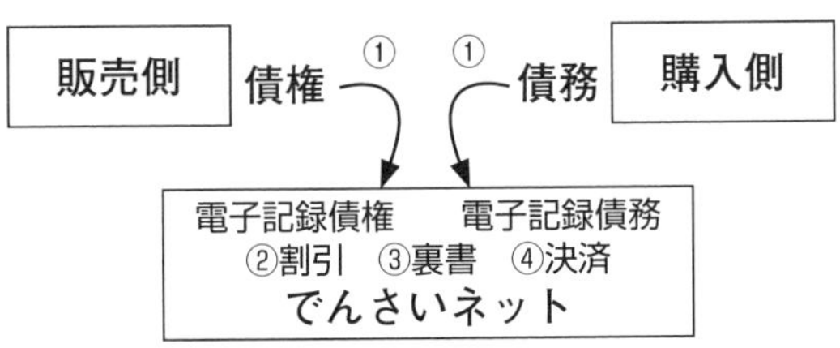


①Ａ社はＢ社に、商品600円を販売し、債権債務は双方とも電子記録債権(債務)として登録した。
②Ａ社は、電子記録債権600円のうち300円を割り引き、割引料5円を差し引かれ残りを当座預金とした。
③Ａ社は、電子記録債権の残額300円のうち200円を仕入先Ｃ社に譲渡し、買掛金と相殺した。
④Ａ社Ｂ社ともに、電子記録債権債務を当座預金口座を通じて精算した。

| | Ａ社 | | | | | Ｂ社 | | | | |
|---|---|---|---|---|---|---|---|---|---|---|
| ① | (借) | 電子記録債権 | 600 | (貸)売　　上 | 600 | (借) | 仕　　入 | 600 | (貸)電子記録債務 | 600 |
| ② | (借) | 当座預金 | 295 | (貸)電子記録債権 | 300 | | | | | |
| | | 電子記録債権売却損 | 5 | | | | | | | |
| ③ | (借) | 買掛金 | 200 | (貸)電子記録債権 | 200 | | | | | |
| ④ | (借) | 当座預金 | 100 | (貸)電子記録債権 | 100 | (借) | 電子記録債務 | 600 | (貸)当座預金 | 600 |

# 第14章 連結財務諸表その1

今日の企業は、支配従属関係をもつ企業同士がグループを形成して、経営活動を営むことが多くなっている。そのため、各企業の利害関係者たちは、個々の企業が作成する個別財務諸表からの会計情報だけでは、正しい意思決定を行うことができなくなってきた。そこで、連結財務諸表によって利害関係者たちが企業グループ全体の内容を正しく理解できる情報を提供するようになっている。
この章では連結財務諸表について学習する。

連結財務諸表規則
(令和5年3月27日
内閣府令第22号)
連結財務諸表規則ガイドライン
(令和5年3月
金融庁企画市場局)
連結財務諸表に関する会計基準
(改正平成25年9月13日
企業会計基準委員会)

## 1 連結財務諸表のあらまし

### 1 連結財務諸表の種類

わが国の会社計算規則では、以下に示す①から④までの４つの財務諸表の作成・表示についての体系を規定している。また、連結財務諸表規則(「連結財務諸表の用語、様式及び作成方法に関する規則」)では、会社計算規則が規定している①・②・④の３つの財務諸表に加えて、以下に示す③・⑤・⑥の３つの財務諸表の作成方法についても規定している。

| 会社計算規則 | 連結財務諸表規則 |
|---|---|
| ① 連結貸借対照表 | ① 連結貸借対照表 |
| ② 連結損益計算書 | ② 連結損益計算書 |
| ③ 連結株主資本等変動計算書 | ③ 連結包括利益計算書 |
| ④ 連結注記表 | ④ 連結株主資本等変動計算書 |
| | ⑤ 連結キャッシュ・フロー計算書 |
| | ⑥ 連結附属明細表 |

本書では、連結貸借対照表・連結損益計算書・連結株主資本等変動計算書の作成について学んでいく。

### 2 連結基礎概念

連結基礎概念とは、誰のために連結財務諸表が作成されているのかについて基礎となる考え方であり、**連結財務諸表に関する会計基準**(以下、**連結会計基準**という)では、**親会社説**と**経済的単一体説**の２つを取りあげている。

どちらの考え方を採るかによって、以下のような連結会計上の処理に違いが見られる❶。

❶太字部分が現行制度上採用されている処理となる。

| | 親会社説 | 経済的単一体説 |
|---|---|---|
| 考え方 | 親会社の株主のために、親会社の支配下にある企業グループ全体の財務諸表を、連結財務諸表として作成するという考え方。 | 企業グループを構成する親会社および子会社の株主のために、企業グループそのものの財務諸表を、連結財務諸表として作成するという考え方。 |
| 非支配株主持分(ひしはいかぶぬしもちぶん) | **株主資本から除外**して負債の部に計上する。 | 株主資本として**純資産の部に計上**する。 |
| 子会社の資産・負債の評価替え | **部分時価評価法**(ぶぶんじかひょうかほう)による。 | **全面時価評価法**(ぜんめんじかひょうかほう)による。 |
| 未実現損益の消去 | 部分消去・親会社負担方式による。 | **全額消去・持分比率負担方式**による。 |
| 非支配株主に帰属する子会社の利益 | 負債である**非支配株主持分が増加**する。 | 連結利益に含める。 |
| 子会社株式の売却 | 売却損益を計上する。 | **売却損益を計上しない。** |

## 3 連結一般原則

連結一般原則は4つの原則と重要性の原則から構成されており、連結財務諸表はこれらの原則に準拠して作成・表示されなければならない。

### (1)真実性の原則

真実性の原則は、「**連結財務諸表は、企業集団の財政状態、経営成績及びキャッシュ・フローの状況に関して真実な報告を提供するものでなければならない。**」という原則である❷。

❷連結会計基準9

### (2)個別財務諸表基準性の原則

個別財務諸表基準性の原則は、「**連結財務諸表は、企業集団に属する親会社及び子会社が一般に公正妥当と認められる企業会計の基準に準拠して作成した個別財務諸表を基礎として作成しなければならない。**」という原則である❸。

❸連結会計基準10

### (3)明瞭性の原則

明瞭性の原則は、「**連結財務諸表は、企業集団の状況に関する判断を誤らせないよう、利害関係者に対し必要な財務情報を明瞭に表示するものでなければならない。**」という原則である❹。

❹連結会計基準11

### (4)継続性の原則

継続性の原則は、「**連結財務諸表作成のために採用した基準及び手続は、毎期継続して適用し、みだりにこれを変更してはならない。**」という原則である❺。

❺連結会計基準12

### (5)重要性の原則

連結会計基準では利害関係者の判断を誤らせない限りで簡便な方法を適用することを認めている。これを**重要性の原則**という。

具体的には、連結会計基準注１で連結の範囲の決定、持分法の適用範囲の決定等について、**重要性が乏しい場合に限り簡便な方法を適用することを認めている**❻。

## 4 連結の範囲

**親会社は、原則としてすべての子会社を連結の範囲に含めなければならない**❼。親会社とは、他の企業を支配している企業をいい、子会社とは、他の企業によって支配されている企業をいう。

この場合の支配とは、他の企業の意思決定機関の支配を意味し、以下の基準によって判断される❽。

**(1) 他の企業の議決権の過半数を自己の計算において❾所有している場合**

**(2) (1)の条件を満たしていない場合でも、高い比率❿の議決権を保有し、かつ以下の①から④のいずれかのケースによって、意思決定機関を支配している一定の事実が認められる場合**

① 議決権を行使しない株主が存在していることにより、株主総会において**議決権の過半数を継続的に占めることができる場合**

② 役員、関連会社等の協力的な株主の存在により、株主総会において**議決権の過半数を継続的に占めることができる場合**

③ 役員もしくは従業員である者またはこれらであった者が**取締役会の構成員の過半数を継続して占めている場合**

④ 重要な財務および営業の方針決定を支配する**契約等が存在する場合**

❻他にも子会社の決算日が連結決算日と異なる場合の仮決算の手続き、連結のための個別財務諸表の修正、子会社の資産および負債の評価、のれんの処理、未実現損益の消去、連結財務諸表の表示等について、重要性と照らし合わせて簡便な方法が認められている。

❼子会社には連結の範囲に含めてはならない非連結子会社と、重要性の原則により連結の範囲に含めないことができる小規模子会社などもある。

❽更生会社、整理会社、破産会社などであり、かつ有効な支配従属関係が存在せず、組織の一体性を欠くと認められる会社は、子会社に該当しない。

❾売買などによるすべての損益が自己に帰属していることをいう。

❿他の企業の議決権の40%～50%をいう。

(1)および(2)の基準をあわせて、**支配力基準（実質基準）**といい、そのうち(1)の基準だけを、特に**持株基準（形式基準）**という。

なお、下図の(I)および(II)に示す関係がある場合、親会社P社の子会社として直接支配されるS社だけではなく、間接支配されているA社も連結の範囲に含められる。

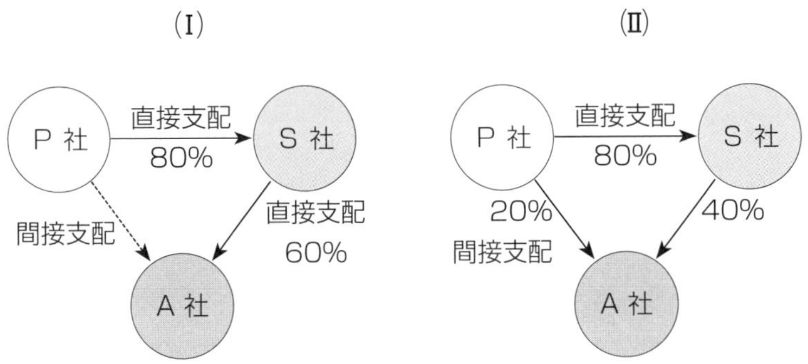


## 5 連結決算日

連結財務諸表の会計期間は1年であり、親会社の決算日を**連結決算日**とする。子会社の決算日と親会社の決算日が異なる場合には、子会社は、連結決算日に正規の決算に準ずる合理的な手続きにより決算を行ったうえで連結決算を行う（仮決算）。

ただし、**決算日の差異が3か月を超えない場合**[11]には、子会社の正規の決算を基礎として連結決算を行うことができる（みなし決算）[12]。

[11] 例えば、3月決算と12月決算の場合。

[12] 決算日が異なることによって生じる連結会社間の取引に関する会計記録に、重要な不一致がある場合には、必要な整理を行ったうえで連結しなければならない。

## 6 連結財務諸表の作成手順

連結財務諸表は、以下に示す手順に従って、親会社の個別財務諸表と子会社の個別財務諸表とを合算して作成する。

連結財務諸表の作成手順は、(1)子会社の支配を獲得した支配獲得日[13]における作成手順と(2)支配獲得日以降の作成手順の2つに分けられる。なお、連結会計上で行われる仕訳は、**連結修正仕訳**と呼ばれる。

[13] 支配獲得日が連結決算日以外の場合は、前後いずれかの近い連結決算日を支配獲得日とみなして処理することができる。

### ⑴支配獲得日の作成手順

親会社と子会社の会計処理が異なっている場合、親会社の会計処理に子会社の会計処理をあわせなければならない(①)。次に子会社の資産・負債の評価替え(②)および資本連結の処理(③)を行い、連結貸借対照表だけを作成する(④)。

### ⑵支配獲得日以降の作成手順

親会社と子会社の会計処理を統一(⑤)したあとに、開始仕訳(⑥⑦⑧)を行う⑭。

⑭過去に行われた連結修正仕訳を再度やり直すための手続きである。連結修正仕訳は、通常の簿記の手続きとは異なって、どこにも転記されず、記録が残されないため開始仕訳が必要になる。

次に、必要な連結修正仕訳を行ってから連結精算表を作成し、連結精算表から連結財務諸表を作成する。

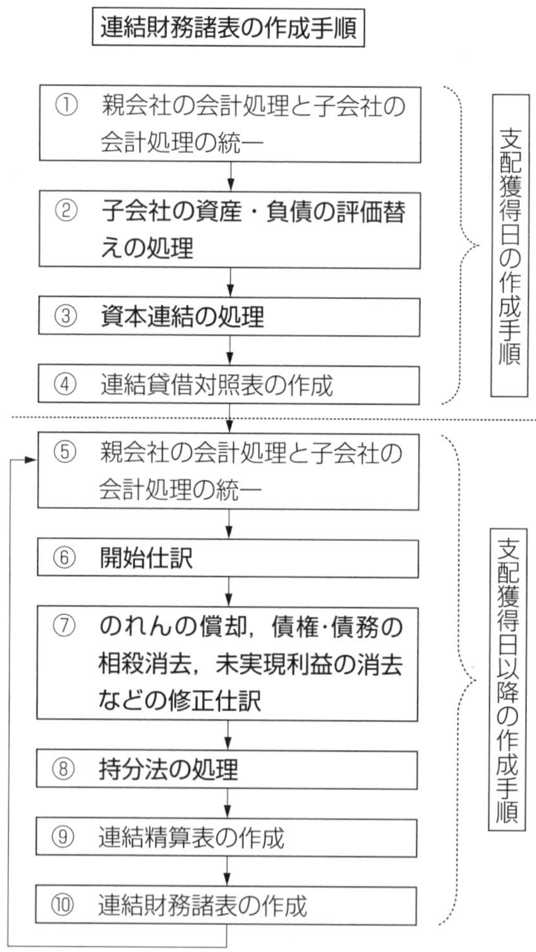

# 7 連結財務諸表の様式

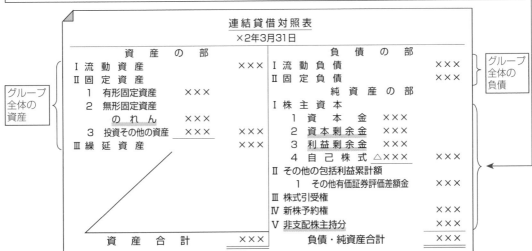

### 連結損益計算書

自×1年4月1日　至×2年3月31日

| | | |
|---|---|---|
| Ⅰ 売上高 | | ××× |
| Ⅱ 売上原価 | | ××× |
| 　売上総利益 | | ××× |
| Ⅲ 販売費及び一般管理費 | | |
| 　のれん償却額 | | ××× |
| 　営業利益 | | ××× |
| Ⅳ 営業外収益 | | |
| 　持分法による投資利益 | | ××× |
| Ⅴ 営業外費用 | | |
| 　(持分法による投資損失) | | ××× |
| 　経常利益 | | ××× |
| Ⅵ 特別利益 | | |
| 　負ののれん発生益 | ××× | |
| 　段階取得に係る差益 | ××× | ××× |
| Ⅶ 特別損失 | | |
| 　段階取得に係る差損 | | ××× |
| 　税金等調整前当期純利益 | | ××× |
| 　法人税、住民税及び事業税 | ××× | |
| 　法人税等調整額 | ××× | ××× |
| 　当期純利益 | | ××× |
| 　非支配株主に帰属する当期純利益 | | ××× |
| 　親会社株主に帰属する当期純利益 | | ××× |

持分法の適用により発生した損益(相殺後表示)

子会社利益のうち親会社以外の株主に帰属するもの

親会社株主に帰属する企業グループ全体の利益

2計算書方式

### 連結包括利益計算書

| | | |
|---|---|---|
| 当期純利益 | | ××× |
| その他の包括利益 | | |
| 　その他有価証券評価差額金 | | ××× |
| 　　その他の包括利益合計 | | ××× |
| 包括利益 | | ××× |
| 　(内訳) | | |
| 　親会社株主に係る包括利益 | | ×× |
| 　非支配株主に係る包括利益 | | ×× |

### 連結株主資本等変動計算書

自×1年4月1日　至×2年3月31日

| | 株主資本 | | | | | その他の包括利益累計額 | 株式引受権 | 新株予約権 | 非支配株主持分 | 純資産合計 |
|---|---|---|---|---|---|---|---|---|---|---|
| | 資本金 | 資本剰余金 | 利益剰余金 | 自己株式 | 株主資本合計 | その他有価証券評価差額金 | | | | |
| 当期首残高 | ××× | ××× | ××× | △××× | ××× | ××× | ××× | ××× | ××× | ××× |
| 当期変動額 | | | | | | | | | | |
| 剰余金の配当 | | | △××× | | △××× | | | | | △××× |
| 親会社株主に帰属する当期純利益 | | | ××× | | ××× | | | | | ××× |
| 株主資本以外の項目の当期変動額(純額) | | | | | | ××× | | | ××× | ××× |
| 当期変動額合計 | | | ××× | | ××× | ××× | | | ××× | ××× |
| 当期末残高 | ××× | ××× | ××× | △××× | ××× | ××× | ××× | ××× | ××× | ××× |

### 連結貸借対照表

×2年3月31日

| 資産の部 | | | 負債の部 | | |
|---|---|---|---|---|---|
| Ⅰ 流動資産 | | ××× | Ⅰ 流動負債 | | ××× |
| Ⅱ 固定資産 | | | Ⅱ 固定負債 | | ××× |
| 　1 有形固定資産 | ××× | | 純資産の部 | | |
| 　2 無形固定資産 | | | Ⅰ 株主資本 | | |
| 　　のれん | ××× | | 　1 資本金 | ××× | |
| 　3 投資その他の資産 | ××× | ××× | 　2 資本剰余金 | ××× | |
| Ⅲ 繰延資産 | | ××× | 　3 利益剰余金 | ××× | |
| | | | 　4 自己株式 | △××× | ××× |
| | | | Ⅱ その他の包括利益累計額 | | |
| | | | 　1 その他有価証券評価差額金 | | ××× |
| | | | Ⅲ 株式引受権 | | |
| | | | Ⅳ 新株予約権 | | ××× |
| | | | Ⅴ 非支配株主持分 | | ××× |
| 資産合計 | | ××× | 負債・純資産合計 | | ××× |

グループ全体の資産

グループ全体の負債

# 2 一括取得による資本連結

## 1 資本連結の概要

**資本連結**の手続きとは、親会社の子会社に対する投資と子会社の資本とを相殺消去する処理である。連結貸借対照表を作成するためには、まず子会社の資産・負債の評価替えを行ったあとに、資本連結の手続きを行わなければならない。

## 2 資産・負債の評価替え

子会社の資産・負債を簿価から公正な評価額(時価)⑮に評価替えをするさいに、生じた差額は**評価差額**⑯として処理する。そのあとに、資本連結の手続きを行う。

資産(負債)の簿価より評価額が大きい場合には、評価差額は貸方(借方)に生じ、資産(負債)の簿価より評価額が小さい場合には、評価差額は借方(貸方)に生じる。計上される評価差額は、資本連結の手続きのなかで、子会社の資本の1つとして、親会社の投資と相殺消去する。

⑮時価とは、公正な評価額のことで、市場価格を用いるのが通常である。

⑯子会社の資産・負債の評価額と簿価とが等しい場合には、評価差額は発生しない。

**i）資産の時価＞資産の簿価の場合**

| | | | |
|---|---|---|---|
| (借)資　　産 | ××× | (貸)評価差額 | ×××<br>(時価－簿価) |

**ii）資産の時価＜資産の簿価の場合**

| | | | |
|---|---|---|---|
| (借)評価差額 | ×××<br>(簿価－時価) | (貸)資　　産 | ××× |

負債の簿価と時価が異なる場合も同様の処理を行う。

**【設例14-1】**

P社[17]は、×1年3月31日に、S社[18]発行済株式の100%を20,000円で取得して支配を獲得した[19]。以下の資料に従って、連結決算日(×1年3月31日)に必要な連結修正仕訳を示しなさい。ただし、税効果会計は適用しないものとする。

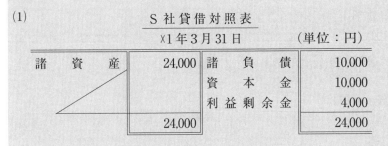

[17] 親会社という意味の"Parent company"の頭文字をとって、親会社を「P社」と呼ぶことが多い。

[18] 子会社という意味の"Subsidiary"の頭文字をとって、子会社を「S社」と呼ぶことが多い。

[19] 100%所有の子会社のことを完全子会社という。

**〈資料〉**

(1)

S社貸借対照表

×1年3月31日　　　　(単位：円)

| | | | |
|---|---|---|---|
| 諸資産 | 24,000 | 諸負債 | 10,000 |
| | | 資本金 | 10,000 |
| | | 利益剰余金 | 4,000 |
| | 24,000 | | 24,000 |

(2)P社はS社の株式をS社株式として処理している。

(3)×1年3月31日におけるS社の諸資産の時価は30,000円、諸負債の時価は10,000円であった。

〈解答・解説〉

| | | | |
|---|---|---|---|
| (借)諸資産 | 6,000 | (貸)評価差額 | 6,000* |
| (借)資本金 | 10,000 | (貸)S社株式 | 20,000 |
| 利益剰余金 | 4,000 | | |
| 評価差額 | 6,000 | | |

*　30,000円 − 24,000円 = 6,000円

負債は簿価と時価が等しいため、評価差額は生じない。

## 3 投資消去差額の処理

これまでの設例では、「親会社の投資」と「(親会社持分に相応する)子会社の資本(評価差額を含む)」とが一致していた。しかし、この金額が一致しない場合の資本連結では、不一致の分だけ差額が生じることになる。この差額を**投資消去差額**といい、親会社の投資と子会社の資本との大小関係によって、借方・貸方のどちらにも生じる可能性がある。その関係を示すと、以下のとおりになる。

**(1)借方に生じる場合⇒「のれん[20]」勘定で処理**

親会社の投資 ＞(親会社持分に相応する)子会社の資本

⇒無形固定資産として、貸借対照表・資産の部に計上される。

[20] のれんは、子会社の超過収益力を表し、原則として計上後20年以内に定額法、あるいはその他の合理的な方法によって償却する。

(2)貸方に生じる場合⇒「負ののれん発生益」勘定で処理

親会社の投資 ＜(親会社持分に相応する)子会社の資本
⇒当期の利益として、損益計算書・特別利益に計上される[21]。

[21]貸借対照表上では利益剰余金に加算する。

【設例14-2】

Ｐ社は、×1年３月31日にＳ社の発行済株式の100％を22,000円で取得して支配を獲得した。連結決算日(×1年３月31日)に必要な連結修正仕訳を示しなさい。

なお、Ｓ社の資産・負債の時価に関する資料も含めて、必要な資料は【設例14-1】と同じものとする。

〈解答・解説〉

| | | | |
|---|---|---|---|
| (借)諸資産 | 6,000 | (貸)評価差額 | 6,000 |
| (借)資本金 | 10,000 | (貸)Ｓ社株式 | 22,000 |
| 利益剰余金 | 4,000 | | |
| 評価差額 | 6,000 | | |
| のれん | 2,000 | | |

親会社の投資(22,000円)＞子会社の資本(10,000円＋4,000円＋6,000円)
⇒借方に差額が生じるため、差額の2,000円はのれんとなる。

【設例14-3】

Ｐ社は、×1年３月31日にＳ社の発行済株式の100％を19,000円で取得して支配を獲得した。連結決算日(×1年３月31日)に必要な連結修正仕訳を示しなさい。

なお、Ｓ社の資産・負債の時価に関する資料も含めて、必要な資料は【設例14-1】と同じものとする。

〈解答・解説〉

| | | | |
|---|---|---|---|
| (借)諸資産 | 6,000 | (貸)評価差額 | 6,000 |
| (借)資本金 | 10,000 | (貸)Ｓ社株式 | 19,000 |
| 利益剰余金 | 4,000 | 負ののれん発生益[22] | 1,000 |
| 評価差額 | 6,000 | | |

[22]連結初年度で、連結貸借対照表のみを作成する場合には、利益剰余金となる。

親会社の投資(19,000円)＜子会社の資本(10,000円＋4,000円＋6,000円)
⇒貸方に差額が生じるため、差額の1,000円は負ののれん発生益となる。

## 4 部分所有子会社の資本連結と非支配株主持分

株式を100%保有していないため、完全子会社とならない子会社を部分所有子会社という。部分所有子会社には、非支配株主と呼ばれる親会社以外の株主が存在する。そのため、親会社の投資と子会社の資本とを相殺消去する場合には、親会社に属さない部分は**非支配株主持分**として貸方に計上しなければならない[23]。

[23] 非支配株主持分は、連結貸借対照表の純資産の部に、株主資本とは別の独立した項目として計上する。

**【設例14-4】**

P社は、X1年3月31日にS社発行済株式の70%を9,800円で取得して支配を獲得した。連結決算日(X1年3月31日)に必要な連結修正仕訳を示しなさい。なお、S社の資産・負債の時価は簿価と等しいものとし、その他の仕訳に必要な資料は、**【設例14-1】**と同じものとする。

〈解答・解説〉

| | | | |
|---|---|---|---|
| (借)資本金 | 10,000 | (貸)S社株式 | 9,800 |
| 利益剰余金 | 4,000 | 非支配株主持分 | 4,200* |

* (10,000円+4,000円)×(100%－70%)=4,200円

## 5 部分所有子会社における時価評価と資本連結

連結される子会社が部分所有子会社の場合、子会社の資産・負債を評価替えするために、**全面時価評価法**を用いて処理する[24]。

全面時価評価法では、支配獲得日における子会社の資産・負債の公正な評価額と簿価とを比較して生じた**差額の全額**を評価差額として計上する。

計上した評価差額は子会社の資本の一部と考えるため、その金額も加えた子会社の資本の金額に非支配株主持分割合を掛けたものが、非支配株主持分の金額となる。

[24] 部分時価評価法も考えられるが、「連結会計基準」では部分時価評価法は採用されていないので、本書でもそれに従う。

**【設例 14-5】**

P社は、×1年3月31日にS社発行済株式の70%を取得して支配を獲得した。連結決算日(×1年3月31日)における「全面時価評価法」に必要な連結修正仕訳を示しなさい。なお、ここに示していない仕訳に必要な資料は、**【設例 14-1】**と同じものとする。

P社は、S社の株式を14,000円で取得しており、×1年3月31日におけるS社諸資産の時価は30,000円、諸負債の時価は10,000円である。

〈解答・解説〉

| | | | |
|---|---|---|---|
| (借)諸資産 | 6,000 | (貸)評価差額 | 6,000[*1] |
| (借)資本金 | 10,000 | (貸)S社株式 | 14,000 |
| 利益剰余金 | 4,000 | 非支配株主持分 | 6,000[*2] |
| 評価差額 | 6,000 | | |

＊1　30,000円 − 24,000円 = 6,000円

＊2　(10,000円 + 4,000円 + 6,000円) × (100% − 70%) = 6,000円

部分所有子会社においても、「親会社の投資」と「親会社持分に相応する子会社の資本」との差額は、投資消去差額となり、「のれん」または「負ののれん発生益」として処理する。

**【設例 14-6】**

P社は、×1年3月31日にS社発行済株式70%を取得して支配を獲得した。以下の資料に従って、連結決算日(×1年3月31日)における必要な連結修正仕訳を「全面時価評価法」により示しなさい。ただし、税効果会計は適用しないものとする。

〈資料〉

(1)P社およびS社個別貸借対照表

P社貸借対照表
×1年3月31日　(単位：円)

| | | | |
|---|---|---|---|
| 諸資産 | 60,000 | 諸負債 | 26,000 |
| S社株式 | 9,580 | 資本金 | 30,000 |
| | | 利益剰余金 | 13,580 |
| | 69,580 | | 69,580 |

S社貸借対照表
×1年3月31日　(単位：円)

| | | | |
|---|---|---|---|
| 諸資産 | 24,000 | 諸負債 | 14,000 |
| 土地 | 2,000 | 資本金 | 8,000 |
| | | 利益剰余金 | 4,000 |
| | 26,000 | | 26,000 |

(2)×1年3月31日におけるS社土地の時価は3,000円で、それ以外の諸資産と諸負債は簿価と時価が等しいものとする。

〈解答・解説〉

| | | | |
|---|---|---|---|
| (借)土　　　地 | 1,000 | (貸)評 価 差 額 | 1,000[*1] |
| (借)資　本　金 | 8,000 | (貸)S 社 株 式 | 9,580 |
| 利益剰余金 | 4,000 | 非支配株主持分 | 3,900[*2] |
| 評 価 差 額 | 1,000 | | |
| の　れ　ん | 480[*3] | | |

＊1　3,000円－2,000円＝1,000円

＊2　(8,000円＋4,000円＋1,000円)×(100%－70%)＝3,900円

＊3　9,580円－(8,000円＋4,000円＋1,000円)×70%＝480円㉕

㉕貸借差額でも求められる。

## 6 支配獲得日における連結貸借対照表の作成

支配獲得日における連結貸借対照表は、①子会社の資産・負債の評価替えの処理および②資本連結の処理を、親会社の個別貸借対照表項目と子会社の個別貸借対照表項目との合算額に加減して作成する。

**【設例 14-7】**

**【設例 14-6】**の資料によって、支配獲得日の連結貸借対照表を作成しなさい。

〈解答・解説〉

連結貸借対照表

×1年3月31日　　　　(単位：円)

| | | | |
|---|---|---|---|
| 諸 資 産 | 84,000 | 諸 負 債 | 40,000 |
| 土　　地 | 3,000 | 資 本 金 | 30,000 |
| の れ ん | 480 | 利益剰余金 | 13,580 |
| | | 非支配株主持分 | 3,900 |
| | 87,480 | | 87,480 |

# 3 段階取得による資本連結

## 1 段階取得の概要

これまでの設例では、一括取得によって子会社を支配していた。しかし、一括取得には一度に多額の資金が必要となるため、親会社は段階的な取得によって子会社を支配する場合もある。ここでは段階的に子会社株式を取得することによって子会社を支配するケースについて学習する。

なお、段階取得によって子会社を支配する場合でも、連結修正仕訳は支配を獲得したときから行う点に注意すること[26]。

[26] 関連会社から子会社となる場合の処理は、本書では扱わない。

## 2 段階取得による支配獲得

子会社の株式を段階的に取得することによって支配を獲得した場合でも、支配を獲得した時点で一括して株式を取得したものとして処理する。ただし、支配獲得に至らなかったさいの株式の取得額と支配獲得に至ったさいの株式の取得額が異なる場合には、その差額は段階取得に係る差損益として処理する。

**【設例 14-8】**

P社は×1年3月31日にS社の発行済株式の20%を取得しており、×2年3月31日にS社の発行済株式40%の追加取得して支配を獲得した。

以下の資料に従って、資本連結に必要な連結修正仕訳を示し、×2年3月31日の連結貸借対照表を作成しなさい。

なお、税効果会計は適用しないものとする。

**〈資料〉**

(1) P社およびS社の個別貸借対照表

P社貸借対照表
×1年3月31日　（単位：円）

| | | | |
|---|---|---|---|
| 諸資産 | 76,400 | 諸負債 | 20,000 |
| S社株式 | 7,600 | 資本金 | 50,000 |
| | | 利益剰余金 | 14,000 |
| | 84,000 | | 84,000 |

S社貸借対照表
×1年3月31日　（単位：円）

| | | | |
|---|---|---|---|
| 諸資産 | 56,000 | 諸負債 | 20,000 |
| | | 資本金 | 30,000 |
| | | 利益剰余金 | 6,000 |
| | 56,000 | | 56,000 |

P社貸借対照表
×2年3月31日　（単位：円）

| | | | |
|---|---|---|---|
| 諸資産 | 87,400 | 諸負債 | 31,000 |
| S社株式 | 31,600 | 資本金 | 50,000 |
| | | 利益剰余金 | 38,000 |
| | 119,000 | | 119,000 |

S社貸借対照表
×2年3月31日　（単位：円）

| | | | |
|---|---|---|---|
| 諸資産 | 70,000 | 諸負債 | 25,000 |
| | | 資本金 | 30,000 |
| | | 利益剰余金 | 15,000 |
| | 70,000 | | 70,000 |

(注1) x1年3月31日におけるS社諸資産の時価は、58,000円であった。なお、負債の時価は帳簿価額に等しい。

(注2) x2年3月31日におけるS社諸資産の時価は、75,000円であった。なお、負債の時価は帳簿価額に等しい。

(2) P社のS社株式取得状況

x1年3月31日　S社発行済株式の20%を 7,600円で取得。

x2年3月31日　S社発行済株式の40%を24,000円で取得。

〈解答・解説〉

資本連結は、x2年3月31日に一括してS社株式の60%を取得したかのように処理する。ただし、このさいにx1年3月31日に取得したものを、x2年3月31日(支配獲得日)に取得した原価に合わせる処理を行う。

| | | | |
|---|---|---|---|
| (借) S社株式 | 4,400 | (貸) 段階取得に係る差損益[27] | 4,400 |

[27] 連結初年度で連結貸借対照表のみを作成する場合には、利益剰余金となる。

x1年3月31日　7,600円÷20%＝380円／%

x2年3月31日　24,000円÷40%＝600円／%

x1年3月31日取得分(20%)を1%につき220円金額を上げる。

220円／%×20%分＝4,400円

次にP社が支配を獲得したx2年3月31日におけるS社の資産・負債を評価替えし、資本連結の処理を行う[28]。

[28] x1年3月31日におけるS社の資産・負債の時価は考慮しない。

| | | | |
|---|---|---|---|
| (借) 諸資産 | 5,000 | (貸) 評価差額 | 5,000 *1 |
| (借) 資本金 | 30,000 | (貸) S社株式 | 36,000 *2 |
| 利益剰余金 | 15,000 | 非支配株主持分 | 20,000 *3 |
| 評価差額 | 5,000 | | |
| のれん | 6,000 *4 | | |

＊1　75,000円－70,000円＝5,000円

＊2　7,600円＋24,000円＋4,400円＝36,000円

＊3　(30,000円＋15,000円＋5,000円)×(100%－60%)＝20,000円

＊4　36,000円－(30,000円＋15,000円＋5,000円)×60%＝6,000円

**連結貸借対照表**

連結貸借対照表

x2年3月31日　(単位：円)

| | | | |
|---|---|---|---|
| 諸資産 | 162,400 | 諸負債 | 56,000 |
| のれん | 6,000 | 資本金 | 50,000 |
| | | 利益剰余金 | 42,400 |
| | | 非支配株主持分 | 20,000 |
| | 168,400 | | 168,400 |

# 第15章 連結財務諸表その2

第14章では、連結会計のうち支配獲得までの処理について学習してきた。しかし、支配を獲得するだけが子会社を持つ目的ではない。実際には、親会社と子会社の間で商品の売買や資金の貸借などもあるだろう。また、子会社が計上した利益や配当金はいったい誰のものになるのだろうか、という問題も生じてくる。
この第15章では、これらのような支配獲得後に行われる処理について学習していく。

連結財務諸表規則
（令和5年3月27日 内閣府令第22号）
連結財務諸表規則ガイドライン
（令和5年3月 金融庁企画市場局）
連結財務諸表に関する会計基準
（改正平成25年9月13日 企業会計基準委員会）

## 1 支配獲得後の連結修正仕訳

### 1 連結開始仕訳

支配獲得時に行ったものも含め、すべての連結修正仕訳は通常の帳簿には記録されない。そのため、支配獲得後の連結財務諸表を作成するさいには、前期までに行った連結修正仕訳をもう一度行い、前期末時点における連結財務諸表を再現しなければならない。これを行う仕訳を**連結開始仕訳**という。

なお、純資産の区分に記載する項目は連結株主資本等変動計算書における当期首残高の修正を行うため、各科目には「当期首残高」を付けた仕訳を行う。

**【設例15-1】**

P社は×1年3月31日に、S社発行済株式の70％を22,000円で取得して支配を獲得した。以下の資料に従って、×1年度(×1年4月1日～×2年3月31日)の連結財務諸表の作成に必要な開始仕訳を示しなさい。

なお、子会社の資産および負債の評価は全面時価評価法によって行っており、税効果会計は適用しないものとする。

**〈資料〉**

(1)　S社貸借対照表

×1年3月31日　(単位：円)

| | | | |
|---|---|---|---|
| 諸資産 | 42,000 | 諸負債 | 17,000 |
| | | 資本金 | 20,000 |
| | | 利益剰余金 | 5,000 |
| | 42,000 | | 42,000 |

(2)P社はS社の株式をS社株式として処理している。
(3)x1年3月31日におけるS社の諸資産の時価は47,000円であり、諸負債の時価は簿価と等しかった。

〈解答・解説〉

| | | | | | |
|---|---|---|---|---|---|
| (借) | 諸資産 | 5,000 | (貸) | 評価差額 | 5,000 *1 |
| (借) | 資本金当期首残高 | 20,000 | (貸) | S社株式 | 22,000 |
| | 利益剰余金当期首残高 | 5,000 | | 非支配株主持分当期首残高 | 9,000 *2 |
| | 評価差額 | 5,000 | | | |
| | のれん | 1,000 *3 | | | |

＊1　47,000円－42,000円＝5,000円
＊2　(20,000円＋5,000円＋5,000円)×(100％－70％)＝9,000円
＊3　22,000円－(20,000円＋5,000円＋5,000円)×70％＝1,000円

## 2 のれんの償却

資本連結の処理で借方にのれんが生じている場合には、のれんを償却しなければならない。

**【設例15-2】**
**【設例15-1】**に従って、x1年度(x1年4月1日～x2年3月31日)におけるのれんの償却に関する連結修正仕訳を示しなさい。なお、のれんは発生の翌年度から20年間にわたって定額法により償却する。

〈解答・解説〉

| | | | | | |
|---|---|---|---|---|---|
| (借) | のれん償却額 | 50 * | (貸) | のれん | 50 |

＊ 1,000円÷20年＝50円

## 3 子会社純損益の非支配株主持分への振り替え

個別損益計算書を単純に合算すると、子会社の当期純損益はすべて連結損益計算書に計上されてしまう。しかし、子会社に非支配株主がいる場合、子会社の純損益の一部は子会社の非支配株主に帰属するべきものである。そのため、子会社が計上した当期純損益のうち子会社の非支配株主持分割合を掛けた金額を非支配株主持分へ按分する。

**i)子会社が当期純利益を計上した場合**

| | | | | | |
|---|---|---|---|---|---|
| (借) | 非支配株主に帰属する当期純利益❶ | ××× | (貸) | 非支配株主持分当期変動額 | ××× |

❶連結損益計算書の末尾に当期純利益のマイナス項目として表示される。

ⅱ)子会社が当期純損失を計上した場合

| | | | |
|---|---|---|---|
| (借)非支配株主持分当期変動額 | ××× | (貸)非支配株主に帰属する当期純利益❷ | ××× |

❷貸方残高の場合は、当期純利益のプラスとなる。

**【設例15-3】**

**【設例15-1】**の資料に従って、x1年度(x1年4月1日~x2年3月31日)におけるS社の純損益を非支配株主持分に按分する連結修正仕訳を示しなさい。

なお、x1年度にS社が計上した当期純利益は4,000円である❸。

❸仮にS社が4,000円の当期純損失を計上した場合の連結修正仕訳は以下のようになる。
(借)非支配株主持分当期変動額 1,200
(貸)非支配株主に帰属する当期純利益 1,200

〈解答・解説〉

| | | | |
|---|---|---|---|
| (借)非支配株主に帰属する当期純利益 | 1,200* | (貸)非支配株主持分当期変動額❹ | 1,200 |

* 4,000円×30%=1,200円

❹連結株主資本等変動計算書も作成しなければならないため、連結株主資本等変動計算書の項目である「非支配株主持分当期変動額」としている。

## 4 子会社が支払った配当金

子会社が配当金を支払っている場合には、親会社はその配当金を受け取っている❺。そのため、子会社が支払った配当金は、親会社の受取配当金と非支配株主へ按分されたS社の剰余金、すなわち非支配株主持分とによって相殺消去する。

❺株主に対して支払われるため、当然子会社の株式を保有している親会社にも子会社から配当金が支払われる。

**【設例15-4】**

**【設例15-1】**に従って、x1年度(x1年4月1日~x2年3月31日)におけるS社の配当金の支払いに関する連結修正仕訳を示しなさい。

なお、S社はx1年6月28日に株主に対して配当金2,000円を支払っている。

〈解答・解説〉

| | | | |
|---|---|---|---|
| (借)受取配当金❻ | 1,400*1 | (貸)剰余金の配当❼ | 2,000 |
| 非支配株主持分当期変動額 | 600*2 | | |

*1 2,000円×70%=1,400円

*2 2,000円×(100%-70%)=600円

❻親会社の受取配当金を減らす処理である。

❼子会社の株主資本等変動計算書の項目名を用いる。

## 5 2年度目以降の連結修正仕訳

開始仕訳を行うさいに、過去に行った損益取引に関する連結修正仕訳は、利益剰余金の変動計算に含めて処理する。このため、のれん償却額勘定や非支配株主損益勘定などは、すべて利益剰余金当期首残高に置き換えなければならない。

**【設例15-5】**

**【設例15-1】**から**【設例15-4】**に従って、X2年度(X2年4月1日～X3年3月31日)の連結財務諸表を作成するために必要な連結開始仕訳を示しなさい。ただし、**【設例15-1】**から**【設例15-4】**で取り扱ったもの以外の連結修正仕訳は行われていないものとする。

**【設例15-1】**から**【設例15-4】**まで行った仕訳はすべて前期(X1年度)に行われたものであるため、損益取引については当期(X2年度)時点における連結修正仕訳に改めたうえで、すべての仕訳を合計したものが連結開始仕訳となる。

**①X1年度の連結開始仕訳**

| | | | | |
|---|---|---|---|---|
| (借) | 諸資産 | 5,000 | (貸)評価差額 | 5,000 |
| (借) | 資本金当期首残高 | 20,000 | (貸)S社株式 | 22,000 |
| | 利益剰余金当期首残高 | 5,000 | 非支配株主持分当期首残高 | 9,000 |
| | 評価差額 | 5,000 | | |
| | のれん | 1,000 | | |

**②X1年度に行ったのれんの償却**

| | | | | |
|---|---|---|---|---|
| (借) | 利益剰余金当期首残高 | 50 | (貸)のれん | 50 |

**③X1年度に計上したS社純損益の非支配株主への按分**

| | | | | |
|---|---|---|---|---|
| (借) | 利益剰余金当期首残高 | 1,200 | (貸)非支配株主持分当期首残高 | 1,200 |

**④X1年度に行ったS社の配当金支払**

| | | | | |
|---|---|---|---|---|
| (借) | 利益剰余金当期首残高 | 1,400 | (貸)利益剰余金当期首残高❽ | 2,000 |
| | 非支配株主持分当期首残高 | 600 | | |

❽前期の剰余金の配当に関する修正も前期における利益剰余金の金額を変動させるものなので、「利益剰余金当期首残高」に置き換える。

以上の①～④の仕訳を合計したものが、X2年度の連結開始仕訳となる。

〈解答・解説〉

| | | | | |
|---|---|---|---|---|
| (借)諸資産 | 5,000 | (貸)評価差額 | 5,000 |
| (借)資本金当期首残高 | 20,000 | (貸)S社株式 | 22,000 |
| 利益剰余金当期首残高 | 5,650 *1 | 非支配株主持分当期首残高 | 9,600 *2 |
| 評価差額 | 5,000 | | |
| のれん | 950 *3 | | |

＊1　5,000円＋50円＋1,200円＋1,400円－2,000円＝5,650円

＊2　9,000円＋1,200円－600円＝9,600円

＊3　1,000円－50円＝950円

# 2 債権・債務の相殺消去

## 1 債権・債務の相殺消去の必要性

連結貸借対照表は、基本的に親会社と連結される子会社の資産、負債および純資産の金額を合算して作成される。

しかし、たとえば親会社の貸付金が子会社に対するものであった場合、この取引は企業グループ内の資金の移動に過ぎないため、そこから生じた親会社の貸付金と子会社の借入金は連結貸借対照表に記載することはできない。

このように、企業グループ内の取引によって生じた債権・債務は相殺消去しなければならない。なお、相殺消去される項目には、連結会社間の取引によって生じた経過勘定項目も含まれる。

相殺消去される債権・債務の対象は、以下のとおりである。

① **売掛金と買掛金**

② **受取手形と支払手形（電子記録債権と電子記録債務）**

③ **貸付金と借入金**

④ **前受金と前払金**

⑤ **未収収益と未払費用**

⑥ **前払費用と前受収益**

## 2 売上債権・仕入債務の相殺消去

連結会社間で商品を売買したさいに生じた売掛金と買掛金や受取手形と支払手形❾については、相殺消去しなければならない。なお、その売掛金や受取手形などに貸倒引当金が設定されている場合は、それも修正しなければならない。

❾手形を電子化したものである電子記録債権と電子記録債務となっても同様である。

**【設例 15-6】**

P社（親会社）個別貸借対照表に示されている売掛金200,000円のうち80,000円と受取手形450,000円のうち200,000円は、S社（子会社）に対するものである。ただし、P社は、売上債権の期末残高に対して２％の貸倒引当金を設定している。

連結会社間の取引によって生じた債権・債務を相殺消去するための連結修正仕訳を示しなさい。税効果会計は適用しないものとする。

〈解答・解説〉

| | | | |
|---|---|---|---|
| (借)買　掛　金 | 80,000 | (貸)売　掛　金 | 80,000 |
| (借)支 払 手 形 | 200,000 | (貸)受 取 手 形 | 200,000[10] |
| (借)貸 倒 引 当 金 | 5,600＊ | (貸)貸倒引当金繰入額 | 5,600 |

＊　(80,000円＋200,000円)×２％＝5,600円

[10] 電子記録債権と電子記録債務であれば次の仕訳となる。
(借)電子記録債務 200,000　(貸)電子記録債権 200,000

## 3 貸付金・借入金の相殺消去

連結会社間の貸付金と借入金についても、売上債権・仕入債務と同様に相殺消去される。また、これらについては個別財務諸表上で利息の処理[11]もされているため、それらについても修正しなければならない。

[11] 実際に受け取り・支払いがなされた利息だけでなく、経過勘定になっているもの（未収利息と未払利息、前受利息と前払利息）も相殺消去しなければならない。

**【設例 15-7】**

P社（親会社）個別貸借対照表に示されている短期貸付金500,000円のうち300,000円は、S社（子会社）に対するものである。また、P社の個別損益計算書にこの短期貸付金に係る利息として6,000円を計上している。ただし、2,000円は前受利息として処理している。なお、S社も同様の処理を行っている。ただし、貸付金に対する貸倒引当金の修正は考慮しなくてよい[12]。

連結会社間の取引によって生じた債権・債務を相殺消去するための連結修正仕訳を示しなさい。税効果会計は適用しないものとする。

[12] 貸付金に対する貸倒引当金が設定されることもある。この場合は、売上債権で行ったものと同様に処理する。

〈解答・解説〉

| | | | |
|---|---|---|---|
| (借)短 期 借 入 金 | 300,000 | (貸)短 期 貸 付 金 | 300,000 |
| (借)受　取　利　息 | 6,000 | (貸)支　払　利　息 | 6,000 |
| (借)前　受　利　息 | 2,000 | (貸)前　払　利　息 | 2,000 |

## 4 手形の割引に関する特殊な修正仕訳

連結会社間で振り出された手形に関しては、基本的には受取手形と支払手形を相殺消去すればよいが、その手形を銀行で割り引いた場合は処理が異なるため、注意が必要である。

**【設例 15-8】**

Ｓ社(子会社)は、Ｐ社(親会社)振り出しの約束手形100,000円を銀行で割り引いていた。なお、Ｓ社はこの手形を割り引くさいに保証債務2,000円を計上しており、この手形は期末現在未決済である。

〈解答・解説〉

| | | | |
|---|---|---|---|
| (借)支払手形 | 100,000 | (貸)短期借入金 | 100,000 |
| (借)保証債務 | 2,000 | (貸)保証債務費用 | 2,000 |

Ｓ社は、Ｐ社振り出しの約束手形を銀行で割り引いた時点で、手形債権(受取手形勘定)を消滅させているため、相殺すべき受取手形はない。しかしながら、連結グループを単一の組織体と考えると、この取引は、手形を振り出して銀行から借り入れを行った取引と同じになる。そこで、Ｐ社の支払手形は、短期借入金(手形借入金)に修正しなければならない。また、Ｓ社が手形を割り引くさいに行った以下の仕訳を消去しなければならない。

| | | | |
|---|---|---|---|
| (借)保証債務費用 | 2,000 | (貸)保証債務 | 2,000 |

なお、仮にこのさいにＳ社が手形売却損(3,000円)を計上していたとすると、これを短期借入金に対する利息として捉えなおすため、次の仕訳も必要となる。

| | | | |
|---|---|---|---|
| (借)支払利息 | 3,000 | (貸)手形売却損 | 3,000 |

さらに、この支払利息の期間(＝手形の満期日までの期間)が期をまたいでいた場合には、経過勘定項目として、前払利息の計上も必要となる。

# 3 未実現損益の消去

## 1 未実現損益の消去の概要

連結会社間で棚卸資産や固定資産などに利益を付して売買し、それが決算日において企業グループ外に売却されていない場合、付された利益は未実現の利益となる。したがって、このような未実現損益⑬は消去しなければならない⑭。

未実現損益を消去する方法には、以下の２つがある。

**ⅰ）　全額消去・親会社負担方式**

**ⅱ）　全額消去・持分比率負担方式**

２つの方法は、売買損益の全額を未実現損益として消去する点では同じである。全額消去・親会社負担方式は、その全額を親会社持分に負担させる方法であり、全額消去・持分比率負担方式は、親会社持分と非支配株主持分に、その持分比率に応じて負担させる方法である。

連結会社間の売買取引の流れには、図に示すように①親会社から子会社への流れと、②子会社から親会社への流れがある。①の流れを**ダウンストリーム**と呼び、②の流れを**アップストリーム**という。

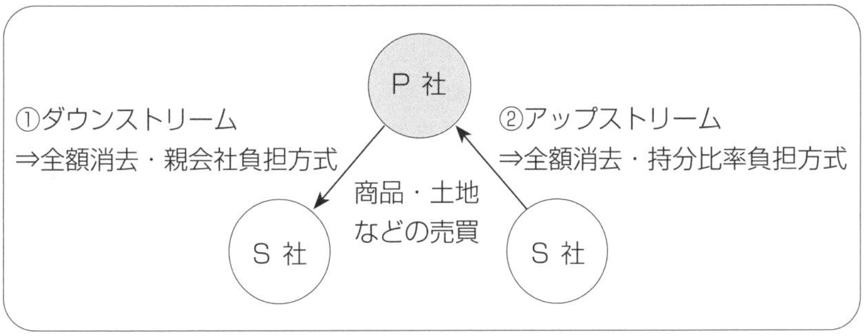


ダウンストリームの場合には、全額消去・親会社負担方式が適用される。これは、未実現損益が親会社に生じているため、親会社はその全額を負担することが適当と考えられるからである。

アップストリームの場合には、全額消去・持分比率負担方式が適用される。これは、未実現損益が子会社に生じているため、親会社と非支配株主でその全額を持分比率に応じて負担することが適当と考えられるからである。

⑬簿価より低い価格で他の連結会社に資産を売却した場合は未実現の損失が生じることになるが、このような状況は考えにくいため、この本では基本的に未実現利益を前提に解説していく。

⑭単一の組織体である連結グループ内で、それらの資産を保有していることに変わりはないためである。

## 2 非償却性資産の未実現利益の消去

土地など、減価償却を行わない資産を非償却性資産という。この非償却性資産に利益を付して連結会社間で売買が行われ、それが決算日において企業グループ外に売却されていない場合、この利益は未実現のものであるため消去しなければならない。個別財務諸表上の資産の額は未実現利益の金額だけ過大になっているため、これも修正する。

**【設例15-9】**

P社はS社発行済株式のうち80%を所有している。P社とS社間の取引において、土地(取得原価300,000円)を400,000円で売却した。期末現在、この土地は連結グループ内部で保有されているとして、(1)ダウンストリーム(P社がS社に売却)および(2)アップストリーム(S社がP社に売却)の場合に必要な連結修正仕訳を示しなさい。ただし、税効果会計は適用しないものとする。

〈解答・解説〉

(1)ダウンストリームの場合

| | | | |
|---|---|---|---|
| (借)固定資産売却益 | 100,000*1 | (貸)土　　　　地 | 100,000 |

(2)アップストリームの場合

| | | | |
|---|---|---|---|
| (借)固定資産売却益 | 100,000*1 | (貸)土　　　　地 | 100,000 |
| (借)非支配株主持分当期変動額 | 20,000*2 | (貸)非支配株主に帰属する当期純利益 | 20,000 |

＊1　400,000円－300,000円＝100,000円

＊2　(400,000円－300,000円)×(100%－80%)＝20,000円

この取引は、連結グループ内での単なる土地の移動に過ぎないため、ダウンストリームの場合には、P社の固定資産売却益を全額消去するための仕訳を行う。この仕訳により、いったん400,000円と評価された土地を、もとの300,000円に戻すことになる。アップストリームの場合には、いったんS社の固定資産売却益を全額消去してから、非支配株主持分を減らすための仕訳を行う。土地は非償却性資産であるため、減価償却費については考慮する必要はない。

## 3 償却性資産の未実現利益の消去

非償却性資産に対して、建物や備品のように減価償却を行う資産を償却性資産という。償却性資産に未実現利益が含まれる場合、減価償却費が過大に計上されているため、これも修正しなければならない。

**【設例 15-10】**

P社はS社発行済株式のうち70%を所有している。P社とS社間の取引において、備品(帳簿価額250,000円)を300,000円で売却した。期末現在、この備品は連結グループ内部で保有されているとして、(1)ダウンストリーム(P社がS社に売却)および(2)アップストリーム(S社がP社に売却)の場合に必要な連結修正仕訳を示しなさい。ただし、税効果会計は適用しないものとする。なお、この備品は両社ともに間接法、耐用年数5年、残存価額0円で減価償却を行っている。

〈解答・解説〉

(1)ダウンストリームの場合

| | | | |
|---|---|---|---|
| (借)固定資産売却益 | 50,000*1 | (貸)備　　品 | 50,000 |
| (借)備品減価償却累計額⑮ | 10,000 | (貸)減価償却費 | 10,000*2 |

⑮建物、備品といった複数の償却性資産があることを想定し、ここでは、減価償却累計額の前に「備品」と付けることにした。

(2)アップストリームの場合

| | | | |
|---|---|---|---|
| (借)固定資産売却益 | 50,000*1 | (貸)備　　品 | 50,000 |
| (借)非支配株主持分当期変動額 | 15,000*3 | (貸)非支配株主に帰属する当期純利益 | 15,000 |
| (借)備品減価償却累計額 | 10,000 | (貸)減価償却費 | 10,000*2 |
| (借)非支配株主に帰属する当期純利益 | 3,000 | (貸)非支配株主持分当期変動額 | 3,000*4 |

＊1　300,000円－250,000円＝50,000円

＊2　50,000円÷5年＝10,000円

＊3　(300,000円－250,000円)×(100%－70%)＝15,000円

＊4　50,000円÷5年×(100%－70%)＝3,000円

備品は償却性資産であるから、減価償却費について考慮しなければならない。ダウンストリームの場合には、減価償却費を減少させて親会社の持分を増加させる仕訳を行う。アップストリームの場合には、いったん減価償却費を減少させたあとに、非支配株主持分⑯を持分比率に応じて増加させる仕訳を行う。

⑯アップストリームの場合、備品はP社が所有しているため減価償却費を計上するのもP社である。そのため、非支配株主には関係ないように見えるが、過大な減価償却費を計上する原因がS社の付した利益であるため、これもS社の付した未実現利益の修正と考えて非支配株主持分を修正する。

## 4 売上と仕入の消去

連結会社間で商品の売買を行った場合、販売側の売上高と仕入側の仕入高(連結損益計算書上は売上原価)を相殺消去する。

なお、これは未実現利益の消去方法に関係なく、必ず行わなければならない。また、この段階では商品売買に利益を付していても実現したか否かははっきりしないため、未実現利益については考慮しない。

**【設例15-11】**

P社はS社発行済株式のうち60%を所有している。P社とS社間の取引において、商品400,000円を現金で販売したとして、(1)ダウンストリーム(P社がS社に売却)および(2)アップストリーム(S社がP社に売却)の場合に必要な連結修正仕訳を示しなさい。ただし、税効果会計は適用しないものとする。

〈解答・解説〉

(1)ダウンストリームの場合

| | | | |
|---|---|---|---|
| (借)売 上 高 | 400,000 | (貸)売 上 原 価 | 400,000 |

(2)アップストリームの場合

| | | | |
|---|---|---|---|
| (借)売 上 高 | 400,000 | (貸)売 上 原 価 | 400,000 |

## 5 期末商品に含まれる未実現利益の消去

連結会社間で売買された商品が期末に売れ残って連結グループ内部に保有されている場合には、期末商品に含まれる内部利益は未実現である。したがって、連結貸借対照表の商品勘定から控除し、連結損益計算書の売上原価に加算する[17]。

また、アップストリームの場合、売上原価の修正は、子会社の損益計算に影響を与えるため、全額消去・持分比率負担方式によって、非支配株主に分配された利益も修正しなければならない。

[17] 個別財務諸表上、期末商品に含まれている未実現利益の分だけ売上原価が過小(期末商品が過大)に計上されているためである。

**【設例15-12】**

P社はS社発行済株式のうち70%を所有している。P社とS社間の取引において、原価率80%の商品を販売している。期末現在、この商品の一部200,000円が期末商品として連結グループ内部で保有されているとして、(1)ダウンストリーム(P社がS社に販売)および(2)アップストリーム(S社がP社に販売)の場合に必要な連結修正仕訳を示しなさい。ただし、税効果会計は適用しないものとする。

〈解答・解説〉

(1)ダウンストリームの場合

| | | | |
|---|---|---|---|
| (借)売　上　原　価 | 40,000 | (貸)商　　　　　品 | 40,000*1 |

(2)アップストリームの場合

| | | | |
|---|---|---|---|
| (借)売　上　原　価 | 40,000 | (貸)商　　　　　品 | 40,000*1 |
| (借)非支配株主持分当期変動額 | 12,000*2 | (貸)非支配株主に帰属する当期純利益 | 12,000 |

＊1　200,000円×(100％－80％)＝40,000円

＊2　40,000円×(100％－70％)＝12,000円

## 6 期首商品に含まれる未実現利益の消去

期首商品に含まれている未実現利益は、期中に連結外部へ販売されることで当期に実現していると考え、売上原価から控除する⑱。また、この未実現利益は前期において利益から控除されているため、未実現利益の金額だけ利益剰余金当期首残高を減少させる。

⑱期首商品に含まれている未実現利益の分だけ売上原価が過大に計上されているためである。

なお、アップストリームの場合には前期に消去した未実現利益が実現された場合、前期に減少させた非支配株主持分を当期において増加させなければならない。

**【設例15-13】**

**【設例15-12】**において、(1)ダウンストリーム(P社がS社に販売)および(2)アップストリーム(S社がP社に販売)の場合に必要な翌期の連結修正仕訳を示しなさい。ただし、前期の商品は、すべて外部に販売されている。

〈解答・解説〉

(1)ダウンストリームの場合

| | | | |
|---|---|---|---|
| (借)利益剰余金当期首残高 | 40,000 | (貸)売　上　原　価 | 40,000 |

(2)アップストリームの場合

| | | | |
|---|---|---|---|
| (借)利益剰余金当期首残高 | 40,000 | (貸)売　上　原　価 | 40,000 |
| (借)非支配株主持分当期首残高 | 12,000 | (貸)利益剰余金当期首残高 | 12,000* |
| (借)非支配株主に帰属する当期純利益 | 12,000 | (貸)非支配株主持分当期変動額 | 12,000 |

＊　40,000円×(100％－70％)＝12,000円

## 7 未達事項の整理

連結会社間で未達商品がある場合には、その未達商品は連結グループ内の期末商品となるので、連結貸借対照表の商品勘定と買掛金勘定を増加させ、未達商品に含まれる未実現利益を消去する⑲。アップストリームの場合には、消去された未実現利益を非支配株主にも負担させなければならない。

⑲期末商品の増加による売上原価の修正は、当期商品仕入高と期末商品棚卸高にそれぞれ同額ずつ加算されて相殺されるので、売上原価の計算上表れることはない。

**【設例15-14】**

Ｐ社はＳ社発行済株式のうち90%を所有している。Ｐ社とＳ社間の取引において、原価率70%の商品50,000円を発送した取引が、連結決算期末の時点で未達であったとして、(1)ダウンストリームおよび(2)アップストリームの場合に必要な連結修正仕訳を示しなさい。ただし、税効果会計は適用しないものとする。

〈解答・解説〉

(1)ダウンストリームの場合

| | | | |
|---|---|---|---|
| (借)商品 | 50,000 | (貸)買掛金 | 50,000 |
| (借)売上原価 | 15,000 | (貸)商品 | 15,000*1 |

(2)アップストリームの場合

| | | | |
|---|---|---|---|
| (借)商品 | 50,000 | (貸)買掛金 | 50,000 |
| (借)売上原価 | 15,000 | (貸)商品 | 15,000*1 |
| (借)非支配株主持分当期変動額 | 1,500*2 | (貸)非支配株主に帰属する当期純利益 | 1,500 |

＊1　50,000円×(100% − 70%) = 15,000円

＊2　15,000円×(100% − 90%) = 1,500円

# 4 連結財務諸表の作成

これまで学習してきた内容をもとに、連結精算表を作成し、その連結精算表から連結財務諸表を作成するまでの手順を【設例15-15】を用いて説明する。

**【設例15-15】**

次の資料によって、連結精算表を作成し、連結財務諸表を完成させなさい。ただし、P社およびS社の当会計期間は×1年4月1日から×2年3月31日までである。なお、税効果会計は適用しないものとする。

**〈資料〉**

(1) P社およびS社の個別財務諸表

貸借対照表

×2年3月31日　(単位：万円)

| 資産 | P社 | S社 | 負債・純資産 | P社 | S社 |
|---|---|---|---|---|---|
| 現金預金 | 1,950 | 1,500 | 買掛金 | 25,200 | 21,750 |
| 売掛金 | 30,000 | 22,500 | 短期借入金 | — | 750 |
| 貸倒引当金 | △600 | △450 | その他負債 | 37,500 | 29,000 |
| 商品 | 18,000 | 9,750 | 資本金 | 57,000 | 10,500 |
| 短期貸付金 | 750 | — | 利益剰余金 | 18,000 | 6,600 |
| 土地 | 3,000 | 2,000 | | | |
| 子会社株式 | 9,600 | — | | | |
| その他資産 | 75,000 | 33,300 | | | |
| | 137,700 | 68,600 | | 137,700 | 68,600 |

損益計算書

自×1年4月1日　至×2年3月31日　(単位：万円)

| 費用 | P社 | S社 | 収益 | P社 | S社 |
|---|---|---|---|---|---|
| 売上原価 | 58,500 | 38,550 | 売上高 | 97,500 | 55,200 |
| 貸倒引当金繰入額 | 550 | 105 | 受取利息 | 45 | — |
| その他の営業費用 | 32,000 | 16,200 | 受取配当金 | 60 | — |
| 支払利息 | — | 45 | その他の収益 | 2,295 | 1,800 |
| 当期純利益 | 8,850 | 2,100 | | | |
| | 99,900 | 57,000 | | 99,900 | 57,000 |

株主資本等変動計算書

自×1年4月1日　至×2年3月31日　　(単位：万円)

| | 株主資本 | | | |
|---|---|---|---|---|
| | 資本金 | | 利益剰余金 | |
| | P社 | S社 | P社 | S社 |
| 当期首残高 | 57,000 | 10,500 | 9,550 | 4,600 |
| 剰余金の配当 | — | — | △400 | △100 |
| 当期純利益 | — | — | 8,850 | 2,100 |
| 当期末残高 | 57,000 | 10,500 | 18,000 | 6,600 |

(2)　P社は、×1年3月31日に、S社発行済株式総数のうち60%を9,600万円で取得した。×1年3月31日におけるS社株主資本は、資本金10,500万円、利益剰余金4,600万円であった。また、S社土地(帳簿価額：2,000万円)の時価は2,500万円であり、全面時価評価法によって評価替えしている。

(3)　のれんは、発生年度の翌年から20年間で定額法により償却する。

(4)　P社売掛金のうち5,000万円はS社に対するものであり、またS社短期借入金は全額P社から借り入れたものである。

(5)　両社とも毎期末の売上債権に2%の貸倒引当金を差額補充法により設定している。なお、金銭債権に対しては設定していない。

(6)　S社は、当期からP社より商品20,000万円を仕入れている。このうち18,000万円分は外部に販売され、2,000万円分がまだ販売されずにS社期末商品に含まれている。なお、P社の当期売上総利益率は25%である。

(7)　S社支払利息は、全額P社に対するものである。

〈解答・解説〉

最初に、連結開始仕訳を行う。

**①土地の評価替え**

| | | | |
|---|---|---|---|
| (借)土地 | 500* | (貸)評価差額 | 500 |

＊　(2,500万円－2,000万円)＝500万円

**②開始仕訳**

| | | | |
|---|---|---|---|
| (借)資本金当期首残高 | 10,500 | (貸)子会社株式 | 9,600 |
| 利益剰余金当期首残高 | 4,600 | 非支配株主持分当期首残高 | 6,240*1 |
| 評価差額 | 500 | | |
| のれん | 240*2 | | |

＊1　(10,500万円＋4,600万円＋500万円)×(100%－60%)
＝6,240万円

＊2　9,600万円－{(10,500万円＋4,600万円＋500万円)×60%}
＝240万円

次に、当期中の連結修正仕訳を行う。

**③のれんの償却**

| | | | |
|---|---|---|---|
| (借)のれん償却額 | 12* | (貸)のれん | 12 |

＊　240万円÷20年＝12万円

**④S社当期純利益の振り替え**

| | | | |
|---|---|---|---|
| (借)非支配株主に帰属する当期純利益 | 840* | (貸)非支配株主持分当期変動額 | 840 |

＊　2,100万円×(100％－60％)＝840万円

**⑤S社配当金の相殺消去**

| | | | |
|---|---|---|---|
| (借)受取配当金 | 60*1 | (貸)剰余金の配当 | 100 |
| 非支配株主持分当期変動額 | 40*2 | | |

＊1　100万円×60％＝60万円

＊2　100万円×(100％－60％)＝40万円

**⑥債権債務の相殺消去**

| | | | |
|---|---|---|---|
| (借)買掛金 | 5,000 | (貸)売掛金 | 5,000 |
| (借)短期借入金 | 750 | (貸)短期貸付金 | 750 |

**⑦貸倒引当金の修正**

| | | | |
|---|---|---|---|
| (借)貸倒引当金 | 100* | (貸)貸倒引当金繰入額 | 100 |

＊　5,000万円×２％＝100万円

**⑧売上高と売上原価の相殺**

| | | | |
|---|---|---|---|
| (借)売上高 | 20,000 | (貸)売上原価 | 20,000 |

**⑨未実現利益の消去**

| | | | |
|---|---|---|---|
| (借)売上原価 | 500* | (貸)商品 | 500 |

＊　2,000万円×25％＝500万円

**⑩受取利息と支払利息の相殺**

| | | | |
|---|---|---|---|
| (借)受取利息 | 45 | (貸)支払利息 | 45 |

次に、連結精算表を作成する。連結精算表の作成手順は、以下に示すとおりである。

連結精算表　(単位：万円)

| | 親会社 | | 子会社 | | 修正消去 | | 連結財務諸表 | |
|---|---|---|---|---|---|---|---|---|
| 貸借対照表： | 資産 | 負債純資産 | 資産 | 負債純資産 | 借方 | 貸方 | 資産 | 負債純資産 |
| 現金及び預金 | 1,950 | | 1,500 | | | | 3,450 | |
| 売掛金 | 30,000 | | 22,500 | | | ⑥ 5,000 | 47,500 | |
| 貸倒引当金 | | 600 | | 450 | ⑦ 100 | | | 950 |
| 商品 | 18,000 | | 9,750 | | | ⑨ 500 | 27,250 | |
| 短期貸付金 | 750 | | | | | ⑥ 750 | | |
| 土地 | 3,000 | | 2,000 | | ① 500 | | 5,500 | |
| 子会社株式 | 9,600 | | | | | ② 9,600 | | |
| その他の資産 | 75,000 | | 33,300 | | | | 108,300 | |
| のれん | | | | | ② 240 | ③ 12 | 228 | |
| 買掛金 | | 25,200 | | 21,750 | ⑥ 5,000 | | | 41,950 |
| 短期借入金 | | | | 750 | ⑥ 750 | | | |
| その他の負債 | | 37,500 | | 29,000 | | | | 66,500 |
| 資本金 | | 57,000 | | 10,500 | 10,500 | | | 57,000 |
| 利益剰余金 | | 18,000 | | 6,600 | $B^2$ 5,812 | | | 18,788 |
| 評価差額 | | | | | ② 500 | ① 500 | | |
| 非支配株主持分 | | | | | | $C^2$ 7,040 | | 7,040 |
| | 138, 300 | 138,300 | 69,050 | 69,050 | 23,402 | 23,402 | 192,228 | 192,228 |
| 損益計算書： | 費用 | 収益 | 費用 | 収益 | 借方 | 貸方 | 費用 | 収益 |
| 売上高 | | 97,500 | | 55,200 | ⑧ 20,000 | | | 132,700 |
| 売上原価 | 58,500 | | 38,550 | | ⑨ 500 | ⑧ 20,000 | 77,550 | |
| 貸倒引当金繰入額 | 550 | | 105 | | | ⑦ 100 | 555 | |
| のれん償却額 | | | | | ③ 12 | | 12 | |
| その他の営業費用 | 32,000 | | 16,200 | | | | 48,200 | |
| 受取利息 | | 45 | | | ⑩ 45 | | | |
| 受取配当金 | | 60 | | | ⑤ 60 | | | |
| 支払利息 | | | 45 | | | ⑩ 45 | | |
| その他の収益 | | 2,295 | | 1,800 | | | | 4,095 |
| 非支配株主に帰属する当期純利益 | | | | | ④ 840 | | 840 | |
| 計 | 91,050 | 99,900 | 54,900 | 57,000 | 21,457 | 20,145 | 127,157 | 136,795 |
| 親会社株主に帰属する当期純利益 | 8,850 | | 2,100 | | | $A^1$ 1,312 | 9,638 | |
| | 99,900 | 99,900 | 57,000 | 57,000 | 21,457 | 21,457 | 136,795 | 136,795 |
| 株主資本等変動計算書： | 減少高 | 増加高 | 減少高 | 増加高 | 借方 | 貸方 | 減少高 | 増加高 |
| 資本金当期首残高 | | 57,000 | | 10,500 | ② 10,500 | | | 57,000 |
| 計 | | 57,000 | | 10,500 | 10,500 | | | 57,000 |
| 資本金当期末残高 | 57,000 | | 10,500 | | | 10,500 | 57,000 | |
| | 57,000 | 57,000 | 10,500 | 10,500 | 10,500 | 10,500 | 57,000 | 57,000 |
| 利益剰余金当期首残高 | | 9,550 | | 4,600 | ② 4,600 | | | 9,550 |
| 剰余金の配当 | 400 | | 100 | | | ⑤ 100 | 400 | |
| 親会社株主に帰属する当期純利益 | | 8,850 | | 2,100 | $A^2$ 1,312 | | | 9,638 |
| 計 | 400 | 18,400 | 100 | 6,700 | 5,912 | 100 | 400 | 19,188 |
| 利益剰余金当期末残高 | 18,000 | | 6,600 | | | $B^1$ 5,812 | 18,788 | |
| | 18,400 | 18,400 | 6,700 | 6,700 | 5,912 | 5,912 | 19,188 | 19,188 |
| 非支配株主持分当期首残高 | | | | | | ② 6,240 | | 6,240 |
| 非支配株主持分当期変動額 | | | | | ⑤ 40 | ④ 840 | | 800 |
| 計 | | | | | 40 | 7,080 | | 7,040 |
| 非支配株主持分当期末残高 | | | | | $C^1$ 7,040 | | 7,040 | |
| | | | | | 7,080 | 7,080 | 7,040 | 7,040 |

(1)　個別財務諸表の金額を個別財務諸表欄へ記入する。

(2)　①から⑩までの連結修正仕訳を修正消去欄へ転記する。

(3)　損益計算書の修正消去欄の貸借差額から当期純利益の修正額を計算し、それを株主資本等変動計算書の当期純利益へ書き写す($A^1$を$A^2$への転記)。

(4)　株主資本等変動計算書の利益剰余金当期末残高の修正額を貸借対照表の利益剰余金の行へ書き写す($B^1$から$B^2$への転記)。

(5)　株主資本等変動計算書の修正消去欄に記入された非支配株主持分の金額から当期末残高を計算し、貸借対照表の非支配株主持分の行へ書き写す（$C^1$から$C^2$への転記）。

(6)　それぞれの行を合計して、連結財務諸表欄へ記入する。

最後に、完成した連結精算表の連結財務諸表欄の金額を、連結貸借対照表、連結損益計算書、連結株主資本等変動計算書へ書き写す。

連結損益計算書

x1年4月1日からx2年3月31日まで（単位：万円）

| | | |
|---|---|---|
| Ⅰ | 売上高 | 132,700 |
| Ⅱ | 売上原価 | 77,550 |
| | 売上総利益 | 55,150 |
| Ⅲ | 販売費及び一般管理費* | 48,767 |
| | 営業利益 | 6,383 |
| Ⅳ | 営業外収益 | |
| | その他の収益 | 4,095 |
| | 当期純利益 | 10,478 |
| | 非支配株主に帰属する当期純利益 | 840 |
| | 親会社株主に帰属する当期純利益 | 9,638 |

＊　のれん償却額及び貸倒引当金繰入額は、その他の営業費用とあわせて販売費及び一般管理費に含めている。

連結株主資本等変動計算書　（一部）

x1年4月1日からx2年3月31日まで（単位：万円）

⋮

| | | |
|---|---|---|
| 利益剰余金 | 当期首残高 | 9,550 |
| | 当期変動額 | |
| | 剰余金の配当 | △400 |
| | 親会社株主に帰属する当期純利益 | 9,638 |
| | 当期末残高 | 18,788 |
| 非支配株主持分 | 当期首残高 | 6,240 |
| | 当期変動額 | 800 |
| | 当期末残高 | 7,040 |

連結貸借対照表

x2年3月31日　（単位：万円）

| | | | |
|---|---|---|---|
| | 資産の部 | | |
| Ⅰ | 流動資産 | | |
| | 現金預金 | | 3,450 |
| | 売掛金 | 47,500 | |
| | 貸倒引当金 | △950 | 46,550 |
| | 商品 | | 27,250 |
| | その他の資産 | | 108,300 |
| | 流動資産合計 | | 185,550 |
| Ⅱ | 固定資産 | | |
| | 土地 | | 5,500 |
| | のれん | | 228 |
| | 固定資産合計 | | 5,728 |
| | 資産合計 | | 191,278 |
| | 負債の部 | | |
| Ⅰ | 流動負債 | | |
| | 買掛金 | | 41,950 |
| | その他の負債 | | 66,500 |
| | 負債合計 | | 108,450 |
| | 純資産の部 | | |
| Ⅰ | 株主資本 | | |
| | 資本金 | | 57,000 |
| | 利益剰余金 | | 18,788 |
| Ⅱ | 非支配株主持分 | | 7,040 |
| | 純資産合計 | | 82,828 |
| | 負債・純資産合計 | | 191,278 |

# 5 追加取得

## 1 基本的処理

⑳ここでいう追加取得とは、"支配獲得後"に株式を取得すること。支配獲得までに数回に分けて取得する段階取得とは異なるので、注意すること。

支配獲得後に子会社株式を追加取得した場合⑳、非支配株主から子会社株式を取得したことになるので、親会社の持分を増加（非支配株主持分の減少）させる。

子会社株式の追加取得は、連結上、親会社と非支配株主との資本取引と考え、**投資消去差額は、資本剰余金（当期変動額）として処理**する。

| | | |
|---|---|---|
| 親会社持分増加<br>（非支配株主持分減少） | （借）非支配株主持分当期変動額 ×× （貸）Ｓ　社　株　式 ×× | 親会社の投資 |
| 差　額 | 資本剰余金当期変動額 ×× | |

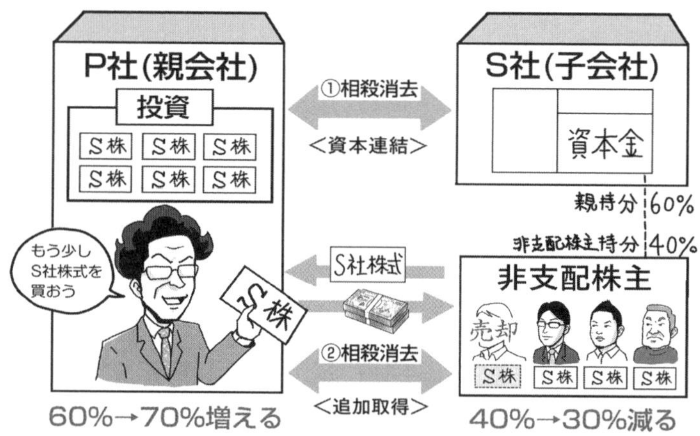


**【設例 15-16】**

Ｐ社は×１年３月31日にＳ社の株式の60％を4,700円で取得し、支配している。×２年３月31日に、Ｓ社の株式の10％を900円で追加取得した。Ｓ社の純資産の内訳は以下のとおりである。

このときの連結修正仕訳を示しなさい。なお、Ｓ社の資産および負債の時価は帳簿価額に等しいものとする。のれんは発生の翌年度より20年で償却する。

Ｓ社の純資産の内訳

×１年３月31日

資　本　金　5,000円　資本剰余金　500円　利益剰余金　2,000円

×２年３月31日

資　本　金　5,000円　資本剰余金　500円　利益剰余金　2,500円

〈解答・解説〉

| | | | |
|---|---|---|---|
| (借)非支配株主持分当期変動額 | 800㉑ | (貸)S　社　株　式 | 900 |
| 資本剰余金当期変動額 | 100㉒ | | |

㉑(5,000円+500円+2,500円)×10%=800円

㉒800円−900円=△100円

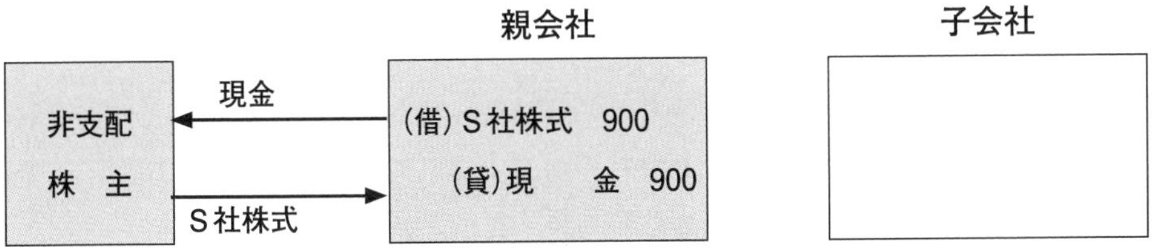


〈連結ベース〉

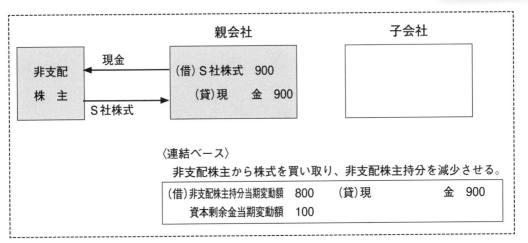

非支配株主から株式を買い取り、非支配株主持分を減少させる。

| | | | |
|---|---|---|---|
| (借)非支配株主持分当期変動額 | 800 | (貸)現　　金 | 900 |
| 資本剰余金当期変動額 | 100 | | |

《タイムテーブル》

| | ×1.3.31 | | ×2.3.31 |
|---|---|---|---|
| | 60% | | +10% |
| 資本金 | 5,000 | | 5,000 |
| 資本剰余金 | 500 | | 500 |
| 利益剰余金 | 2,000 | 非200㉓ → | 2,500 |
| 合計 | 7,500 | | 8,000 ×10% |
| P社持分 | 4,500 | | 800−900=△100（資本剰余金） |
| S社株式 | 4,700 | | 持分増加額　取得価額 |
| のれん | 200 | △10㉔ → | 190㉕ |

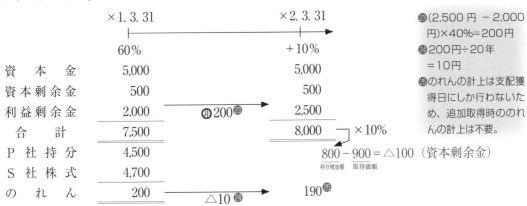

㉓(2,500円−2,000円)×40%=200円

㉔200円÷20年=10円

㉕のれんの計上は支配獲得日にしか行わないため、追加取得時ののれんの計上は不要。

# 6 一部売却

## 1 基本的処理

㉖支配（株式取得割合50%超）を維持する範囲で、子会社株式を一部売却する場合をいう。

支配獲得後に子会社株式を一部売却した場合㉖、非支配株主に子会社株式を売却したと考え、**親会社の持分を減少（非支配株主持分の増加）**させる。

子会社株式の一部売却は、連結上、親会社と非支配株主との資本取引と考え、**売却価額と親会社持分減少額（非支配株主持分増加額）との差額は、資本剰余金（当期変動額）として処理**する。

あわせて、個別上計上している子会社株式売却益（または売却損）を取り消す。

| | | | |
|---|---|---|---|
| 親会社の投資減少 | （借）S　社　株　式　×× | （貸）非支配株主持分当期変動額　×× | 親会社持分減少<br>（非支配株主持分増加） |
| 個別上の売却損益の取り消し㉗ | 子会社株式売却益　×× | 資本剰余金当期変動額　×× | 差額 |

㉗売却損が生じている場合には、（貸）子会社株式売却損となる。

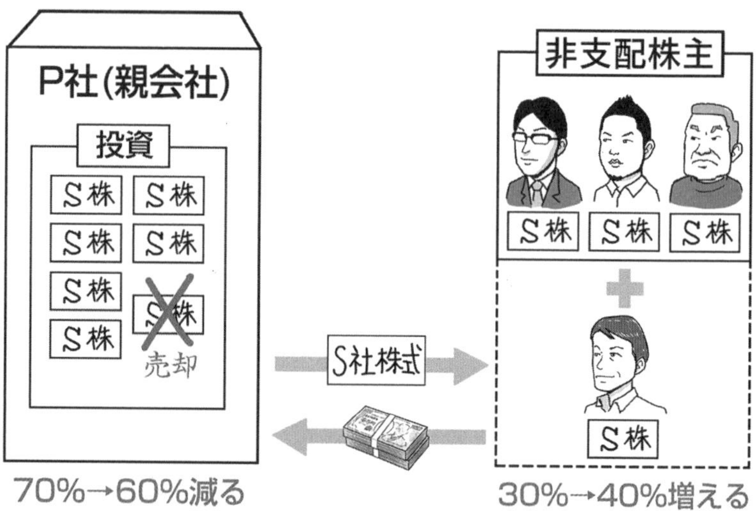

**【設例15-17】**

P社のS社株式の取得・売却状況およびS社の貸借対照表は次のとおりである。会計期間はP社・S社ともに4月1日から3月31日までの1年である。このときの子会社株式の売却にかかる連結修正仕訳を示しなさい。

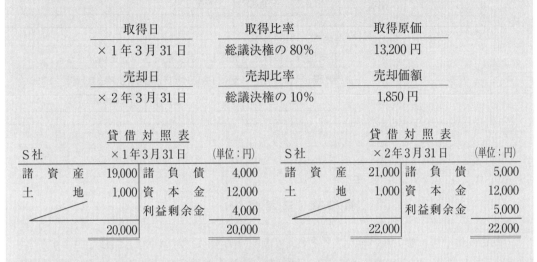

| 取得日 | 取得比率 | 取得原価 |
|---|---|---|
| ×1年3月31日 | 総議決権の80% | 13,200円 |

| 売却日 | 売却比率 | 売却価額 |
|---|---|---|
| ×2年3月31日 | 総議決権の10% | 1,850円 |

貸借対照表

S社　×1年3月31日　(単位：円)

| | | | |
|---|---|---|---|
| 諸資産 | 19,000 | 諸負債 | 4,000 |
| 土地 | 1,000 | 資本金 | 12,000 |
| | | 利益剰余金 | 4,000 |
| | 20,000 | | 20,000 |

貸借対照表

S社　×2年3月31日　(単位：円)

| | | | |
|---|---|---|---|
| 諸資産 | 21,000 | 諸負債 | 5,000 |
| 土地 | 1,000 | 資本金 | 12,000 |
| | | 利益剰余金 | 5,000 |
| | 22,000 | | 22,000 |

(注1) S社の諸資産、土地、諸負債の時価は、帳簿価額に等しいものとする。

(注2) のれんは、発生年度の翌年度より、20年間にわたり均等償却する。

〈解答・解説〉

| | | | |
|---|---|---|---|
| (借) S社株式 | 1,650 (28) | (貸) 非支配株主持分当期変動額 | 1,700 (29) |
| 子会社株式売却益 | 200 (30) | 資本剰余金当期変動額 | 150 (31) |

(28) 13,200円×$\frac{10\%}{80\%}$＝1,650円

(29) 17,000円×10%＝1,700円

(30) 1,850円－1,650円＝200円(売却益)

(31) 1,850円－1,700円＝150円または仕訳の貸借差額より150円

《タイムテーブル》

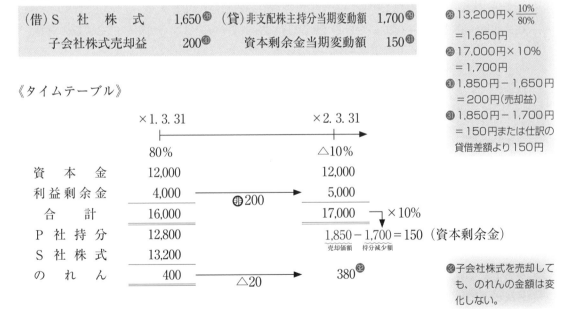

| | ×1.3.31 | | ×2.3.31 |
|---|---|---|---|
| | 80% | | △10% |
| 資本金 | 12,000 | | 12,000 |
| 利益剰余金 | 4,000 | → 非200 → | 5,000 |
| 合計 | 16,000 | | 17,000 →×10% |
| P社持分 | 12,800 | | 1,850－1,700＝150 (資本剰余金)<br>(売却価額)(持分減少額) |
| S社株式 | 13,200 | | |
| のれん | 400 | → △20 → | 380 (32) |

(32) 子会社株式を売却しても、のれんの金額は変化しない。

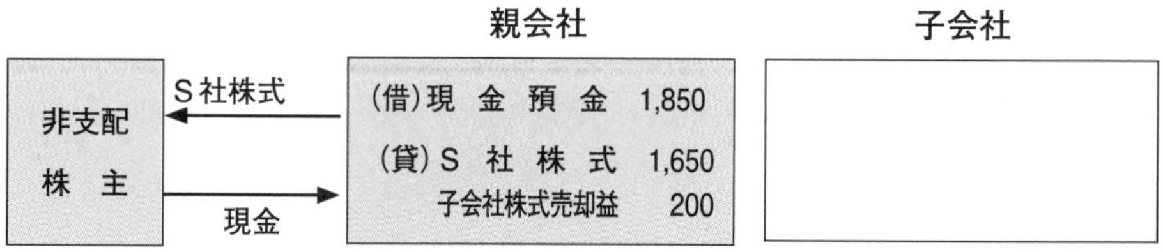


〈連結ベース〉

非支配株主に株式を売却し、非支配株主持分を増加させる。

| | | | |
|---|---|---|---|
| (借)現　金　預　金 | 1,850 | (貸)非支配株主持分当期変動額 | 1,700 |
| | | 資本剰余金当期変動額 | 150 |

## コラム　流星哲学

みなさんは『流れ星に願い事をすると、その願い事が叶う』という話、信じていますか？

『そんなお伽話、いまどき信じている人はいないよ』とお思いでしょう。

でも、私は信じています。信じているどころか、『流れ星に願い事をすると、その願い事が叶う』と保証します。

その理由は、夜、空を見上げて、流れ星を探してみるとわかります。

毎晩毎晩、夜空を見上げていたとしても、晴れた日ばかりではなく、雨の日も曇りの日もあります。つまり、必ず星空が見えるとは限りません。

また、運良く星空が見え、星が流れたとしても、全天の中で流れ星が通るところはほんの一部です。その場所を見ていなければ流れ星に気づくこともないでしょう。さらに、流れ星などほんの一瞬です。

流れ星に願い事をするには、とてつもなく低い確率の、さらに一瞬の間に自分の願い事を言葉にしなければなりません。

これは、一日24時間四六時中、自分が心から本当に願っていることでないと、とてもできることではありません。

もう、おわかりでしょう。私が、『流れ星に願い事をすると、その願い事が叶う』ことを保証するわけが。

そうです。

一人の人間が24時間四六時中、寝ても醒めても本当に願っている事なら、

その人は労力を厭うことなく、努力も惜しまないで取り組みます。そうすれば、必然的に事は成り、その願いは叶うのです。

あっ、流れ星だ！

間に合いましたか。そして、あなたは何を願いましたか？

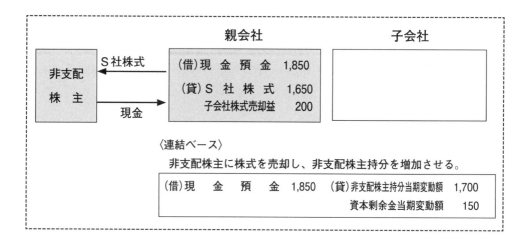

### ●参　考●　月次決算の処理

決算は年に１回だけのものであるが、会社を運営していく立場からすると、毎月「今月はどうだったのか」「前月に比べて良かったのか悪かったのか」「前年の同月に比べてどうなのか」を知る必要があり、それに基づいて「来月はこうしよう」と計画を立てて実行していく。

これを実現するためには、月次で収益、費用を正しく計上し、月次決算を行う必要がある。このさいの特徴的な処理を概観しておく（金額は仮定）。

#### 1．売上原価の算定

売上原価を毎月把握する方法にはいくつかあるが、ここでは売上原価対立法を紹介しておく。

| | | | | |
|---|---|---|---|---|
| ①商品の購入 | （借）商　　品 | 600 | （貸）現　　金 | 600 |
| ②商品の販売 | （借）現　　金 | 900 | （貸）売　　上 | 900 |
| | （借）売上原価 | 600 | （貸）商　　品 | 600 |

この処理は、建設業会計など製造業で多く使われている処理でもある。

#### 2．減価償却費の月割計上

年間で見積もられた減価償却費の１／12を毎月月末に計上しておく。そうして年度末に実際に計上すべき減価償却費との間に差額が生じれば、それを調整する。

| | | | | |
|---|---|---|---|---|
| ①月末の処理 | （借）減価償却費 | 100 | （貸）減価償却累計額 | 100 |
| ②年度末に10不足 | （借）減価償却費 | 10 | （貸）減価償却累計額 | 10 |

#### 3．年払い費用の月割り計上

保険料などの費用を1年分まとめて支払った場合、保険料勘定で処理したのでは、支払った月の費用が突出してしまうので、いったん前払保険料勘定を用いて処理しておき、毎月月末に保険料勘定に振り替える処理を行う。

| | | | | |
|---|---|---|---|---|
| ①保険料年払い | （借）前払保険料 | 120 | （貸）現　　金 | 120 |
| ②毎月末の処理 | （借）保 険 料 | 10 | （貸）前払保険料 | 10 |

#### 4．経過勘定の処理

前払費用、前受収益、未払費用、未収収益といった経過勘定について、期首に再振替仕訳を行うと、１か月目の損益が正しくなくなるので、再振替仕訳は行わず、年度末に再振替仕訳と新たな計上をまとめて行う。

# 第16章 連結財務諸表その3

ビジネスの多様化・国際化により、企業は日本国外の子会社を保有したり、支配はしていないが重要な影響を与えるために他の会社の株式を保有したりするケースが増えている。また、法人税等は個別の企業に課税されるため、連結修正仕訳によって連結財務諸表上の金額と法人税等の金額も対応しなくなってしまう。
これらはすべて第15章までの内容では想定していないことである。そのような場合にはどのような処理をすればよいのだろうか。この章で学習していく。

持分法に関する会計基準
(改正 平成20年12月26日 企業会計基準委員会)
連結財務諸表規則
(令和5年3月27日 内閣府令第22号)
連結財務諸表規則ガイドライン
(令和5年3月 金融庁企画市場局)

## 1 持分法

### 1 持分法とは

**持分法**とは、投資会社が被投資会社の資本および損益のうち投資会社に帰属する部分の変動に応じて、その投資額❶を連結決算日ごとに修正する方法である。連結会計では被投資会社の財務諸表項目すべてを合算したが、持分法ではそれを行わない。そのため、持分法は連結会計の簡便な方法とも考えられる❷。

❶関係会社株式の金額のことである。

❷持分法の処理も連結精算表上で行われ、帳簿に記入されないため、翌期以降は連結の場合と同様に「開始仕訳」が必要となる。

### 2 持分法の範囲

持分法は、**原則として非連結子会社および関連会社に適用される。**非連結子会社とは、一時的な所有であることや重要性が乏しいことなどの理由によって、連結子会社から除かれた子会社をいう。

関連会社とは、親会社および子会社が出資、人事、資金、技術、取引等の関係を通じて、**財務および営業の方針決定に対して、重要な影響を与えることができる子会社以外の他の企業**をいう。

また、重要な影響を与えることがないと認められる場合を除いて、以下の場合には、関連会社に該当するものと考えられる。

(1) 子会社以外の他の企業の**議決権の20%以上を実質的に所有している場合**(一時的所有を除く)

(2) (1)の条件を満たしていない場合でも、一定の**議決権**❸**を有し、かつ財務および営業の方針決定に重要な影響を与えることができる一定の事実が認められる場合**

❸一定の議決権とは15%以上、20%未満のことである。

## 3 持分法の基本的処理

### (1)被投資会社株式の取得

投資会社が被投資会社の株式を取得し、のれんが発生する場合には、のれんの金額の計算だけは行っておく必要がある❹。持分法におけるのれんは連結会計におけるのれんと同様のもので、親会社の投資と親会社持分に相応する被投資会社の資本❺と比較して計算する。このさい関連会社であれば、被投資会社の資本に含める評価差額は資産・負債を時価に評価替えするさいの差額に投資会社の持分比率を乗じた金額(部分時価評価法)である点に注意する。なお、負ののれんが生じた場合には、発生時にその全額を「持分法による投資損益」として収益に計上する。

❹償却する必要があるため。

❺株主資本、評価換算差額等、さらに評価差額も含む。

**【設例16-1】**

P社は、x1年3月31日にA社(資本金150,000円、利益剰余金50,000円)の発行済株式の20%を50,000円の小切手を振り出して取得し、持分法を適用することとした。A社の土地(簿価100,000円)のx1年3月31日における時価は120,000円であり、部分時価評価法❻によって評価替えを行う。

x1年3月31日にP社が行うべき連結修正仕訳と投資差額の金額を答えなさい。

❻投資会社持分部分についてのみ時価評価する方法。

〈解答・解説〉

仕 訳 な し

のれん　6,000円*

＊　50,000円－(150,000円＋50,000円＋20,000円)×20%＝6,000円

P社は、連結上仕訳を行わないが、個別上以下の仕訳を行っている。この個別上で計上されるA社株式は、A社の純資産および損益のうち、P社に帰属する部分の変動に応じて修正する。

| | | | |
|---|---|---|---|
| (借)A　社　株　式 | 50,000 | (貸)現　金　預　金 | 50,000 |

### (2)被投資会社の当期純損益の処理

被投資会社が当期純利益を計上した場合、投資会社は投資会社の持分比率に相応する部分を、**持分法による投資損益**❼勘定により利益として計上し、同額だけ投資勘定を増額させる。当期純損失を計上した場合は、反対に投資勘定を減額させる処理を行う。

❼連結損益計算書上は、貸方残高であれば「持分法による投資利益」、借方残高であれば「持分法による投資損失」として営業外損益の区分に記載する。ただし、修正仕訳の段階では借方・貸方どちらにも計上される可能性があるため、2つをあわせて「持分法による投資損益」勘定を用いる。

**【設例16-2】**

**【設例16-1】**のＡ社は、×2年３月31日に30,000円の当期純利益を計上した。Ｐ社が連結決算日(×2年３月31日)に行うべき連結修正仕訳を示しなさい。

〈解答・解説〉

| | | | |
|---|---|---|---|
| (借)Ａ　社　株　式 | 6,000 | (貸)持分法による投資損益 | 6,000* |

＊　30,000円×20％＝6,000円

### (3)のれんの償却

のれんは、20年以内に定額法などの方法により毎期規則的に償却する。償却額として持分法による投資損益を計上し、同額だけ投資勘定を減額させる。

**【設例16-3】**

**【設例16-1】**ののれんを発生年度の翌年から20年間で償却する場合、Ｐ社が連結決算日(×2年３月31日)に行うべき連結修正仕訳を示しなさい。

〈解答・解説〉

| | | | |
|---|---|---|---|
| (借)持分法による投資損益 | 300* | (貸)Ａ　社　株　式 | 300 |

＊　6,000円÷20年＝300円

### (4)剰余金の配当

被投資会社が剰余金の配当を行った場合、被投資会社の純資産額が減少するため、投資勘定を修正する必要がある。投資会社が被投資会社から配当金を受け取っている場合には、受取配当金を減額し、同額だけ投資勘定も減額させる❽。

❽利益準備金や任意積立金の積み立ては純資産の金額に変動がないため、修正仕訳は不要である。

**【設例16-4】**

**【設例16-1】**のＡ社は、×1年６月25日に株主に対して配当金2,500円を支払っており、Ｐ社はＡ社から配当金を受け取っている。また、これにあわせて利益準備金250円を積み立てた。この場合、Ｐ社が連結決算日(×2年３月31日)に行うべき連結修正仕訳を示しなさい。

〈解答・解説〉

| | | | |
|---|---|---|---|
| (借)受取配当金 | 500* | (貸)A 社 株 式 | 500 |

＊　2,500円×20％＝500円

### (5)商品売買の処理

#### (a)ダウンストリームの場合

投資会社の売上高に未実現利益が含まれている場合、投資会社持分について原則として売上高を減額する。また、被投資会社の期末商品には未実現利益が含まれているが、投資勘定の減額を通じて調整する❾。

❾連結子会社と違い、被投資会社の商品の金額は連結貸借対照表に記載されないため、投資勘定(【設例16-5】であればA社株式勘定)を通じて調整する。

**【設例16-5】**
**【設例16-1】**のP社は、A社に原価率70％で商品を販売している。A社の期末商品6,000円はP社から仕入れたものである。この場合、P社が連結決算日(x2年3月31日)に行うべき連結修正仕訳を示しなさい。

〈解答・解説〉

| | | | |
|---|---|---|---|
| (借)売上高 | 360* | (貸)A 社 株 式 | 360 |

＊　6,000円×(100％－70％)×20％＝360円

#### (b)アップストリームの場合

投資会社の期末商品に含まれる未実現利益のうち、投資会社持分について原則として商品勘定を減額する。被投資会社の売上高は連結損益計算書に合算されないため、その代わりに持分法による投資損益勘定により調整する。

**【設例16-6】**
**【設例16-1】**のA社は、P社に原価率70％で商品を販売している。P社の期末商品10,000円はA社から仕入れたものである。この場合、P社が連結決算日(x2年3月31日)に行うべき連結修正仕訳を示しなさい。

〈解答・解説〉

| | | | |
|---|---|---|---|
| (借)持分法による投資損益 | 600* | (貸)商品 | 600 |

＊　10,000円×(100％－70％)×20％＝600円

### (6)土地売買の処理

#### (a)ダウンストリームの場合

投資会社の土地売却益は未実現利益であるため、投資会社持分については、原則として土地売却益を減額する。また、被投資会社の土地には未実現利益が含まれているが、投資勘定を通じて調整する。

**【設例16-7】**

**【設例16-1】**のP社は、x1年10月31日にA社へ取得原価20,000円の土地を25,000円で売却した。この場合、P社が連結決算日(x2年3月31日)に行うべき連結修正仕訳を示しなさい。

〈解答・解説〉

| | | | |
|---|---|---|---|
| (借)固定資産売却益 | 1,000* | (貸)A　社　株　式 | 1,000 |

＊　(25,000円－20,000円)×20%＝1,000円

#### (b)アップストリームの場合

投資会社の土地に含まれる未実現損益のうち、投資会社持分については、原則として土地勘定を減額する。被投資会社の土地売却益は合算されないため、その代わりに持分法による投資損益として処理する。

**【設例16-8】**

**【設例16-1】**のA社は、x1年10月31日にP社へ取得原価26,000円の土地を30,000円で売却した。この場合、P社が連結決算日(x2年3月31日)に行うべき連結修正仕訳を示しなさい。

〈解答・解説〉

| | | | |
|---|---|---|---|
| (借)持分法による投資損益 | 800* | (貸)土　　　地 | 800 |

＊　(30,000円－26,000円)×20%＝800円

# 2 連結財務諸表における税効果会計

税効果会計に係る会計基準
（平成10年10月30日 企業会計審議会）

「税効果会計に係る会計基準」の一部改正
（平成30年2月16日 企業会計基準委員会）

## 1 税効果会計の適用

課税所得の計算は、企業集団を構成する親会社・子会社の個々の企業で行うため、連結財務諸表上の法人税等の金額と、実際に支払う個々の企業が支払う法人税等の合計額にズレが生じる[10]。このため、連結財務諸表作成上、以下の項目について税効果会計の適用が必要となる。

**①子会社の資産・負債の時価評価によって差額が発生した場合**

**②連結会社間の取引から発生する未実現利益を消去した場合**

**③連結会社間の債権・債務を相殺消去したことによって貸倒引当金を修正した場合**

税効果会計の適用により計上された繰延税金資産および繰延税金負債は、親会社と子会社のどちらに帰属するか区別しなければならない[11]。

[10] 連結修正仕訳を行うため、ズレが生じることになる。

[11] 帰属する会社が異なる繰延税金資産と繰延税金負債を相殺することはできない。
したがって、親会社が繰延税金資産を、子会社が繰延税金負債を計上した場合、その企業グループの連結貸借対照表には、繰延税金資産と繰延税金負債が同時に計上されることになる。

## 2 子会社の資産・負債の時価評価

子会社の資産・負債を時価で評価したことによって発生した差額に税効果会計を適用した場合、評価差額は繰延税金資産または繰延税金負債の金額を控除したものになる。

なお、繰延税金資産および繰延税金負債は子会社に帰属する。

**【設例16-9】**

P社はS社発行済株式の70％を取得し、子会社として支配した。S社の諸資産は400,000円・諸負債は250,000円であった。

①諸資産の時価が500,000円・諸負債の時価が300,000円の場合、

②諸資産の時価が350,000円・諸負債の時価が220,000円の場合における S社の資産・負債の評価替え（全面時価評価法）の仕訳を示しなさい。

なお、税効果会計を適用し、法人税等の実効税率は40％とする[12]。

[12] 実効税率とは、法人税、住民税、事業税を加味した、会社が実際に負担する税の税率をいう。実効税率は、近年の税率の変更により「30%」として出題されることが多いが、本問では非支配株主の持分割合（30%）と紛らわしくなることから「40%」としておく。

①諸資産の時価が500,000円・諸負債の時価が300,000円の場合

| | | | |
|---|---|---|---|
| (借)諸　資　産 | 100,000*1 | (貸)諸　負　債 | 50,000*2 |
| | | 繰延税金負債 | 20,000*3 |
| | | 評　価　差　額 | 30,000*4 |

＊1　500,000円－400,000円＝100,000円

＊2　300,000円－250,000円＝50,000円

＊3　(100,000円－50,000円)×40%＝20,000円

＊4　50,000円－20,000円＝30,000円

②諸資産の時価が350,000円・諸負債の時価が220,000円の場合

| | | | |
|---|---|---|---|
| (借)諸　負　債 | 30,000*1 | (貸)諸　資　産 | 50,000*2 |
| 繰延税金資産 | 8,000*3 | | |
| 評　価　差　額 | 12,000*4 | | |

＊1　250,000円－220,000円＝30,000円

＊2　400,000円－350,000円＝50,000円

＊3　(50,000円－30,000円)×40%＝8,000円

＊4　20,000円－8,000円＝12,000円

## 3 連結会社間の取引から発生する未実現利益の消去

### (1)棚卸資産

連結会社間の取引によって取得した棚卸資産(商品)から、未実現利益を消去することによって、売上原価の金額が変動する。未実現利益を消去することによって、費用の金額が変動するため、税効果会計の適用が必要となる。

なお、この未実現利益の消去により計上される繰延税金資産は販売側の会社に帰属する。

**【設例16-10】**

P社はS社の発行済株式数の70%を所有しているとき、次の取引について必要な連結修正仕訳を示しなさい。なお、税効果会計を適用し、法人税等の実効税率は40%とする。

①P社はS社に80%の原価率⑬(毎期一定)で商品を販売している。S社の期首商品70,000円と期末商品50,000円はP社から仕入れたものである。(ダウンストリームの場合)

②S社はP社に80%の原価率(毎期一定)で商品を販売している。P社の期首商品70,000円と期末商品50,000円はS社から仕入れたものである。(アップストリームの場合)

⑬原価率80%から利益率は20%ということがわかる。

①ダウンストリームの場合

**期末分**

| | | | |
|---|---|---|---|
| (借)売上原価 | 10,000*1 | (貸)商品 | 10,000 |
| (借)繰延税金資産⑭ | 4,000 | (貸)法人税等調整額 | 4,000*2 |

＊1　50,000円×(100％－80％)＝10,000円

＊2　10,000円×40％＝4,000円

**期首分**

| | | | |
|---|---|---|---|
| (借)利益剰余金当期首残高 | 14,000 | (貸)売上原価 | 14,000*1 |
| (借)法人税等調整額⑮ | 5,600*2 | (貸)利益剰余金当期首残高 | 5,600 |

＊1　70,000円×(100％－80％)＝14,000円

＊2　14,000円×40％＝5,600円

⑭未実現利益に対する税金はすでに親会社が税金を支払っているため、繰延税金資産は親会社に帰属する。

⑮当期の売上原価(費用)が減少するため、利益が増加する。この増加した当期の利益に対して課税されるため、法人税等が増加する。

②アップストリームの場合⑯

**期末分**

| | | | |
|---|---|---|---|
| (借)売上原価 | 10,000 | (貸)商品 | 10,000 |
| (借)繰延税金資産⑰ | 4,000 | (貸)法人税等調整額 | 4,000 |
| (借)非支配株主持分当期変動額 | 1,800 | (貸)非支配株主に帰属する当期純利益 | 1,800* |

＊　(10,000円－4,000円)×(100％－70％)＝1,800円

**期首分**

| | | | |
|---|---|---|---|
| (借)利益剰余金当期首残高 | 14,000 | (貸)売上原価 | 14,000 |
| (借)法人税等調整額 | 5,600 | (貸)利益剰余金当期首残高 | 5,600 |
| (借)非支配株主持分当期首残高 | 2,520 | (貸)利益剰余金当期首残高 | 2,520* |
| (借)非支配株主に帰属する当期純利益 | 2,520 | (貸)非支配株主持分当期変動額 | 2,520 |

＊　(14,000円－5,600円)×(100％－70％)＝2,520円

非支配株主に帰属する当期純利益は法人税等を控除したあとの金額なので、税効果会計によって調整する非支配株主持分の金額は、収益もしくは費用の調整額から税効果に係る金額を控除したものになる。

⑯1．未実現利益の消去
2．税効果会計の適用
3．税効果会計適用後の子会社の損益変動額を非支配株主に負担させるという1から3の順序で処理を行うこと。

⑰子会社に帰属する。

⑵固定資産(非償却性資産)

連結会社間において固定資産を売買した場合は、その固定資産売却損益は購入した会社が外部の会社へ販売するまで、未実現損益となる。それを消去することによって、固定資産売却損益の金額が変動するため、税効果会計の適用が必要となる。

なお、この未実現利益の消去により計上される繰延税金資産は販売側の会社に帰属する。

**【設例 16-11】**

P社はS社の発行済株式数の70%を所有しているとき、次の取引について必要な連結修正仕訳を示しなさい。なお、税効果会計を適用し、法人税等の実効税率は40%とする。

①P社はS社に取得原価1,500,000円の土地を1,800,000円で売却し、S社はこの土地を期末現在まだ保有している。

②S社はP社に取得原価1,500,000円の土地を1,800,000円で売却し、P社はこの土地を期末現在まだ保有している。

**①ダウンストリームの場合**

| | | | |
|---|---|---|---|
| (借)固定資産売却益 | 300,000 *1 | (貸)土　　　地 | 300,000 |
| (借)繰延税金資産⑱ | 120,000 | (貸)法人税等調整額 | 120,000 *2 |

⑱親会社に帰属する。

＊1　1,800,000円－1,500,000円＝300,000円

＊2　300,000円×40%＝120,000円

**②アップストリームの場合**

| | | | |
|---|---|---|---|
| (借)固定資産売却益 | 300,000 | (貸)土　　　地 | 300,000 |
| (借)繰延税金資産⑲ | 120,000 | (貸)法人税等調整額 | 120,000 |
| (借)非支配株主持分当期変動額 | 54,000 | (貸)非支配株主に帰属する当期純利益 | 54,000 * |

⑲子会社に帰属する。

＊　(300,000円－120,000円)×(100%－70%)＝54,000円

**⑶固定資産(償却性資産)**

⑵の非償却性資産と同様の処理をする必要があるが、未実現利益の消去により発生した差異は、減価償却により解消する。

**【設例 16-12】**

P社はS社の発行済株式数の70%を所有しているとき、次の取引について必要な連結修正仕訳を示しなさい。なお、税効果会計を適用し、法人税等の実効税率は40%とする。

①P社はS社に当期首に帳簿価額300,000円の備品を360,000円で売却した。S社はこの備品を期末現在まだ保有している。ただし、備品の減価償却は定額法(残存価額0)により6年間で行い、間接法で記帳している。

②S社はP社に当期首に帳簿価額300,000円の備品を360,000円で売却した。P社はこの備品を期末現在まだ保有している。ただし、備品の減価償却は定額法(残存価額0)により6年間で行い、間接法で記帳している。

①ダウンストリームの場合

| | | | |
|---|---|---|---|
| (借)固定資産売却益 | 60,000[*1] | (貸)備　　　品 | 60,000 |
| (借)備品減価償却累計額 | 10,000 | (貸)減価償却費 | 10,000[*2] |
| (借)繰延税金資産[20] | 20,000 | (貸)法人税等調整額 | 20,000[*3] |

⑳親会社に帰属する。

＊1　360,000円－300,000円＝60,000円

＊2　(個別会計上の減価償却費360,000円÷６年)－(連結会計上の減価償却費300,000円÷６年)＝10,000円

＊3　(60,000円－10,000円)×40％＝20,000円

②アップストリームの場合

| | | | |
|---|---|---|---|
| (借)固定資産売却益 | 60,000 | (貸)備　　　品 | 60,000 |
| (借)備品減価償却累計額 | 10,000 | (貸)減価償却費 | 10,000 |
| (借)繰延税金資産[21] | 20,000 | (貸)法人税等調整額 | 20,000 |
| (借)非支配株主持分当期変動額 | 9,000 | (貸)非支配株主に帰属する当期純利益 | 9,000[*] |

㉑子会社に帰属する。

＊　(60,000円－10,000円－20,000円)×(100％－70％)＝9,000円

## 3 連結会社間の債権・債務の相殺消去による貸倒引当金の修正

連結会社間の債権・債務を相殺消去したさい、貸倒引当金を修正するため貸倒引当金繰入額の金額が変動する。それによって、税効果会計の適用が必要となり、繰延税金負債を計上することになる。

なお、この繰延税金負債は債権者側に帰属する。

**【設例 16-13】**

Ｐ社はＳ社の発行済株式数の70％を所有しているとき、次の取引について必要な連結修正仕訳を示しなさい。なお、税効果会計を適用し、法人税等の実効税率は40％とする。なお、貸倒引当金は差額補充法により設定している。

①Ｐ社はＳ社に対する売掛金が期首に200,000円あり、期末に300,000円ある。Ｐ社はこれに２％の貸倒引当金を設定している。

②Ｓ社はＰ社に対する売掛金が期首に200,000円あり、期末に300,000円ある。Ｓ社はこれに２％の貸倒引当金を設定している。

①ダウンストリームの場合

**期首分**

| | | | |
|---|---|---|---|
| (借)貸倒引当金 | 4,000*1 | (貸)利益剰余金当期首残高 | 4,000 |
| (借)利益剰余金当期首残高 | 1,600*2 | (貸)繰延税金負債㉒ | 1,600 |

㉒親会社に帰属する。

＊1　200,000円×２％＝4,000円

＊2　4,000円×40％＝1,600円

**期末分**

| | | | |
|---|---|---|---|
| (借)貸倒引当金 | 2,000 | (貸)貸倒引当金繰入額 | 2,000*1 |
| (借)法人税等調整額 | 800*2 | (貸)繰延税金負債㉓ | 800 |

㉓親会社に帰属する。

＊1　(300,000円－200,000円)×２％＝2,000円

＊2　2,000円×40％＝800円

②アップストリームの場合

**期首分**

| | | | |
|---|---|---|---|
| (借)貸倒引当金 | 4,000 | (貸)利益剰余金当期首残高 | 4,000 |
| (借)利益剰余金当期首残高 | 1,600 | (貸)繰延税金負債㉔ | 1,600 |
| (借)利益剰余金当期首残高 | 720* | (貸)非支配株主持分当期首残高 | 720 |

㉔子会社に帰属する。

＊　(4,000円－1,600円)×(100％－70％)＝720円

**期末分**

| | | | |
|---|---|---|---|
| (借)貸倒引当金 | 2,000 | (貸)貸倒引当金繰入額 | 2,000 |
| (借)法人税等調整額 | 800 | (貸)繰延税金負債㉕ | 800 |
| (借)非支配株主に帰属する当期純利益 | 360* | (貸)非支配株主持分当期変動額 | 360 |

㉕子会社に帰属する。

＊　(2,000円－800円)×(100％－70％)＝360円

# 3 在外子会社財務諸表項目の換算

外貨建取引等会計処理基準
(最終改正平成11年10月22日 企業会計審議会)

## 1 在外子会社とは

外国にある子会社を在外子会社という。在外子会社が作成する財務諸表は、当然にその子会社がある現地の通貨単位で作成されているため、日本にある親会社の財務諸表と連結するとき、円貨建に換算しなければならない。

## 2 財務諸表項目の換算方法

**(1)損益項目(費用・収益)について**

原則として期中平均レート(AR)で換算する。ただし、決算時為替レート(CR)で換算することもできる[26]。親子会社間の取引によって生じた損益項目は親会社が適用する為替レートで換算する。このさいに生じる差額は当期の為替差損益とする[27]。

[26]問題文の指示に従って適用レートを選択する。

[27]第12章P.137「換算のパラドックス」参照。

**(2)資産・負債項目について**

資産・負債については、決算時為替レート(CR)で換算する。

**(3)純資産項目について**

純資産について、株式取得時における項目は取得時為替レート(HR)により換算し、株式取得後の項目は取引発生時レートを適用する。

## 3 財務諸表項目の換算手順

(1)損益計算書から作成し、収益・費用・純利益(純損失)を換算する(親会社との取引は発生時レートで換算し、損益計算書の貸借差額を為替差損益とする)。

(2)損益計算書の当期純利益(純損失)を株主資本等変動計算書に移す。

(3)株主資本等変動計算書の当期首残高は、株式取得時レート(株式取得時のもの)または発生時レート(株式取得後のもの)で換算し、(2)の純利益を加算し、当期末残高とする。

(4)貸借対照表に株主資本等変動計算書の当期末残高を移す。

(5)貸借対照表の資産・負債を換算する。

(6)貸借対照表の貸借差額を為替換算調整勘定とする。

## 4 貸借対照表換算差額の処理

貸借対照表項目の換算によって生じた貸借差額は、為替換算調整勘定として貸借対照表の純資産の部(その他の包括利益累計額)に記載する。

**【設例16-14】**

次の資料にもとづいて、前期末に取得した在外子会社の連結決算時における円貨建の貸借対照表、損益計算書および株主資本等変動計算書を作成しなさい。

なお、損益計算書項目の換算はすべて期中平均為替レートによる。

〈資料〉

1．在外子会社の連結決算日における財務諸表

貸借対照表 (単位：ドル)

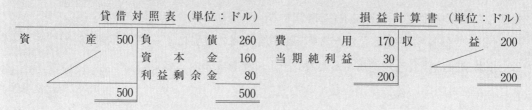

| | | | |
|---|---|---|---|
| 資産 | 500 | 負債 | 260 |
| | | 資本金 | 160 |
| | | 利益剰余金 | 80 |
| | 500 | | 500 |

損益計算書 (単位：ドル)

| | | | |
|---|---|---|---|
| 費用 | 170 | 収益 | 200 |
| 当期純利益 | 30 | | |
| | 200 | | 200 |

株主資本等変動計算書 (単位：ドル)

| | | |
|---|---|---|
| 資本金 | 当期首残高 | 160 |
| | 当期末残高 | 160 |
| 利益剰余金 | 当期首残高 | 50 |
| | 当期純利益 | 30 |
| | 当期末残高 | 80 |

2．当期首為替レートは1ドル＝115円である。

3．期中平均為替レートは1ドル＝110円である。

4．決算時為替レートは1ドル＝113円である。

5．親会社による子会社株式の取得時における為替レートは1ドル＝115円である。

6．利益剰余金当期首残高は、前期末の残高50ドルをそのまま引き継いでいる。

〈解答・解説〉

貸借対照表　(単位：円)

| | | | |
|---|---|---|---|
| 資産 | 56,500 | 負債 | 29,380 |
| | | 資本金 | 18,400 |
| | | 利益剰余金 | 9,050 |
| | | 為替換算調整勘定 | △330 |
| | 56,500 | | 56,500 |

損益計算書　(単位：円)

| | | | |
|---|---|---|---|
| 費用 | 18,700 | 収益 | 22,000 |
| 当期純利益 | 3,300 | | |
| | 22,000 | | 22,000 |

株主資本等変動計算書　(単位：円)

| | | |
|---|---|---|
| 資本金 | 当期首残高 | 18,400 |
| | 当期末残高 | 18,400 |
| 利益剰余金 | 当期首残高 | 5,750 |
| | 当期純利益 | 3,300 |
| | 当期末残高 | 9,050 |

計算は、①損益計算書、②株主資本等変動計算書、③貸借対照表の順に行う。

**①損益計算書の換算**

費　用：170ドル×@110円＝18,700円

収　益：200ドル×@110円＝22,000円

当期純利益：30ドル×@110円＝3,300円

**②株主資本等変動計算書(利益剰余金)の計算**

当期首残高：50ドル×@115円＝5,750円

**③貸借対照表の換算**

資　産：500ドル×@113円＝56,500円

負　債：260ドル×@113円＝29,380円

資本金：160ドル×@115円＝18,400円

利益剰余金：9,050円(株主資本等変動計算書より)

為替換算調整勘定：△330円(貸借差額より)

損益計算書項目は期中平均為替レート(1ドル＝110円)、株主資本等変動計算書当期首残高は当期首為替レート(1ドル＝115円)、貸借対照表の資産・負債は決算時レート(1ドル＝113円)により換算する。なお、このように換算した後に、それを基礎として連結財務諸表を作成する。

包括利益の表示に関する会計基準
（最終改正2022年10月28日
企業会計基準委員会）

# 4 連結財務諸表における包括利益

## 1 包括利益とは

包括利益とは「当期における純資産の変動額のうち、株主等㉘との直接的な取引によらない部分」と定義される。つまり、増資などの株主等との直接的な取引以外で純資産が増加した部分であり、構成要素としては当期純利益㉙とその他の包括利益がある。

**包括利益 ＝ 当期純利益 ＋ その他の包括利益**

㉘新株予約権者や子会社の非支配株主を含む。

㉙税金等調整前当期純利益から法人税等を差し引いたもの。

## 2 包括利益計算書とその必要性

保有するその他有価証券の時価が上昇した場合に計上される評価益である、その他有価証券評価差額金のように、損益計算書を通過せずに、直接に貸借対照表の純資産を構成するものがある。

これらの保有利得も利益として、株主等に開示する必要性から、その他の包括利益㉚まで含めた包括利益計算書が作成されることとなった。

㉚その他の包括利益には「その他有価証券評価差額金」のほか、ヘッジ会計の「繰延ヘッジ損益」、在外子会社の「為替換算調整勘定」などがある。

### コラム　成　長

最後に「成長」という話をしましょう。

人間は“成長し続けること”が何より大事です。

ＩＴ技術の発展が目覚しいこの時代、昨日のあなたの姿は明日にはパソコンがとって代わります。人が人であるためにも成長が大事です。

では、どうすれば人は成長し続けられるのでしょうか。要素は２つあるように思います。

１つは“挑戦”です。

挑戦しない人は恥をかくことができない人で、この人は成長しません。「しなかったこと」を正当化して「できなかったこと」にすり替えて、自分自身にまで嘘をつきはじめる。これでは成長など望むべくもありません。

そしてもう１つは、意外かもしれませんが“謙虚”のように思います。

謙虚な人は、他人の言葉に耳を傾け、物事の変化を心で捉えていく中で成長し、さらに周りもこの人に協力を惜しまなくなり、またその中で成長していきます。逆に、傲慢な人は、いいように利用されることはあっても、ほんとうに思いのある人の力を集めることはできません。

挑戦と謙虚。

この本を使っていただいたみなさんへのお礼の言葉に代えて、この２つの言葉をみなさんに贈ります。

いい未来を、築いていってください。

## 3 包括利益計算書の様式

包括利益の表示方式には、(1)1計算書方式と、(2)2計算書方式とがあり、いずれかを選択して適用する。

### (1)1計算書方式

包括利益を連結損益計算書と合わせて表示する。

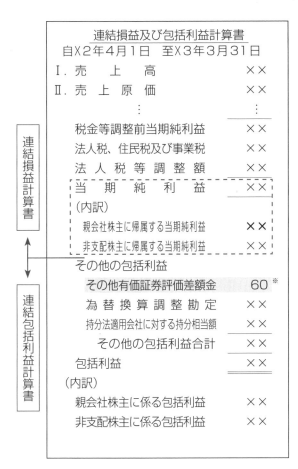

連結損益及び包括利益計算書
自X2年4月1日　至X3年3月31日

| | | |
|---|---|---|
| 連結損益計算書 | Ⅰ．売上高 | ×× |
| | Ⅱ．売上原価 | ×× |
| | ⋮ | ⋮ |
| | 税金等調整前当期純利益 | ×× |
| | 法人税、住民税及び事業税 | ×× |
| | 法人税等調整額 | ×× |
| | 当期純利益 | ×× |
| | (内訳) | |
| | 親会社株主に帰属する当期純利益 | ×× |
| | 非支配株主に帰属する当期純利益 | ×× |
| 連結包括利益計算書 | その他の包括利益 | |
| | その他有価証券評価差額金 | 60 ※ |
| | 為替換算調整勘定 | ×× |
| | 持分法適用会社に対する持分相当額 | ×× |
| | その他の包括利益合計 | ×× |
| | 包括利益 | ×× |
| | (内訳) | |
| | 親会社株主に係る包括利益 | ×× |
| | 非支配株主に係る包括利益 | ×× |

### (2)2計算書方式

包括利益計算書を独立した計算書として表示する。

連結包括利益計算書
自X2年4月1日　至X3年3月31日

| | |
|---|---|
| 当期純利益 | ×× |
| その他の包括利益 | |
| その他有価証券評価差額金 | 60 ※ |
| 為替換算調整勘定 | ×× |
| 持分法適用会社に対する持分相当額 | ×× |
| その他の包括利益合計 | ×× |
| 包括利益 | ×× |
| (内訳) | |
| 親会社株主に係る包括利益 | ×× |
| 非支配株主に係る包括利益 | ×× |

※その他有価証券評価差額金は、税効果を考慮した後の金額となる。

## 4 包括利益の内訳

包括利益計算書には包括利益を表示した後、その内訳を親会社株主分と非支配株主分とに分けて表示する。

**親会社株主に係る包括利益**
**＝当期純利益＋その他の包括利益のうち親会社の持分に相当する金額**[31]

**非支配株主に係る包括利益**
**＝非支配株主損益＋その他の包括利益のうち非支配株主の持分に相当する金額**[32]

[31] 親会社が保有するその他有価証券から計上された「その他有価証券評価差額金」は全額、親会社株主に係る包括利益となる。

[32] 子会社が保有するその他有価証券から計上された「その他有価証券評価差額金」のうち、非支配株主の持分相当額(非支配株主割合を掛けた金額)が、非支配株主に係る包括利益となる。

# 第17章 キャッシュ・フロー計算書

**企業は掛けで商品を販売し、代金未回収のまま決算を迎えたり、収益・費用の見越し・繰り延べを行ったりするため、損益計算書上の収益・費用は資金の流入額や流出額とは、通常一致しない。**
**したがって、損益計算書上では利益があがっていても、実際には資金がなく、会社に支払能力がないこともある。そこで、会社の資金獲得能力や債務弁済能力など利害関係者の意思決定に役立つ情報を提供するためにキャッシュ・フロー計算書の作成が必要になる。**

連結キャッシュ・フロー計算書等の作成基
(平成10年3月13日
企業会計審議会)
「連結キャッシュ・フロー計算書等の作成基
の一部改正
(2023年11月17日
企業会計基準委員会)

## 1 キャッシュ・フロー計算書の概要

### 1 キャッシュ・フロー計算書とは

キャッシュ・フロー計算書とは、一会計期間における企業の資金の動き(キャッシュ・フロー)の状況を、一定の活動区分別(**営業活動・投資活動・財務活動**)に表示する計算書である。

### 2 キャッシュ・フロー計算書の必要性

損益計算書が表す収益・費用は、資金の流入・流出額とは一致しません。このため、損益計算書上では利益を計上しながら、実際には支払能力がないために、利害関係者の意思決定を誤らせるおそれがある❶。また、貸借対照表は決算日時点の財政状態を表しますが、資金の増減の事実、特に「どのような理由でいくら増減したのか」を読み取ることができない。

❶支払い能力がないと、手形の不渡りや、社債の償還不履行(デフォルト)などが起こり、最悪の場合は倒産する可能性も考えられる。

そこで、資金の期末残高や増減事実を分かりやすく表し、利害関係者の意思決定に役立つ情報を提供するために、キャッシュ・フロー計算書の作成が必要となる。

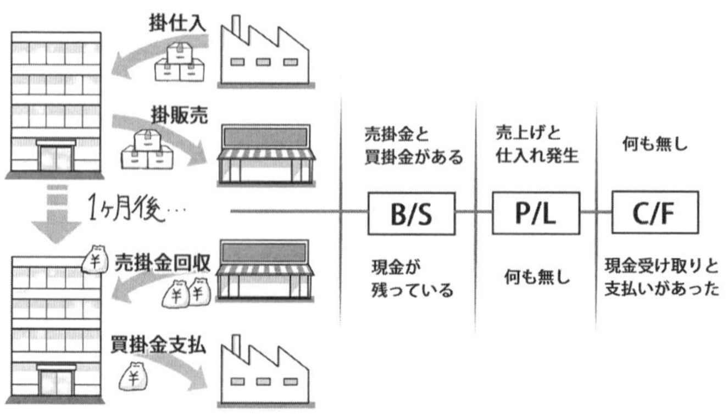

## 3 資金の範囲

キャッシュ・フロー計算書における資金(キャッシュ)とは、「**現金及び現金同等物**」を指す。

### (1)現金

ここでいう現金には、**手許現金**(てもとげんきん)だけでなく普通預金、当座預金、通知預金などの**要求払預金**が含まれる。

### (2)現金同等物

**現金同等物**とは、容易に換金可能であり、かつ価格の変動について僅少(きんしょう)のリスクしか負わない❷**短期投資**をいう。たとえば、満期日までの期間が3カ月以内の定期預金、取得日から満期日(償還日)までの期間が3カ月以内である譲渡性預金、コマーシャル・ペーパー、売り戻し条件付現先(げんさき)、公社債投資信託などがある。

❷株式のように価格の変動が大きく、リスクの高いものは現金同等物とはならない。

<table>
<tr><td rowspan="9">資　金<br>(キャッシュ)</td><td rowspan="4">現　　　金</td><td colspan="2">手許現金</td></tr>
<tr><td rowspan="3">要求払預金</td><td>当座預金</td></tr>
<tr><td>普通預金</td></tr>
<tr><td>通知預金❸</td></tr>
<tr><td rowspan="5">現金同等物</td><td rowspan="5">・容易に換金可能<br>・価格変動のリスクが少ない<br>・3か月以内の短期投資</td><td>定期預金</td></tr>
<tr><td>譲渡性預金❹</td></tr>
<tr><td>コマーシャル・ペーパー❺</td></tr>
<tr><td>売り戻し条件付現先❻</td></tr>
<tr><td>公社債投資信託❼</td></tr>
</table>

❸通知預金とは、数日前に通知をすることで払い戻しが可能な預金である。

❹譲渡性預金とは、事前に通知すれば、自由に他人に譲渡することができる預金である。

❺コマーシャル・ペーパーとは短期資金調達のために企業が振り出す約束手形であり、保有側では有価証券として処理する。

❻売り戻し条件付現先とは、債券を担保とした短期の貸し付けであり、買い手側は、売り手側が一定期間後に一定の価格で売り戻す(買い取る)ことを条件として、債券の購入を行う。

❼公社債投資信託とは、投資家が証券運用の専門機関に対し、公社債で運用することを依頼し、運用益を得る金銭信託の方式である。MMFや中期国債ファンドなどはこの一例である。

# 2 キャッシュ・フロー計算書の様式

## 1 キャッシュ・フロー計算書の表示区分

キャッシュ・フロー計算書では、一会計期間におけるキャッシュ・フローの状況を、「**営業活動**によるキャッシュ・フロー」「**投資活動**によるキャッシュ・フロー」「**財務活動**によるキャッシュ・フロー」の3つに区分して表示する。これにより、キャッシュ・フローに関する情報がより有用なものとなる。

## 2 直接法と間接法

キャッシュ・フロー計算書のうち、「**営業活動によるキャッシュ・フロー**」の区分の表示方法には「**直接法**」と「**間接法**」があり、継続適用を条件にどちらか一方を選択することができる。

**直接法**とは、主要な取引ごとにキャッシュ・フローを総額表示する方法である。

**間接法**とは、税引前当期純利益に非資金損益項目を加え、営業活動に係る資産および負債を増減して表示する方法をいう。なお、「投資活動によるキャッシュ・フロー」および「財務活動によるキャッシュ・フロー」の区分は、いずれも**直接法の表示と同じ**である。

キャッシュ・フロー計算書（直接法）

全商物産株式会社　x1年4月1日〜x2年3月31日　（単位：円）

| | |
|---|---|
| Ⅰ　営業活動によるキャッシュ・フロー | |
| 　営業収入 | ××× |
| 　原材料又は商品の仕入れによる支出 | △ ××× |
| 　人件費の支出 | △ ××× |
| 　その他の営業支出 | △ ××× |
| 　　小　計 | ××× |
| 　利息および配当金の受取額 | ××× |
| 　利息の支払額 | △ ××× |
| 　損害賠償金の支払額 | △ ××× |
| 　： | ： |
| 　法人税等の支払額 | △ ××× |
| 営業活動によるキャッシュ・フロー | ××× |
| Ⅱ　投資活動によるキャッシュ・フロー | |
| 　有価証券の取得による支出 | △ ××× |
| 　有価証券の売却による収入 | ××× |
| 　有形固定資産の取得による支出 | △ ××× |
| 　有形固定資産の売却による収入 | ××× |
| 　投資有価証券の取得による支出 | △ ××× |
| 　投資有価証券の売却による収入 | ××× |
| 　貸付けによる支出 | △ ××× |
| 　貸付金の回収による収入 | ××× |
| 　： | ： |
| 投資活動によるキャッシュ・フロー | △ ××× |
| Ⅲ　財務活動によるキャッシュ・フロー | |
| 　短期借入れによる収入 | ××× |
| 　短期借入金の返済による支出 | △ ××× |
| 　長期借入れによる収入 | ××× |
| 　長期借入金の返済による支出 | △ ××× |
| 　社債の発行による収入 | ××× |
| 　社債の償還による支出 | △ ××× |
| 　株式の発行による収入 | ××× |
| 　自己株式の取得による支出 | △ ××× |
| 　配当金の支払額 | △ ××× |
| 　： | ： |
| 財務活動によるキャッシュ・フロー | ××× |
| Ⅳ　現金及び現金同等物に係る換算差額 | ××× |
| Ⅴ　現金及び現金同等物の増加額（又は減少額） | ××× |
| Ⅵ　現金及び現金同等物の期首残高 | ××× |
| Ⅶ　現金及び現金同等物の期末残高 | ××× |

キャッシュ・フロー計算書（間接法）

全商物産株式会社　x1年4月1日〜x2年3月31日　（単位：円）

| | |
|---|---|
| Ⅰ　営業活動によるキャッシュ・フロー | |
| 　税引前当期純利益（又は税引前当期純損失） | ××× |
| 　減価償却費 | ××× |
| 　減損損失 | ××× |
| 　貸倒引当金の増加額 | ××× |
| 　受取利息及び受取配当金 | △ ××× |
| 　支払利息 | ××× |
| 　為替差損 | ××× |
| 　固定資産売却益 | △ ××× |
| 　損害賠償損失 | ××× |
| 　売上債権の増加額 | △ ××× |
| 　たな卸資産の減少額 | ××× |
| 　仕入債務の減少額 | △ ××× |
| 　： | ： |
| 　　小　計 | ××× |
| 　利息および配当金の受取額 | ××× |
| 　利息の支払額 | △ ××× |
| 　損害賠償金の支払額 | △ ××× |
| 　： | ： |
| 　法人税等の支払額 | △ ××× |
| 営業活動によるキャッシュ・フロー | ××× |

Ⅱ以下は「直接法」と同じ

## 3 利息および配当金の表示方法

利息および配当金に係るキャッシュ・フローは、毎期継続して適用することを条件として、次のいずれかの方法により記載する。

**⑴財務諸表との関連を重視した表示方法**

受取利息・受取配当金および支払利息は「営業活動によるキャッシュ・フロー」の区分に記載し、支払配当金は「財務活動によるキャッシュ・フロー」の区分に記載する方法。

**⑵活動との関連を重視した表示方法**

受取利息および受取配当金は「投資活動によるキャッシュ・フロー」の区分に記載し、支払利息および支払配当金は「財務活動によるキャッシュ・フロー」の区分に記載する方法。

**〈利息および配当金の表示区分表〉**

<table>
<tr><th></th><th>財務諸表との関連を重視した方法</th><th>企業の活動との関係を重視した方法</th></tr>
<tr><td>利息の受取額（受取利息）</td><td rowspan="3">営業活動によるキャッシュ・フロー</td><td rowspan="2">投資活動によるキャッシュ・フロー</td></tr>
<tr><td>配当金の受取額（受取配当金）</td></tr>
<tr><td>利息の支払額（支払利息）</td><td rowspan="2">財務活動によるキャッシュ・フロー</td></tr>
<tr><td>配当金の支払額（支払配当金）</td><td>財務活動によるキャッシュ・フロー</td></tr>
</table>

# 3 キャッシュ・フロー計算書の作成

## 1 営業活動によるキャッシュ・フロー（直接法）

「**営業活動によるキャッシュ・フロー**」の区分を「**直接法**」により表示する場合には、営業収入や商品の仕入支出、人件費支出等、損益計算書の営業損益計算の対象となる取引のほか、保険金の受取額や損害賠償金の支払い、法人税等の支払額といった、投資活動にも財務活動にも属さない取引も記載する。

「**直接法**」は、キャッシュ・フローが総額で表示されるため、**営業活動の規模が明瞭に表示されるという長所**がある。

| 営業損益計算の対象となる取引についての概要 | |
|---|---|
| ①営業収入 | 現金売上、売掛金の回収額、受取手形の回収額・割引額、前受金の受領額　など |
| ②原材料又は商品の仕入支出 | 現金仕入、買掛金・支払手形・前払金の支払額　など |
| ③人件費支出 | 給料・報酬・賞与・退職給与　など |
| ④その他の営業支出 | 人件費以外の販売費及び一般管理費　など |

**【設例17-1】**

次の資料にもとづき、直接法によるキャッシュ・フロー計算書(営業活動によるキャッシュ・フローまで)を作成しなさい。

〈資料1〉

貸借対照表

| 資産 | 前期末 | 当期末 | 増減額 | 負債・純資産 | 前期末 | 当期末 | 増減額 |
|---|---|---|---|---|---|---|---|
| 現金預金 | 900 | 955 | 55 | 買掛金 | 2,250 | 1,350 | △900 |
| 売掛金 | 1,800 | 2,000 | 200 | 未払法人税等 | 500 | 675 | 175 |
| 貸倒引当金 | △72 | △80 | △8 | 未払給料 | 0 | 100 | 100 |
| 有価証券 | 1,700 | 1,700 | 0 | 資本金 | 7,000 | 7,000 | 0 |
| 商品 | 1,800 | 2,400 | 600 | 利益準備金 | 700 | 700 | 0 |
| 貸付金 | 300 | 400 | 100 | 繰越利益剰余金 | 2,287 | 2,962 | 675 |
| 未収利息 | 9 | 12 | 3 | | — | — | — |
| 建物 | 7,200 | 7,200 | 0 | | — | — | — |
| 減価償却累計額 | △900 | △1,800 | △900 | | — | — | — |
| 資産合計 | 12,737 | 12,787 | 50 | 負債・純資産合計 | 12,737 | 12,787 | 50 |

〈資料2〉 損益計算書

| | |
|---|---|
| 売上高 | 10,670 |
| 売上原価 | △5,400 |
| 売上総利益 | 5,270 |
| 給料 | △2,600 |
| 貸倒引当金繰入額 | △8 |
| 減価償却費 | △900 |
| その他の費用 | △450 |
| 営業利益 | 1,312 |
| 受取配当金 | 20 |
| 受取利息 | 18 |
| 税引前当期純利益 | 1,350 |
| 法人税等 | △675 |
| 当期純利益 | 675 |

〈資料3〉 その他の事項

1. 受取配当金に係るキャッシュ・フローは、「営業活動によるキャッシュ・フロー」の区分に表示する。
2. 商品の売買は、すべて掛けで行っている。
3. 現金及び現金同等物と現金預金の金額は、一致する。

〈解答・解説〉

直接法によるキャッシュ・フロー計算書

| | |
|---|---|
| Ⅰ 営業活動によるキャッシュ・フロー | |
| 営業収入 | 10,470 |
| 原材料又は商品の仕入れによる支出 | △6,900 |
| 人件費の支出 | △2,500 |
| その他の営業支出 | △450 |
| 小計 | 620 |
| 利息および配当金の受取額 | 35 |
| 法人税等の支払額 | △500 |
| 営業活動によるキャッシュ・フロー | 155 |

①**営業収入**

営業収入は、現金売上のほか、売掛金や受取手形の回収額等である。貸借対照表に受取手形がなく、すべて掛け売り上げであるため、売掛金の当期回収額が「**営業収入**」となる。

②**材料又は商品の仕入による支出**

仕入支出は、現金仕入のほか、買掛金や支払手形の支払額等である。貸借対照表に支払手形がなく、すべて掛け仕入れのため、買掛金の当期支払高が「**原材料又は商品の仕入による支出**」になる。また、仕入支出の計算のさいは、売上原価を当期仕入高に修正して用いることに注意する。

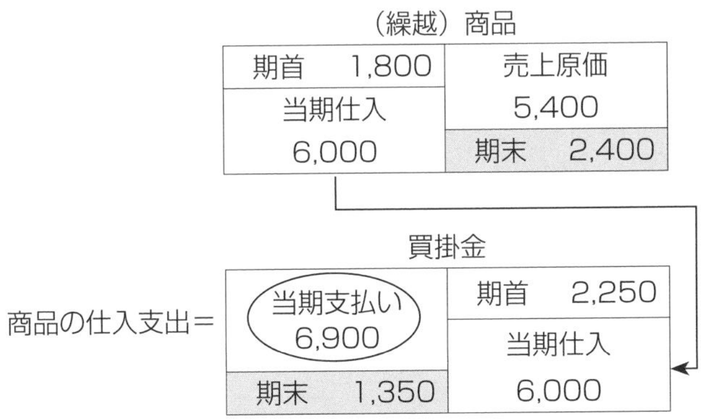


③**人件費の支出**

人件費の支出には、従業員給料や役員報酬、賞与等が含まれる。

ここでは、給料の期末未払が100円あるため、当期給料の2,600円から期末未払の100円を控除した2,500円が「**人件費の支出**」となる。

### ④その他の営業支出

「原材料又は商品の仕入による支出」と「人件費の支出」以外の販売費及び一般管理費である。また、減価償却費や貸倒引当金繰入など、支出をともなわないものは含めない。ここでは、その他の費用の450円がそのまま「**その他の営業支出**」となる。

### ⑤利息および配当金の受取額

受取利息の期首未収が９円、期末未収が12円あるため、当期受取利息の18円に、期首未収の９円を加算し、期末未収の12円を控除した15円が「利息の受取額」となる。

また、損益計算書上に受取配当金20円が計上されているので、「**利息および配当金の受取額**」は35円となる。

受取利息(未収)

| | |
|---|---|
| 期首未収 9 | 当期 利息の受取額 15 |
| P/L上の 受取利息 (当期収益) 18 | 期末未収 12 |

### ⑥法人税等の支払額

貸借対照表上に未払法人税等勘定があるので、当期の「**法人税等の支払額**」は、前期末の未払法人税等の500円となる❽。

❽仮に、貸借対照表上に未払法人税等勘定がない場合には当期の法人税等675円が、そのまま当期の法人税等の支払額となる。

## 2 営業活動によるキャッシュ・フロー（間接法）

「営業活動によるキャッシュ・フロー」の区分を間接法により表示する場合には、「営業活動によるキャッシュ・フロー」の区分のうちキャッシュ・フロー上の営業利益を意味する「小計」の算定を、次の手順で行う。

税引前当期純利益

↓

①非資金損益項目の調整

「減価償却費」の加算調整
「引当金増加額」の加算調整

⇐ 減価償却費や貸倒償却は損益計算書上は費用となっているが、資金が流出したわけではないので加算調整する。

↓

②営業外損益・特別損益の調整

「営業外収益」の減算調整
「営業外費用」の加算調整
「特別利益」の減算調整
「特別損失」の加算調整

⇐ 税引前当期純利益に、営業外損益・特別損益の金額を損益計算書と逆にして加減することで営業利益の金額に戻す。

↓

③営業資産・営業負債の増減額の調整

「営業債権増加額」の減算調整
「棚卸資産増加額」の減算調整
「営業債権減少額」の加算調整
「棚卸資産減少額」の加算調整
「営業債務増加額」の加算調整
「営業債務減少額」の減算調整

⇐ 営業資産・営業負債には売上債権・仕入債務・棚卸資産・前払金・前払費用・未払費用などがある。
たとえば売掛金の期首残高が0円・期末残高が20円で、当期の掛売上高が200円であった場合、損益計算書の売上高200円に対し、当期の入金額は180円となる。そこで、売上債権の増加額は減算調整することになる。その他の営業債権・営業債務についても同様である。

↓

「小計」
キャッシュ・フロー上の営業利益

**【設例17-2】**

**【設例17-1】**の**〈資料1〉**により、間接法によるキャッシュ・フロー計算書(営業活動によるキャッシュ・フローまで)を作成しなさい(単位:円)。

〈解答・解説〉

間接法によるキャッシュ・フロー計算書

| | | |
|---|---|---|
| Ⅰ　営業活動によるキャッシュ・フロー | | |
| 税引前当期純利益 | 1,350 | |
| 減価償却費 | 900 | 非資金損益項目⑨ |
| 貸倒引当金の増加額 | 8 | |
| 受取利息及び受取配当金 | △38 | → 営業外損益・特別損益※1 |
| 売上債権の増加額 | △200 | |
| 棚卸資産の増加額 | △600 | 営業資産・負債の増減※2 |
| 仕入債務の減少額 | △900 | |
| 未払費用の増加額 | 100 | |
| 小　計 | 620 | 直接法と同じ |
| 利息および配当金の受取額 | 35 | |
| 法人税等の支払額⑩ | △500 | |
| 営業活動によるキャッシュ・フロー | 155 | |

⑨支出のない費用が税引前当期純利益から差し引かれているのでここで加算する。

⑩税引前当期純利益から始まっているので、ここで支払額を差し引く。

※1　営業外損益、特別損益は、税引前当期純利益から営業利益になるように調整する項目なので、損益計算書と逆に加減する。

※2　営業資産・負債の増減については、「嬉しかったらマイナス、悲しかったらプラス」と感覚的に覚えるとよい。

**<営業外損益・特別損益の調整>**

| 項　目 | 税引前当期純利益に・・ |
|---|---|
| 営業外収益<br>特別利益 | ⇨ 減　算 |
| 営業外費用<br>特別損失 | ⇨ 加　算 |

**<営業資産・営業負債の調整>**

| | 増　減 | 調　整 |
|---|---|---|
| 営業資産 | 増加額　期末残高>期首残高 | 減算(−) |
| | 減少額　期末残高<期首残高 | 加算(+) |
| 営業負債 | 増加額　期末残高>期首残高 | 加算(+) |
| | 減少額　期末残高<期首残高 | 減算(−) |

## 3 投資活動によるキャッシュ・フロー

「投資活動によるキャッシュ・フロー」の区分には、固定資産や有価証券(現金同等物を除く)の取得および売却、資金の貸し付けなど投資活動に係るキャッシュ・フローを記載する。

この区分に記載するキャッシュ・フローには、以下のものがある。

①有形固定資産および無形固定資産の取得による支出
②有形固定資産および無形固定資産の売却による収入
③有価証券(現金同等物以外)および投資有価証券の取得による支出
④有価証券(現金同等物以外)および投資有価証券の売却による収入
⑤貸し付けによる支出
⑥貸付金の回収による収入

## 4 財務活動によるキャッシュ・フロー

「財務活動によるキャッシュ・フロー」の区分には、資金の調達および返済など、財務活動に係るキャッシュ・フローを記載する。

この区分に記載するキャッシュ・フローには、以下のようなものがある。

①株式の発行による収入
②自己株式の取得による支出
③配当金の支払い
④社債の発行または借り入れによる収入
⑤社債の償還または借入金の返済による支出

**【設例 17-3】**

次の資料にもとづき、キャッシュ・フロー計算書の「投資活動によるキャッシュ・フロー」と「財務活動によるキャッシュ・フロー」の欄を完成させなさい(単位：円)。

〈資料１〉

貸　借　対　照　表

| | 前　期 | 当　期 | 増減額 |
|---|---|---|---|
| ： | ： | ： | ： |
| 有　価　証　券 | 3,000 | 3,200 | 200 |
| 貸　付　金 | 2,000 | 1,800 | △ 200 |
| 建　物 | 6,000 | 4,000 | △ 2,000 |
| 減価償却累計額 | △ 1,800 | △ 1,320 | △ 480 |
| 土　地 | 8,000 | 6,700 | △ 1,300 |
| 資　産　合　計 | ××× | ××× | ××× |
| ： | ： | ： | ： |
| 短　期　借　入　金 | 3,600 | 3,000 | △ 600 |
| 資　本　金 | 6,000 | 7,800 | 1,800 |
| ： | ： | ： | ： |
| 負債・純資産合計 | ××× | ××× | ××× |

損　益　計　算　書

| | |
|---|---|
| 売　上　高 | ××× |
| 売　上　原　価 | ××× |
| 売上総利益 | ××× |
| ： | ： |
| 減価償却費 | △ 120 |
| ： | ： |
| 営　業　利　益 | ××× |
| ： | ： |
| 有価証券売却損 | △ 200 |
| ： | ： |
| 経　常　利　益 | ××× |
| ： | ： |
| 固定資産売却益 | 400 |
| ： | ： |
| 税引前当期純利益 | ××× |
| 法　人　税　等 | △××× |
| 当　期　純　利　益 | ××× |

〈資料２〉

①帳簿価額1,100円の有価証券を900円で売却した。

②貸付金の当期回収額は200円である。

③期首に取得原価2,000円の建物(減価償却累計額600円)を1,600円で売却した。

④取得原価1,300円の土地を1,500円で売却した。

⑤短期借入金(借入期間はすべて１年以内)の当期返済額は4,000円である。

⑥当期に新株を発行し、現金1,800円が払い込まれた。

⑦当期中に株主に対して配当金40円を現金で支払った。

〈解答・解説〉

＜「投資活動によるキャッシュ・フロー」および「財務活動によるキャッシュ・フロー」の表示＞

キャッシュ・フロー計算書

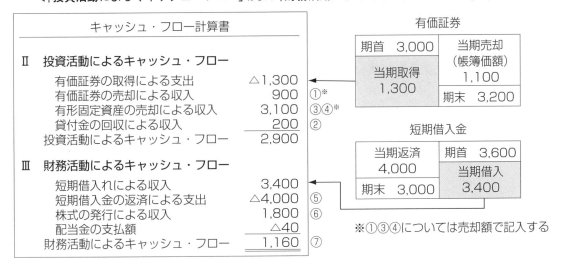

| | | |
|---|---|---|
| Ⅱ　投資活動によるキャッシュ・フロー | | |
| 有価証券の取得による支出 | △1,300 | |
| 有価証券の売却による収入 | 900 | ①※ |
| 有形固定資産の売却による収入 | 3,100 | ③④※ |
| 貸付金の回収による収入 | 200 | ② |
| 投資活動によるキャッシュ・フロー | 2,900 | |
| Ⅲ　財務活動によるキャッシュ・フロー | | |
| 短期借入れによる収入 | 3,400 | |
| 短期借入金の返済による支出 | △4,000 | ⑤ |
| 株式の発行による収入 | 1,800 | ⑥ |
| 配当金の支払額 | △40 | |
| 財務活動によるキャッシュ・フロー | 1,160 | ⑦ |

有価証券

| | |
|---|---|
| 期首　3,000 | 当期売却（帳簿価額）1,100 |
| 当期取得 1,300 | 期末　3,200 |

短期借入金

| | |
|---|---|
| 当期返済 4,000 | 期首　3,600 |
| 期末　3,000 | 当期借入 3,400 |

※①③④については売却額で記入する

## 5 キャッシュ・フロー計算書の末尾の表示

＜キャッシュ・フロー計算書の末尾の表示＞

キャッシュ・フロー計算書

| | | |
|---|---|---|
| Ⅰ | 営業活動によるキャッシュ・フロー | ××× |
| Ⅱ | 投資活動によるキャッシュ・フロー | ××× |
| Ⅲ | 財務活動によるキャッシュ・フロー | ××× |
| Ⅳ | 現金及び現金同等物に係る換算差額 | ××× |
| Ⅴ | 現金及び現金同等物の増加額（又は減少額） | ××× |
| Ⅵ | 現金及び現金同等物の期首残高 | ××× |
| Ⅶ | 現金及び現金同等物の期末残高 | ××× |

現金や現金同等物の換算によって生じた換算差額は、「財務活動によるキャッシュ・フロー」の後に表示する。これを、「営業活動・投資活動・財務活動によるキャッシュ・フロー」それぞれの合計に加減し、現金及び現金同等物の増加額をもとめ、これに期首残高を足して期末残高をもとめる。

**【設例17-4】**

以下の資料をもとに、問1．直接法および 問2　間接法によるキャッシュ・フロー計算書を作成しなさい。なお、間接法の場合については「営業活動によるキャッシュ・フロー」の区分のみでよい。また、受取配当金、受取利息、支払利息は「営業活動によるキャッシュ・フロー」の区分に記載するものとする。

〈資　料〉

貸借対照表　(単位：円)

| 科目 | 前期 | 当期 | 科目 | 前期 | 当期 |
|---|---|---|---|---|---|
| 現金 | 1,930 | 3,600 | 買掛金 | 1,240 | 1,920 |
| 売掛金 | 1,380 | 1,710 | 短期借入金 | 1,000 | 810 |
| 貸倒引当金 | △ 60 | △ 80 | 未払金 | 120 | 100 |
| 有価証券 | 2,500 | 2,620 | 未払法人税等 | 300 | 800 |
| 商品 | 1,050 | 1,130 | 資本金 | 10,000 | 11,000 |
| 未収利息 | 30 | 20 | 利益準備金 | 800 | 880 |
| 備品 | 7,500 | 8,200 | 繰越利益剰余金 | 1,200 | 2,120 |
| 減価償却累計額 | △ 1,500 | △ 2,100 | | | |
| 貸付金 | 1,830 | 2,530 | | | |
| | 14,660 | 17,630 | | 14,660 | 17,630 |

損益計算書　(単位：円)

| | | |
|---|---|---|
| Ⅰ 売上高 | | 24,000 |
| Ⅱ 売上原価 | | 14,600 |
| 売上総利益 | | 9,400 |
| Ⅲ 販売費及び一般管理費 | | |
| 1．営業費 | 2,590 | |
| 2．給料 | 2,950 | |
| 3．貸倒引当金繰入額 | 20 | |
| 4．減価償却費 | 750 | 6,310 |
| 営業利益 | | 3,090 |
| Ⅳ 営業外収益 | | |
| 1．受取利息配当金 | 120 | |
| 2．有価証券売却益 | 300 | |
| 3．為替差益 | 40 | 460 |
| Ⅴ 営業外費用 | | |
| 1．支払利息 | | 200 |
| 経常利益 | | 3,350 |
| Ⅵ 特別損失 | | |
| 1．固定資産売却損 | | 50 |
| 税引前当期純利益 | | 3,300 |
| 法人税、住民税及び事業税 | | 1,500 |
| 当期純利益 | | 1,800 |

(注)

1．当期に有価証券(売買目的)の取得と売却があり、売却時の簿価は、1,200円である。
2．当期首に備品の取得と売却があり、売却時の簿価は350円（取得原価500円－減価償却累計額150円)である。
3．未払金はすべて備品の購入代価である。
4．当期に新規貸付け 1,000円と回収？円があった。
5．当期に新規借入れ 850円と返済1,000円があった。
6．為替差益は、短期借入金の期末換算替えによるものである。
7．当期に増資1,000円の払い込みを受けた。
8．当期に配当金800円を支払い、会社法規定の額を利益準備金に繰り入れた。
9．売上、仕入はすべて掛けによる取引である。
10．上記以外の取引は、すべて現金決済している。
11．キャッシュ・フローの減少となる場合には、数字の前に△の符号を付けること。

〈解答・解説〉

**問1．直接法による場合**

| | | (単位：円) |
|---|---|---|
| Ⅰ | 営業活動によるキャッシュ・フロー | |
| | 営業収入 | ( 23,670 ) |
| | 商品の仕入による支出 | ( △ 14,000 ) |
| | 人件費の支出 | ( △ 2,950 ) |
| | その他の営業支出 | ( △ 2,590 ) |
| | 小計 | ( 4,130 ) |
| | 利息及び配当金の受取額 | ( 130 ) |
| | 利息の支払額 | ( △ 200 ) |
| | 法人税等の支払額 | ( △ 1,000 ) |
| | 営業活動によるキャッシュ・フロー | ( 3,060 ) |
| Ⅱ | 投資活動によるキャッシュ・フロー | ( ) |
| | 有価証券の取得による支出 | ( △ 1,320 ) |
| | 有価証券の売却による収入 | ( 1,500 ) |
| | 有形固定資産の取得による支出 | ( △ 1,220 ) |
| | 有形固定資産の売却による収入 | ( 300 ) |
| | 貸付けによる支出 | ( △ 1,000 ) |
| | 貸付金の回収による収入 | ( 300 ) |
| | 投資活動によるキャッシュ・フロー | ( △ 1,440 ) |
| Ⅲ | 財務活動によるキャッシュ・フロー | ( ) |
| | 短期借入れによる収入 | ( 850 ) |
| | 短期借入金の返済による支出 | ( △ 1,000 ) |
| | 株式の発行による収入 | ( 1,000 ) |
| | 配当金の支払額 | ( △ 800 ) |
| | 財務活動によるキャッシュ・フロー | ( 50 ) |
| Ⅳ | 現金及び現金同等物の増加額 | ( 1,670 ) |
| Ⅴ | 現金及び現金同等物の期首残高 | ( 1,930 ) |
| Ⅵ | 現金及び現金同等物の期末残高 | ( 3,600 ) |

**問2．間接法による場合**　(単位：円)

Ⅰ　営業活動によるキャッシュ・フロー

| | |
|---|---|
| 税引前当期純利益 | ( 3,300 ) |
| 減価償却費 | ( 750 ) |
| 貸倒引当金の増加額 | ( 20 ) |
| 受取利息及び受取配当金 | ( △ 120 ) |
| 有価証券売却益 | ( △ 300 ) |
| 為替差益 | ( △ 40 ) |
| 支払利息 | ( 200 ) |
| 固定資産売却損 | ( 50 ) |
| 売上債権の増加額 | ( △ 330 ) |
| 棚卸資産の増加額 | ( △ 80 ) |
| 仕入債務の増加額 | ( 680 ) |
| 小計 | ( 4,130 ) |
| 利息及び配当金の受取額 | ( 130 ) |
| 利息の支払額 | ( △ 200 ) |
| 法人税等の支払額 | ( △ 1,000 ) |
| 営業活動によるキャッシュ・フロー | ( 3,060 ) |

**問1．直接法による場合（単位：円）**

**1．営業活動によるキャッシュ・フロー**

売掛金

| | |
|---|---|
| 期首 1,380 | 回収（営業収入）23,670〈差額〉 |
| 売上高 24,000 | 期末 1,710 |

買掛金

| | |
|---|---|
| 支出（仕入支出）14,000〈差額〉 | 期首 1,240 |
| 期末 1,920 | 仕入 14,680 |

商品

| | |
|---|---|
| 期首 1,050 | 売上原価 14,600 |
| 仕入 14,680 | 期末 1,130 |

受取利息配当金

| | |
|---|---|
| 前期未収 30 | 収入 130 |
| 受取利息 120 | 当期未収 20 |

未払法人税等

| | |
|---|---|
| 支払 1,000 | 期首 300 |
| 期末 800 | 当期法人税等 1,500 |

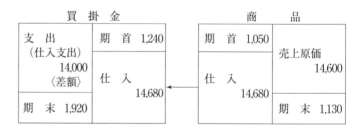

・人件費支出 2,950円：給与 2,950円

・その他の営業支出 2,590円：営業費 2,590円

・利息の支払額 200円：支払利息 200円

## ２．投資活動によるキャッシュ・フロー

・有価証券の取得と売却

有 価 証 券

| | | | |
|---|---|---|---|
| 期首残高 | 2,500 | 売　　却 | 1,200 |
| 取　　得 | 1,320 | 期末残高 | 2,620 |
| | 3,820 | | 3,820 |

有価証券の取得による支出：1,320円

有価証券の売却による収入：1,500円

| | | | |
|---|---|---|---|
| (借)現　　金 | 1,500 | (貸)有 価 証 券 | 1,200 |
| | | 有価証券売却益 | 300 |

・備品の購入と売却

備　　品

| | | | |
|---|---|---|---|
| 期首残高 | 7,500 | 売　　却 | 500 |
| 購　　入 | 1,200 | 期末残高 | 8,200 |
| | 8,700 | | 8,700 |

未 払 金

| | | | |
|---|---|---|---|
| 支　　払 | 1,220 | 期首残高 | 120 |
| 期末残高 | 100 | 購　　入 | 1,200 |
| | 1,320 | | 1,320 |

備品の取得による支出：

　購入1,200円＋未払金の減少高20円＝1,220円

備品の売却による収入：300円

| | | | |
|---|---|---|---|
| (借)減価償却累計額 | 150 | (貸)備　　品 | 500 |
| 現　　金 | 300 | | |
| 固定資産売却損 | 50 | | |

・貸付金の収入と支出

貸 付 金

| | | | |
|---|---|---|---|
| 期首残高 | 1,830 | 回　　収 | 300 |
| 貸　　付 | 1,000 | 期末残高 | 2,530 |
| | 2,830 | | 2,830 |

貸付けによる支出：1,000円

貸付金の回収による収入：差額より300円

**3．財務活動によるキャッシュ・フロー**

**・短期借入金の収入と返済**

短期借入金

| | | | |
|---|---|---|---|
| 返　　済 | 1,000 | 期首残高 | 1,000 |
| 為替差益 | 40 | 借　　入 | 850 |
| 期末残高 | 810 | | |
| | 1,850 | | 1,850 |

借入れによる収入：850円

短期借入金の返済による支出：1,000円

**・株式の発行による収入**

資　本　金

| | | | |
|---|---|---|---|
| 期末残高 | 11,000 | 期首残高 | 10,000 |
| | | 増　　資 | 1,000 |
| | 11,000 | | 11,000 |

株式発行による収入：1,000円

**・配当金の支払額**800円：剰余金の配当800円

**問2．間接法による場合**

**1．営業活動によるキャッシュ・フロー（小計まで）**

・貸倒引当金増加額　20円＝当期　80円－前期　60円

・売上債権の増加額330円＝当期 1,710円－前期 1,380円

**資産の増加→減算**

・棚卸資産の増加額　80円＝当期 1,130円－前期 1,050円

**資産の増加→減算**

・仕入債務の増加額680円＝当期 1,920円－前期 1,240円

**負債の増加→加算**

**2．小計以下**

直接法と同じになる。

## 4 フリー・キャッシュ・フロー

キャッシュ・フロー計算書は、企業の資金創出力を表すといわれるが、その中でも「**営業活動**によるキャッシュ・フロー」と「**投資活動**によるキャッシュ・フロー」の合計を**フリー・キャッシュ・フロー**といい、企業が自由に使うことができる金額を示す。

このフリー・キャッシュ・フローの金額が、**プラス**の場合は企業の資金繰りが良好な状態で、**マイナス**の場合はあまり資金繰りが良好でない状態を示している。

# 第18章 監査と職業会計人

これまで会計処理と財務諸表の作成について見てきたが、財務諸表は、投資家、株主、債権者といった利害関係者の意思決定の重要な判断材料となるため、正しいものでなければならない。
企業が作成した財務諸表に誤りや不正がないものであることを示すために財務諸表監査制度があり、それについて見ていく。

## 1 財務諸表監査制度

### 1 財務諸表監査制度

財務諸表監査制度には、**会社法**によるものと、**金融商品取引法**によるものとがある。会社法による監査には、**監査役**による監査と、**会計監査人(公認会計士または監査法人)**による監査がある。

- 財務諸表監査制度
  - 金融商品取引法による監査
  - 会社法による監査
    - 監査役による監査
    - 会計監査人による監査

### 2 金融商品取引法による監査

金融商品取引法では、我が国経済の健全な発展と**投資家保護**の観点から、証券取引所❶に上場している会社❷に対して、会計監査人による**監査証明を受けた財務諸表の開示**を義務付けている。

上場することにより証券市場で不特定多数の投資家から資金を集めることになる。ここで、誤りや不正がある財務諸表をもとに投資家が誤った意思決定をすることで損失を蒙ることがないようにするため、監査を義務付けている❸。

❶証券取引所は東京、名古屋、福岡、札幌にあり、その中にプライム市場、スタンダード市場など様々なグレードの市場がある。

❷上場しようとする会社も含む。

❸金融商品取引法の監査の対象は、主に上場企業である。

## 3 会社法による監査

### (1)監査役による監査

株式会社の経営者には、株主から出資された資金を適切に事業活動に使う受託責任がある。そこで、会社法では、一定の株式会社について、株主に代わって**取締役の行う業務を監視**する**監査役**を置くことを求めている。監査役が行う監査には次の2つがある。

監査役による監査
- **業務監査**：取締役の行う業務が法令、定款に違反していないかを監査
- **会計監査**：取締役が作成する計算書類が適正かを監査

### (2)会計監査人による監査

**規模が大きな株式会社**❹では、計算書類❺に不正や誤りがあった場合の影響が大きくなる可能性が高いため、会計監査人(公認会計士または監査法人)による会計監査が義務付けられている❻。

❹会社法における会計監査の対象は「大会社」であり、**資本金5億円以上**または**負債総額200億円以上**の株式会社と規定されている。

❺損益計算書や貸借対照表などの財務諸表を指す。

❻株式に譲渡制限のある非大会社では、監査役も会計監査人も置く必要はない。

**監査役・会計監査人設置が義務付けられる会社(会社法)**

| | | 会社の規模(資本金・負債の額で判断) | |
|---|---|---|---|
| | | 大会社 | 非大会社 |
| 株式の譲渡に関する制限の有無 | 公開会社(無) | ◎ | ○ |
| | 非公開会社(有) | ◎ | △ |

◎ … 監査役・会計監査人の両方を置かなければならない

○ … 監査役を置かなければならない
(任意で会計監査人も置くことができる)

△ … 監査役・会計監査人ともに置く必要はない
(どちらも任意で置くことができる)

**【設例18-1】** 次の文章が正しい場合には○を、誤っている場合には×を付けなさい。

①会社法による会計監査人による監査は、すべての株式会社に義務付けられている。

②会社法では、大会社は、監査役及び会計監査人を置かなければならないと定められている。会計監査人とは公認会計士または監査法人を指す。

③株式会社のうち大会社については、監査役による監査とは別に、会計監査人による会計監査も受けなければならない。

④会社法が証券取引所を通じて資金調達を行う株式会社を対象とする法律であるのに対して、金融商品取引法はすべての会社を対象とする法律である。

〈解答・解説〉

① × 非大会社には義務付けられていない。

② ○

③ ○

④ × 金融商品取引法が証券取引所を通じて資金調達を行う株式会社を対象とする法律であるのに対して、会社法はすべての会社を対象とする法律である。

## 4 二重責任の原則

財務諸表について、経営者と監査人はそれぞれ次のような責任を負う。

経営者と監査人の責任
- **経営者**：適正な財務諸表❼を**作成して公開する責任**
- **監査人**：財務諸表に関して**監査意見を表明する責任**

❼適正な財務諸表とは、会計基準に則り、企業活動の実態を適切に反映した財務諸表をいう。

このように、経営者と監査人の責任の区別を二重責任の原則といい、財務諸表監査における重要な原則とされている。

## 5 財務諸表監査の目的

会社法における会計監査も、金融商品取引法における財務諸表監査も、監査人が**独立した第三者の立場**で経営者が作成した**財務諸表が適正であるかについて意見表明を行う**ことを目的としている。

これを**適正性に関する意見表明**という。

## 6 財務諸表監査の特徴

### (1)精査と試査

財務諸表監査において、財務諸表の基礎となるすべての取引の仕訳に対して監査手続を実施する**精査**を行うことは、コスト面や時間面で現実的ではない。

そこで、現代の財務諸表監査では、特定の重要な項目を抜き出して監査手続を実施する**試査**が一般的に行われている❽。

❽スープの味見をするのにスープをすべて飲む必要がないように、すべてをチェックするのではなく、一部のみを抜き出しつつ、それでも適切なチェックを行えるようにしている。

### (2)内部統制と監査

事業運営の有効性と効率性を高め、**財務報告の信頼性や法令遵守を確保するための仕組み**を**内部統制**という。

有効な内部統制が整備・運用されていれば、それによって重要な虚偽の表示につながる事象は自発的に発見・修正されることが期待できる。

そこで、財務諸表監査では監査人が内部統制の有効性を確かめ、その有効性に応じて監査手続を実施することとなっている❾。

❾内部統制の有効性が高ければ試査の範囲を狭め、有効性が低ければ試査の範囲を広げる。

【設例18-2】 次の文章が正しい場合には○を、誤っている場合には×を付けなさい。

①財務諸表監査の主な目的は、監査人が独立した第三者の立場から、経営者が作成した財務諸表が適正であるかについての意見を表明することである。

②監査の対象となる母集団から一部の項目を抽出し、それに対して監査手続きを実施することを試査という。また、母集団のすべての項目を抽出して監査手続を実施することを精査という。

〈解答・解説〉

① ○

② ○

## 7 監査の信頼性を支える仕組み

### (1)監査基準

「監査基準」[10]とは、会計監査人が監査を行うさいに従わなければならない規範であり、監査を実施するさいの指針である。

[10]経営者が財務諸表の作成にあたって従わなければならないのが会計基準であり、監査人が監査にあたって従わなければならないのが監査基準である。

### (2)監査に関する品質管理基準

「監査に関する品質管理基準」とは、監査の品質にばらつきが生じないようにするため、監査事務所及び監査実施者が遵守すべき基準である。

# 2 職業会計人

## 1 職業会計人

会計に関する専門的知識を活用し、重要な社会的役割を担う職業会計人として、公認会計士と税理士が挙げられる。

### (1)公認会計士の職務と社会的役割

公認会計士は、監査及び会計の専門家として、**独立した立場**において⓫**計算書類その他の財務に関する情報の信頼性を確保**することにより、会社などの公正な事業活動及び投資者及び債権者の保護等を図り、もって**国民経済の健全な発展に寄与**することを使命としている。

⓫独立性を維持するためには高い倫理観を求められるため、「倫理規則」という公認会計士が守らなければならない基本原則及び指針が制定されている。

### (2)税理士の職務と社会的役割

税理士は、税務の専門家として、独立した公正な立場において納税義務者の信頼に応え、租税に関する法令に規定された**納税義務の適正な実現**を図ることを使命としている。

**主たる税理士の業務**⓬

①納税義務者に代わり、税務署などに対して**租税の申告業務**の行為を行う。

②納税義務者に代わり、税務署などに対して提出する申告書等の**税務書類を作成**する。

③租税の計算に関する**納税義務者の相談に応じる**こと。

⓬これらの業務は、税理士または税理士法人にしか行えない。

# 第19章 収益認識と売上の計上

「収益認識に関する会計基準」では、お客さんから「お金をもらう見返りに、してあげないといけないこと」(＝履行義務)を中心に、売上の金額や計上のタイミングを考えることになる。
例えば、Apple社からiPhoneを買うと、Apple社では「iPhone本体を渡す義務」以外に、「Siriなどの付帯サービスを提供する義務」や「OSのアップデートをサポートする義務」も負い、それを果たす見返りとして代金を受け取ったと考えるので、これら３つの履行義務に応じて、売上を３つに分けて計上している。
※「収益認識に関する会計基準」は、大企業などを対象に2021年4月から導入されている。

## 1 売上

### 1 売上とは

売上について、コンビニで商品を売る立場で考えてみる。

まず、コンビニ側は商品を陳列することにより「この商品を100円で売ります」といった意思表示❶をしている。

❶気持ちを表すこと。

その商品を客が手に取り、レジに持ってくることで、客から「この商品を100円で買います」という意思表示を受ける。

この時点で、商品の**売買契約が成立している**ので❷、コンビニ側には代金を受け取る権利とともに、商品を引き渡す義務が発生する。

そして、この**義務を履行した**(履行義務を充足した)ときに❸、売上を計上することになる。

❷契約書を交わさなくても双方の意思表示で契約は成立する(諾成契約)。

❸約束を果たすことを「履行義務の充足」という。なお、充足とは「欠けたものを満たす」という意味である。

<契約の成立>

<履行義務の充足>

## 2 売上の金額

売上の金額は、相手先(買い手)から受け取る対価の額となる。

したがって、返品した場合はもちろん、契約により代金の一部を免除する(一種の値引きをする)場合にも、売上に計上しないことになる。

**＜収益認識のイメージ＞**

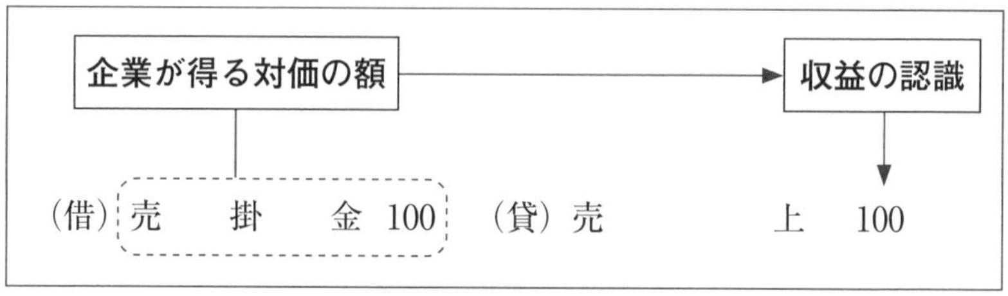


## 3 履行義務の充足と売上の計上基準

履行義務を充足したときに『**売上**』を計上するが、商品販売は1つの行為で成立するとは限らない。**「商品の受注」→「出荷」→「商品の引渡し」→「売渡先での商品の検収」**という過程を経て売上取引が成立することがある。

どの時点で「売上」を計上するかにより、⑴**出荷基準**、⑵**着荷基準**、⑶**検収基準**の3つがある❹。

⑴**出荷基準**(発送基準)

**商品を出荷(発送)したとき**に売上を計上する基準❺。

商品の動きと合致するので、最もわかりやすい基準であるといえる。

⑵**着荷基準**(納品基準)

商品が**得意先に到着し引き渡された(納品された)とき**に売上を計上する基準。お中元やお歳暮のように「届けること」までが目的(1つの履行義務)なら、着荷基準が妥当。

運送会社からの報告などにより売上を計上することになる。

⑶**検収基準**❻

得意先に納品された商品の**検収が終了したとき**に売上を計上する基準。相手先から「注文を受けて納品した」場合などでは、検収基準が妥当といえる。

得意先からの検収完了の連絡を受けてから売上を計上することになる。

❹いつ履行義務を充足するのかという話です。

❺日本では、従来、出荷基準が採用されてきた。

❻国際的には検収基準が採用されることが多い。検収とは、注文通りの商品か、傷がないかなどをチェックすることをいう。

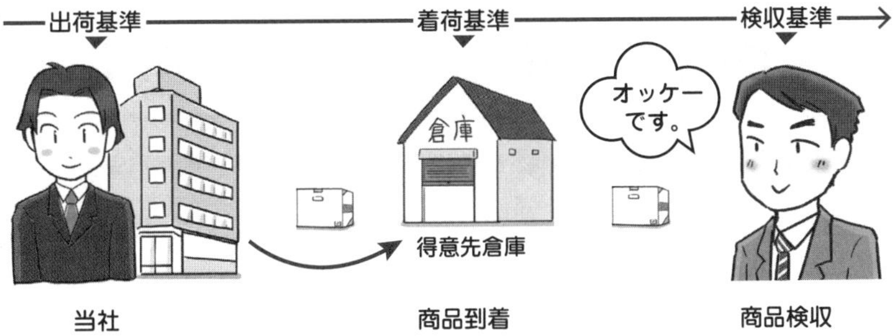


**【設例19-1】**

次の取引の仕訳を、売上の計上基準として⑴出荷基準、⑵着荷基準、⑶検収基準を採用していた場合のそれぞれについて三分法により示しなさい。

①得意先に商品を10,000円で掛け販売し、商品を発送した。

②得意先より商品10,000円が到着した旨の連絡を受けた。

③得意先より②の商品の検収が完了した旨の連絡を受けた。ただし、そのうちの500円については品違いであったとの連絡を受け、当該商品が返品されてきた。

**⑴出荷基準**

| | | | | | | |
|---|---|---|---|---|---|---|
| ①出荷時 | (借) | 売掛金 | 10,000 | (貸) | 売上 | 10,000 |
| ②着荷時 | | 仕訳なし | | | | |
| ③検収時 | (借) | 売上 | 500 | (貸) | 売掛金 | 500 |

**⑵着荷基準**

| | | | | | | |
|---|---|---|---|---|---|---|
| ①出荷時 | | 仕訳なし | | | | |
| ②着荷時 | (借) | 売掛金 | 10,000 | (貸) | 売上 | 10,000 |
| ③検収時 | (借) | 売上 | 500 | (貸) | 売掛金 | 500 |

**⑶検収基準**

| | | | | | | |
|---|---|---|---|---|---|---|
| ①出荷時 | | 仕訳なし | | | | |
| ②着荷時 | | 仕訳なし | | | | |
| ③検収時 | (借) | 売掛金 | 9,500 | (貸) | 売上 | 9,500 |

# 2 収益認識に関する会計基準

収益認識に関する会計基準
（2020年3月31日
企業会計基準委員会）

## 1 契約資産・契約負債

履行義務を充足して売上を計上したにも関わらず、代金を受け取っていない場合、通常は**売掛金勘定で処理**する。

しかし、別の履行義務を充足しないと代金を請求できない場合は、売掛金勘定❼と区別して**契約資産勘定**で処理する。

一方、履行義務を充足する前に代金を受け取った場合は、商品やサービスを引き渡す義務を表す科目として**契約負債勘定**を用いて処理するが、これは**前受金勘定に相当**するものである。

**契約資産：一定の条件を満たさないと相手に請求できない、代金を受け取る権利❽**

**契約負債：前受金に相当するもの**

**【設例19-2】**

当社は商品A（100,000円）を大喜利商店に販売する契約を締結するとともに、手付金として30,000円を現金で受け取った。

前受金に相当するものとして**契約負債を計上**する❾。

| | | | |
|---|---|---|---|
| (借)現　　　金 | 30,000 | (貸)契約負債 | 30,000 |

**【設例19-3】**

(1) 当社は商品A（100,000円）とともに商品B（500,000円）を、大喜利商店へ販売する契約を締結し、商品Aを大喜利商店へ引き渡した。なお、代金は商品Bを引き渡した後に請求する契約となっており、商品Aの代金100,000円はまだ顧客との契約から生じた債権❿となっていない。また、商品Aの引渡しと商品Bの引渡しは、それぞれ独立した履行義務として識別する⓫。

(2) 大喜利商店へ商品Bを引き渡した。また、今月末に商品Aと商品Bの代金請求書を送付する予定である。

(1) 商品Aと商品Bの引渡しは、それぞれ「**独立した履行義務**」とあるため、この時点で履行義務を充足している**商品Aの売上だけを計上**する。しかし、まだ相手先に代金は請求できないので、売掛金ではなく**契約資産勘定⓬で処理**しておくことになる⓭。

| | | | |
|---|---|---|---|
| (借)契約資産 | 100,000 | (貸)売　　　上 | 100,000 |

❼売掛金などの『債権』は、対価を受け取るための条件が「期日の到来」しかないものである。

❽期日が到来すれば「代金を払え」と言える売掛金に対して、期日が到来するだけでは「代金を払え」と言えない（もう1つ商品を渡さないといけないなど）場合が『契約資産』になる。

❾この契約負債は、従来どおり前受金勘定を用いることもある。問題文の指示に従う。

❿顧客の立場で「代金を請求されても納得できる」という状態になった債権が『顧客との契約から生じた債権』である。

⓫「履行義務の充足＝売上の計上」ですから、「独立した履行義務」は「独立した売上」と読むことができる。

⓬決算のときには、売掛金などと同じように貸倒引当金を設定することもある。

⓭「商品Bの受取り後に代金が請求されると思っている大喜利商店からしてみれば、この段階で請求書が届いても、「まだ支払う義務はない」と考えるはずである。

(2) この時点で商品Aの代金の請求もできるので、2つの商品の代金を合わせて**売掛金勘定で処理**することとなる。

| | | | |
|---|---|---|---|
| (借)売掛金 | 600,000 | (貸)売上 | 500,000 |
| | | 契約資産 | 100,000 |

## 2 履行義務が一定期間にわたり充足される場合の処理

履行義務は一時点で充足されるとは限らない。

例えば、iPhoneを販売するApple社にとって、付帯サービスを提供する義務やアップデートを提供する義務も、利用者に対する履行義務に該当(売上を計上)するものであるが、本体を引き渡す履行義務と異なり、一時点で終わるものではなく、一定期間にわたって履行されるものになる。

これらは**時の経過に伴って収益を認識し計上する**ことになる⑭。

⑭原則として月割で計算するものと考えられる。

**【設例19-4】**

(1) 2月1日、当社は大喜利商店へパソコン本体及び搭載したソフトウェアの1年間のサポートサービスを合計520,000円(うち本体400,000円、サポートサービス120,000円)で提供する契約を結び、代金は普通預金口座へ振り込まれた(当社ではそれぞれを別個の履行義務として識別している)。同日、パソコン本体を大喜利商店に引き渡すとともに、サポートサービスの提供を開始している。

(2) 3月31日、決算を迎え、上記のサポートサービスのうち、履行義務を充足した部分について月割で収益を計上した。

(1) パソコン本体を引き渡す義務は、一時点で充足される履行義務であるため、パソコン本体を引き渡した時点で売上を計上する。

ソフトウェアのサポートサービスは、1年間かけて充足される履行義務であるため、この時点で売上の計上はできない。しかし、代金は既に受け取っているため、代金の前受けを意味する**契約負債として処理**しておくことになる⑮。

⑮購入側からすればサポートサービスの代金も併せて支払っているので、〝使わにゃ損〟という話になる。

| | | | |
|---|---|---|---|
| (借)普通預金 | 520,000 | (貸)売上 | 400,000 |
| | | 契約負債 | 120,000 |

⑵　決算までに経過した**２カ月分の役務収益を計上**するとともに、契約負債を取り崩す。

| | | | |
|---|---|---|---|
| (借)契約負債 | 20,000 | (貸)役務収益 | 20,000 |

120,000円÷12カ月＝10,000円／月

10,000円／月×２カ月＝20,000円

## 3 対価が変動する場合(売上割戻)

パソコンメーカーは自社製品を数多く買ってもらうために、家電量販店との間で「今月、10台以上買ってくれることを条件に、代金の10%をリベート(売上割戻)として返金します」といった契約をすることがある。

このような契約を結んだ場合、返金する条件が満たされる可能性が高ければ、**代金の10%は対価として受け取れない**ので、売上として計上するべきではない。

しかし、まだ返金することが確定していないことから、通常は返金予定分を含めて代金をもらったり、いったん売掛金に含めて返金予定分も相手先に請求できるようにしたりといった処理をする。このとき、返金する可能性が高い代金の10%分は、売上ではなく**返金負債勘定**で処理しておく[16]。

⑯まだ返金するとは確定していないときに計上する負債の勘定である。返金が確定した場合は、未払金勘定に振り替える。
なお、前受金に相当する契約負債とは異なるので注意。

**返金負債：返金予定額を表す勘定**

**【設例19-5】**

⑴　４月１日にＸ社へ商品Ａ300個を１個あたり100円で販売した。Ｘ社との間には「４月中に商品Ａを計500個以上購入した場合、この期間の販売額の10%をリベートとして支払う」という取り決めがあり、この条件が達成される可能性は高い。

なお、返金は５月末に行う予定である。

⑵　４月20日にＸ社へ商品Ａ200個を１個あたり100円で販売し、リベートの条件が達成された。

⑶　５月末に、普通預金口座よりＸ社へのリベート5,000円を支払った。

(1)　リベート見込額の3,000円は返金する可能性が高い、すなわち対価として受け取れない可能性が高いので売上には計上せず、**返金負債勘定で処理**しておくことになる。

| | | | |
|---|---|---|---|
| (借)売　掛　金 | 30,000 | (貸)売　　　上 | 27,000 |
| | | 返　金　負　債 | 3,000 |

(2)　この時点でリベートの条件が達成されたため、返金負債は**未払金勘定に振り替える**。なお、この時点で**売掛金と相殺**することもある。

| | | | |
|---|---|---|---|
| (借)売　掛　金 | 20,000 | (貸)売　　　上 | 18,000 |
| | | 返　金　負　債 | 2,000 |
| (借)返　金　負　債 | 5,000 | (貸)未　払　金 | 5,000 |

(3)　5月末にX社へリベートを支払う。

| | | | |
|---|---|---|---|
| (借)未　払　金 | 5,000 | (貸)普　通　預　金 | 5,000[17] |

[17] 仮に(2)の時点で売掛金50,000円と返金負債5,000円を相殺したうえで、4月分の売掛金をまとめて受取った場合には次の処理になる。
(借)普通預金　45,000
　(貸)売掛金　45,000

**コラム　売掛金が貸方残高に…。**

実務上、得意先から前受金を受け取ったときに、前受金勘定(契約負債)に代えて売掛金勘定を用いることがあります。このときの仕訳は次のとおりです。

| | | | | | |
|---|---|---|---|---|---|
| 前受時： | (借) 現　　金 | 30 | (貸) 売　掛　金 | 30 |
| 販売時： | (借) 売　掛　金 | 100 | (貸) 売　　　上 | 100 |

販売まで行えば、100円を売上げ、30円を受け取り、残りの70円が売掛金となり前受金勘定を用いたときと同じ結果になります。

しかし、前受した段階で決算を迎えてしまうと、次の仕訳が必要になります。

| | | | | |
|---|---|---|---|---|
| 決算時： | (借) 売　掛　金 | 30 | (貸) 前受金(契約負債) | 30 |

この処理は、貸倒引当金にも影響するので、注意しておきましょう。

# 〈索　引〉

■監　修

一橋大学名誉教授
新田　忠誓

中央大学商学部教授
吉田　智也

■編　集

ネットスクール株式会社
桑原　知之

■執筆者　※ 五十音順。在籍校などは、旧版「全商 会計実務検定試験テキスト 財務会計」作成当時のものです。

東京都立芝商業高等学校 教諭
飯畑　秀樹

三重県立宇治山田商業高等学校 教諭
海住　信行

愛知県立愛知商業高等学校 教諭
片桐　俊男

名古屋市立名古屋商業高等学校 教諭
川原　康子

群馬県立館林商工高等学校 教諭
真田あゆみ

大阪市立天王寺商業高等学校 教諭
白羽　保夫

栃木県立栃木商業高等学校 教頭
杉本　育夫

富山県立富山商業高等学校 教諭
武田　浩司

静岡県立沼津商業高等学校 教諭
中川　　孝

東京都立芝商業高等学校 教諭
長野　明彦

愛媛県立八幡浜高等学校 教諭
二宮　敬則

兵庫県立神戸商業高等学校 教諭
松井　英司

愛知県立岡崎商業高等学校 教諭
山本　雄司

静岡県教育委員会 指導主事
吉原　　隆

太田市立商業高等学校 教諭
渡邉　欽正

群馬県立前橋商業高等学校 教諭
渡辺　恵司

2024年3月1日　初版第1刷

# 全 商
## 財務会計検定試験テキスト

●監　修　新田　忠誓
　　　　　吉田　智也

●編　集　桑原　知之

●発行者　ネットスクール出版
［ネットスクール株式会社］
〒101-0054
東京都千代田区神田錦町3-23
電話 〈営業〉03（6823）6458
https://www.net-school.co.jp/

●発売元　実教出版株式会社
〒102-8377
東京都千代田区五番町5
電話 〈営業〉03（3238）7777

●印刷者　日経印刷株式会社
〒102-0072
東京都千代田区飯田橋2-15-5

●定　価　2,100円(税込)

●発行者の許諾なくして本書の内容の一部なりとも他に転載することを禁ずる。